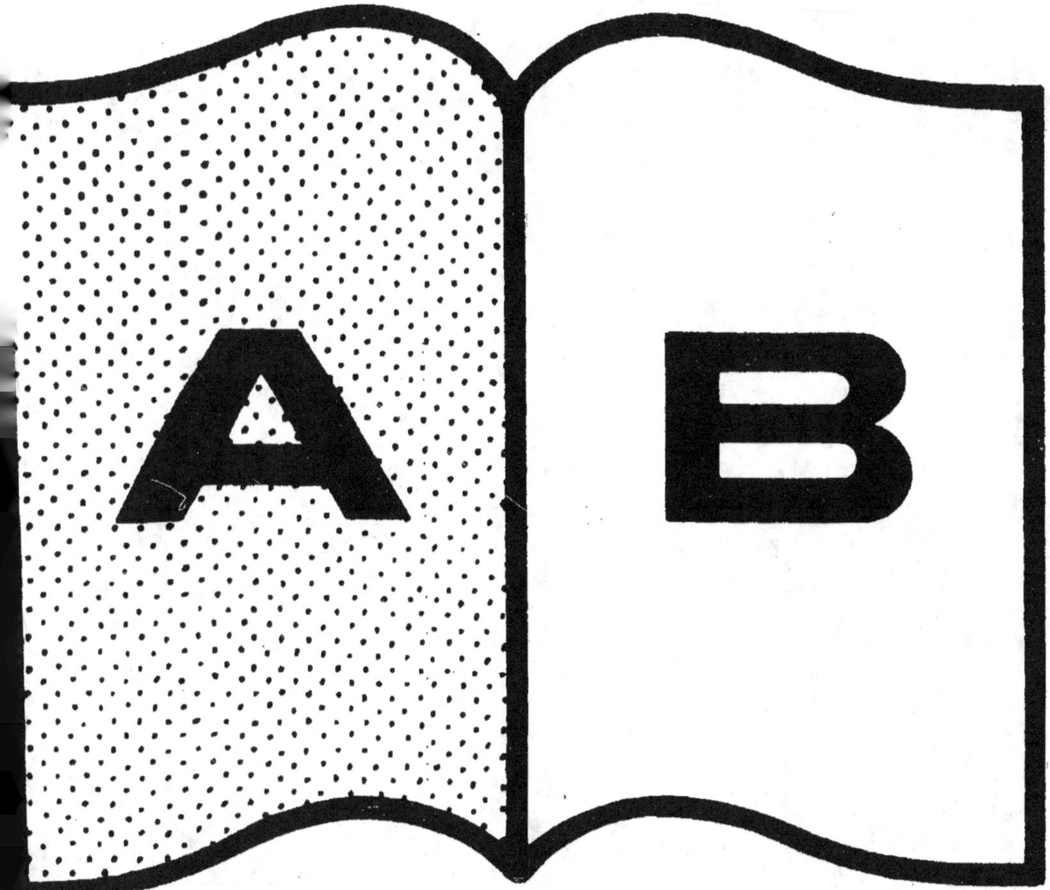

Contraste insuffisant

NF Z 43-120-14

Y.7²²/₁

(par Mᵐᵉ Dacier,
d'après Barbier)

Yc   4953

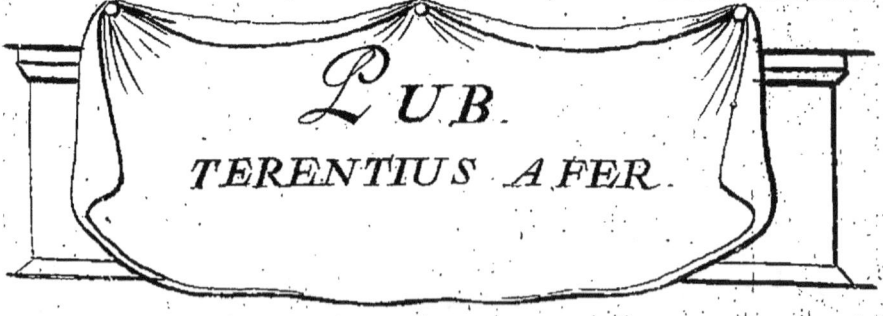

LES
COMEDIES
DE
TERENCE,

TRADUITES EN FRANCOIS,

Avec des Remarques,

Par MADAME D***

TOME I.

A PARIS,

Chez { Denys Thierry, ruë S. Jacques, à l'Enseigne de la Ville de Paris.
ET
Claude Barbin, au Palais, sur le Perron de la Sainte Chapelle.

M. DC. LXXXVIII

AVEC PRIVILEGE DU ROY.

PREFACE.

CEUX qui ont vû les loüanges que j'ay données à Plaute dans la Preface que j'ay faite sur cet Auteur, & qui verront celles que je vais donner à Terence, m'accuferont peut-eſtre d'eſtre tombée dans le defaut des faiſeurs de Panegyriques. Mais pour peu qu'on veüille lire ces deux Prefaces avec application, j'eſpere qu'on ne me fera pas ce reproche, & qu'on entrera dans des ſentimens peu differens des miens.

Il eſt certain qu'il n'y a rien de plus difficile que cette eſpece de critique qui conſiſte à juger des hommes, & à faire voir les avantages qu'ils ont les uns ſur les autres. Il y a tant d'égards à obſerver, tant de rapports à unir, tant de differences à peſer, que c'eſt une choſe preſque

ã ij

PREFACE.

infinie ; & il semble que pour s'en bien aquiter il faudroit avoir un esprit superieur à ceux dont on juge, comme il est necessaire que la main qui se sert d'une balance soit plus forte que les choses qu'elle veut peser. Cela estant, on ne doit pas attendre de moy une comparaison exacte & achevée de Terence & de Plaute; tout ce que je puis faire, c'est d'examiner en general les avantages sensibles qu'ils ont chacun en particulier.

J'ay dit que Plaute avoit plus d'esprit que Terence, & qu'il estoit au dessus de luy par la vivacité de l'action, & par le nœud des intrigues; & enfin qu'il fait plus agir que parler; au lieu que Terence fait plus parler qu'agir. C'est ce que les plus zelez partisans de Terence ne sauroient contester ; & s'il y en avoit qui ne voulussent pas tomber d'accord d'une verité si claire, il n'y auroit pour les convaincre qu'à faire joüer une Piece de Plaute, & une de Terence, je suis persuadée que l'une attacheroit plus que l'autre, & surprendroit toûjours davantage le spectateur par la nouveauté & par la

PREFACE.

varieté de ses incidens. Voila les grandes qualitez qu'on ne sauroit disputer à Plaute. Mais comme les hommes ne savent donner ordinairement que des loüanges exclusives, ils croyent que quand on donne à quelqu'un l'avantage en quelque chose, on le prefere en tout. C'est un préjugé fort injuste; chacun a ses vertus; & comme il n'y a rien de plus vaste que la Poësie en general, & en particulier que la Poësie Dramatique; il n'y a rien aussi où les hommes ayent des talens plus divers, & où ils reüssissent plus differemment. Les uns manient bien un sujet, & savent noüer & dénoüer une intrigue. Les autres excellent à representer les passions. Celuy-cy ne sait que peindre les mœurs, celuy-là reüssit à certains caracteres, & est malheureux en d'autres. En un mot il est du Theatre comme de la Peinture, où les uns sont bons pour l'ordonnance, les autres pour les attitudes; celuy-cy pour le coloris, & celuy-là pour la beauté des figures.

Terence est châtié dans sa composition, & sage dans la condui-

PREFACE.

-te de ſes ſujets. Veritablement il n'a pas cette vivacité d'action, & cette varieté d'incidens qui enflament la curioſité, & qui jettent l'eſprit dans l'impatience de ſavoir de quelle maniere ſe fera le dénoüement. Mais il donne des plaiſirs plus frequens & plus ſenſibles : s'il ne fait pas attendre avec impatience la fin des avantures, il y conduit d'une maniere qui ne laiſſe rien à deſirer, parce que l'eſprit & le cœur ſont toûjours également ſatisfaits, & qu'à chaque Scene, ou pour mieux dire, à chaque Vers on trouve des choſes qui enchantent & que l'on ne peut quitter. On pourroit comparer Plaute à ces Romans qui par des chemins ſouvent ennuyeux & deſagreables, menent quelquefois dans des lieux enchantez, où tous les ſens ſont ravis. Mais on peut dire que ces lieux enchantez, preſque tous auſſi beaux les uns que les autres, ſe trouvent à chaque pas dans Terence, où une ſeule Scene amuſe agreablement tout un jour; & je ne ſay ſi aucun autre Poëte a jamais ſû trouver ce ſecret.

C'eſt ſans doute par cette raiſon

PREFACE.

que les Anciens ont tous donné à Terence cette loüange dont parle Horace:

Vincere Cœcilius gravitate, Terentius arte.

Car il est vray que jamais homme n'a eu plus d'art que luy; mais cet art est si bien caché, qu'on diroit que c'est la Nature seule qui agit, & non pas Terence.

Un effet merveilleux de cet art où il excelle, c'est la peinture des mœurs, jamais personne ne les a si bien peintes. C'est une verité que les Anciens ont reconnuë. Varron a dit: *in argumentis Cæcilius poscit palmam, in ethesin Terentius. Cecilius remporte le prix sur tous les autres Poëtes pour ce qui regarde la disposition des sujets, & Terence pour ce qui regarde la peinture des mœurs.*

Pour réüssir dans cette peinture, il faut avoir une experience consommée avec une connoissance parfaite de tous les mouvemens de l'ame. Il n'y a qu'un grand Philosophe qui en soit bien capable, & c'est un des plus grands efforts de l'esprit humain. Les Maistres de l'Art nous disent souvent, qu'il n'y a rien de plus diffi-

PREFACE.

cile dans la Poëſie, que d'exprimer les mœurs; cela eſt encore plus difficile dans la Poëſie Dramatique, il eſt facile d'en voir la raiſon.

Il y a des manieres differentes de peindre les mœurs; car comme Ariſtote l'a fort bien remarqué, ou vous faites les hommes comme ils ſont, ou vous les faites pires, ou vous les faires meilleurs. De ces trois manieres, les deux dernieres ſont, à mon avis, les plus faciles & les plus imparfaites; car comme vous ne ſuivez alors que voſtre idée, moy qui n'ay pas la même idée que vous, je ne puis juger de la perfection de voſtre ouvrage, parce que je n'ay point de modele ſur quoy je puiſſe juger de la reſſemblance de vos portraits. Il n'en eſt pas de meſme de celuy qui fait les hommes comme ils ſont, tout le monde a en ſoy ou devant les yeux l'original qu'il a voulu copier, chacun en peut juger par ſoy-meſme, & c'eſt ce qui en fait la difficulté. C'eſt pourquoy Ariſtote a eu raiſon de s'attacher particulierement à donner ſur cela des preceptes, & à faire voir ce que c'eſt que *morata oratio.*

PREFACE.

Terence regne sans rival dans cette partie; car il peint toûjours les hommes au naturel, & par là il s'est engagé, si je l'ose dire, à rendre raison de ses peintures, non seulement à son siecle, mais à tous les siecles; & ce n'est pas l'entreprise d'un esprit borné.

Sur le passage que j'ay cité de, Varron *in argumentis Cæcilius palmam poscit, in ethesin Terentius*; les Savans demandent lequel c'est des deux que Varron préfere. Si l'on suit le sentiment d'Aristote, on préferera toûjours celuy qui disposera bien un sujet, à celuy qui peindra bien les mœurs; car ce Philosophe fait consister la principale partie du Poëme Dramatique dans la disposition du sujet; & il met la peinture des mœurs au second rang. Il est dangereux de s'opposer à une décision si formelle; cependant je ne puis m'empescher de dire que quoy que je sache fort bien que c'est la disposition du sujet qui constituë le Poëme Dramatique, je prefererois toûjours un Poëte qui n'excelleroit pas dans cette partie, & qui excelleroit dans l'autre: c'est à dire que j'ai-

PREFACE.

merois mieux une Comedie dont le sujet ne seroit pas merveilleusement bien conduit, pourvû que les fautes n'en fussent pas grossieres ; & dont les caracteres seroient admirablement bien peints. En un mot j'aimerois mieux Terence que Cecilius; & je croy mesme que l'on pourroit justifier ce goust par la Peinture. Toutes les Figures bien finies & naturelles feront excuser dans un Tableau les defauts de l'ordonnance; mais je ne say si l'ordonnance la plus belle & la plus reguliere pourroit faire excuser les defauts des Figures. Je ne propose pas cela comme un sentiment que l'on doive suivre, je dis seulement mon goust, bon ou mauvais. Cependant je suis persuadée, que si on lisoit un fragment qui nous reste d'une Piece de Cecilius, intitulée, *Plocium*, qu'il a traduite de Menandre; & qu'on prist la peine de le conferer avec son original (car Aulu-Gelle nous a conservé l'un & l'autre ;) on seroit convaincu qu'il n'y a pas de plus grands defauts dans les Comedies que ceux qui sont contre les mœurs & les caracteres.

PREFACE.

Un autre grand avantage que Terence a sur Plaute, c'est que toutes ses beautez contentent l'esprit & le cœur; au lieu que la plusart des beautez de Plaute ne contentent que l'esprit. Et cela est tres-different; l'esprit est borné, & par consequent il n'est pas difficile de le satisfaire : mais le cœur n'a point de bornes, & par cette raison il est tres-mal aisé de le remplir. Et à mon avis c'est là une des plus grandes loüanges qu'on puisse donner à Terence.

Les preceptes & les sentences que les Grecs appellent διανοίας, sont encore plus necessaires dans la Comedie que dans la Tragedie ; mais il n'est pas aisé d'y reüssir, parce qu'il faut se tenir dans les bornes d'une simplicité toûjours trop resserrée pour des esprits vifs & impetueux. Cela est si vray, que la plusart des Sentences de Plaute ne sauroient entrer dans l'usage de la vie civile; elles sont enflées & pleines d'affectation : au lieu que dans Terence il n'y en a pas une qui ne soit proportionnée à l'état de celuy qui parle, & qui dans le commerce du monde ne puisse trouver sa

PREFACE.

place à tous momens. Il eſtoit ſi delicat ſur cela, que lors qu'il employe des Sentences qu'il a priſes dans les Poëtes Tragiques, il prend grand ſoin de les dépoüiller de cet air de grandeur & de majeſté qui ne convient point à la Comedie; & j'ay ſouvent pris plaiſir à conſiderer les changemens qu'il y fait, & à voir de quelle maniere il les tranſpoſe, pour ainſi dire, ſans leur faire rien perdre de leur beauté.

Les plaiſanteries & les railleries doivent eſtre inſeparables de la Comedie. J'ay aſſez parlé de celles de Plaute, il eſt certain qu'il en a de fines & de delicates; mais il en a auſſi de fades & de groſſieres. On peut dire en general que les plaiſanteries ſont pour l'eſprit ce que le mouvement eſt pour les corps: comme le mouvement marque la legereté ou la peſanteur des corps, les plaiſanteries marquent la vivacité ou la peſanteur de l'eſprit. Toutes les plaiſanteries de Terence ſont d'une legereté, s'il m'eſt permis de me ſervir de ce terme, & d'une politeſſe infinies: veritablement elles ne font pas rire de ce rire qu'Homere

PREFACE.

appelle ἄσβεσον inextinguible, c'est-à-dire, qui ne finit point. Mais ce rire n'est pas le but de la Comedie, & je sçay bon gré à Aristote de l'avoir défini, *une diformité sans douleur qui corrompt une partie de l'homme sans luy faire aucun mal.* C'est pourquoy Platon condamne ce rire immoderé, & blâme fort Homere d'avoir attribué aux Dieux une passion qui n'est pas mesme pardonnable aux hommes. Terence suit par tout les maximes des Platoniciens, qui veulent que toutes les railleries, & toutes les plaisanteries soient autant de graces ; & il en vient à bout si heureusement, que dans ses mots mesmes les plus libres, si on en excepte deux ou trois qu'il fait dire à un Capitaine fort grossier, il n'y a rien que les personnes les plus scrupuleuses, les plus retenuës, & les plus polies ne puissent dire. Les graces ne font jamais rire, mais le plaisir qu'elles font n'est pas moins sensible que celuy que cause ce rire extravagant.

Le premier peut estre comparé au plaisir interieur dont on est rempli quand on regarde un tableau où

PREFACE.

la nature est parfaitement bien imitée, & l'autre est entierement semblable au sentiment que l'on a quand on voit des grotesques, ce n'est que leur irregularité vitieuse & leur monstrueuse difformité qui causent à l'esprit ces mouvemens convulsifs que le vulgaire prend mal à propos pour les effets du plaisir. En un mot, il n'y a que le ridicule qui fasse rire, l'agreable est toûjours serieux, & entre l'agreable & le ridicule il y a une distance que l'on ne sauroit mesurer. Terence est donc en cela un modele achevé, & je ne connois que Platon qui luy soit comparable.

Venons presentement au stile. Il est certain que le stile de Plaute est tres-pur & tres-agreable, & de ce costé-là il y a un grand profit à faire dans la lecture de ses Comedies. Varron n'a pas fait difficulté de luy donner le prix du stile sur tous les autres Poëtes, & sur Terence mesme, *in sermonibus palmam poscit Plautus*, & il dit ailleurs qu'Elius Stilo soûtenoit que si les Muses avoient parlé Latin, elles auroient parlé comme

PREFACE.

Plaute. Mais je suis persuadée que ce jugement d'Elius Stilo & de Varron venoit de l'amour qu'ils avoient pour l'antiquité, dont Plaute avoit retenu beaucoup de façons de parler que ces grands hommes étoient bien-aise de voir revivre dans ses Comedies. Il est certain que le stile de Plaute est plus riche que celuy de Terence, mais il n'est pas si égal ny si châtié. Il est trop enflé en certains endroits, & en d'autres il est trop rampant, au lieu que celuy de Terence est toûjours égal, *puroque simillimus amni*. Et l'on peut dire que dans toute la Latinité il n'y a rien de si noble, de si simple, de si gratieux, ny de si poli, rien enfin qui luy puisse estre comparé pour le Dialogue; c'est une verité que l'on sentira si on le compare avec les Dialogues de Ciceron; ces derniers sont durs, si l'on ose parler ainsi des Ouvrages d'un homme qui a tout prendre est au dessus de tout ce que nous connoissons, les caracteres y sont confondus, ou plûtost ce n'est qu'un mesme caractere qu'il donne à tous les Acteurs qu'il introduit. Que Brutus, Lælius, Ca-

PREFACE.

ton, Fannius ou d'autres parlent, c'eſt toûjours Ciceron que l'on entend parler ; au lieu que dans Terence, outre la douceur & le naturel que l'on y trouve par tout, il y a une varieté merveilleuſe ; enfin c'eſt le ſeul qui a ſu imiter les graces & la ſimplicité du Dialogue de Platon.

Une choſe encore tres-conſiderable, c'eſt que plus on lit ces Comedies, plus on les trouve belles, & que les eſprits ſublimes en ſont plus charmez que les mediocres. Mais ce n'eſt pas encore aſſez, Joſeph Scaliger a eu raiſon de dire que les graces de Terence ſont ſans nombre, & qu'entre les plus Savans à peine s'en trouvera-t-il de cent un qui les découvre. En effet ces graces merveilleuſes échapent aux yeux des plus fins, car on peut dire de chaque Vers ce que Tibulle diſoit de toutes les actions de ſa Maiſtreſſe

Componit furtim ſubſequiturque decor.

C'eſt pourquoy auſſi, comme Heinſius l'a fort bien remarqué, ces Comedies demandoient des Acteurs tres-habiles, car il n'y a preſque pas un mot, pas une ſyllabe, qui ne renferme

PREFACE.

ferme un sentiment délicat qui a besoin d'estre soûtenu d'une action tres-fine. Mais quelques loüanges que nous donnions aujourd'huy à Terence, nous ne saurions rien dire qui approche de l'éloge qu'on luy a donné de son temps, car Affranius, qui estoit luy-mesme grand Poëte Comique, & à qui Horace rend ce témoignage si avantageux

Dicitur Affrani toga convenisse Menandro.

a reconnu & publié qu'il n'y avoit rien d'égal à Terence.

Terentio non similem dices quempiam.

Il n'en faut pas davantage pour détruire le jugement peu judicieux que Jules Scaliger a fait de Terence, quand il a dit que ce n'est qu'à nostre seule ignorance qu'il doit toute sa reputation, *hic nostra miseria magnus factus est.*

Ces grandes beautez de Terence avoient fait croire que Scipion & Lælius, qui l'honoroient de leur amitié & de leur confidence, avoient plus de part que luy à ses Comedies. C'est ce que ses ennemis luy reprochoient tous les jours, & il ne se met-

PREFACE.

toit pas fort en peine de refuter ce reproche. Pour moy, je ne doute nullement que Terence ne tiraſt de grands ſecours de la familiarité de ces grands hommes ; dans toutes ces pieces il regne un certain air de politeſſe, de nobleſſe & de ſimplicité, qui peut bien faire croire que ce n'eſt pas là tout à fait l'Ouvrage d'un Affriquain.

C'eſt cette politeſſe, cette nobleſſe & cette ſimplicité qui m'ont rebutée cent fois, & qui m'auroient fait enfin renoncer entierement au deſſein de le traduire, ſi la paſſion que j'ay pour noſtre Langue ne m'avoit rendu plus hardie que je ne le ſuis naturellement. J'ay crû que ce que Scipion, Lælius & Terence ont dit ſi poliment en Latin, pouvoit eſtre dit en François avec la meſme politeſſe, & que ſi je n'en venois à bout, ce ne ſeroit pas la faute de nôtre Langue ; elle nous a donné des Ouvrages, que les Graces, qui ne vieilliſſent jamais, feront toûjours paroiſtre nouveaux, & qui feront l'admiration de tous les ſiecles. Cette penſée m'a fait paſſer ſur toutes les

PREFACE.

difficultez que je trouvois à ce deſſein, & j'ay enfin achevé cette Traduction malgré la défiance où j'étois de moy-meſme. Je ne ſay quel jugement en fera le Public, elle ne plaira peut-eſtre pas à ces critiques pointilleux, qui comptent les mots & les ſyllabes du texte, & qui veulent que la traduction y réponde mot pour mot. La mienne n'eſt pas faite pour ces gens-là; je m'éloigne le moins que je puis du texte, perſuadée que quand on peut dire ce que Terence a dit, & comme il l'a dit, il eſt impoſſible de faire mieux, & que c'eſt la perfection. Mais comme le genie & le tour des Langues ſont differents, la noſtre ne peut pas toûjours ſuivre Terence. J'ay donc eſté obligée de chercher les beautez de noſtre Langue, comme il a cherché les beautez de la ſienne. Il m'a enſeigné luy-meſme à prendre cette liberté, & en le traduiſant je n'ay fait que ſuivre ſon exemple. S'imagine-t-on que quand il a traduit Menandre & Apollodore, il ſe ſoit attaché ſcrupuleuſement aux mots ? Il ſeroit bien facile de faire voir qu'il ne l'a pas

PREFACE.

fait. Il a suivi les mots, quand en les suivant il a trouvé les graces de sa Langue, & qu'il a pû parler naturellement, par tout ailleurs il a negligé les termes pour ne s'attacher qu'au sens. C'est ce que j'ay fait en certains endroits, & quand je n'ay pû faire autrement. Mais ce n'est peut-estre pas tant ma Traduction que j'ay à deffendre, que tout le dessein de l'Ouvrage, il pourra y avoir des gens assez scrupuleusement religieux, pour trouver mauvais que j'aye voulu traduire Terence entier & tel qu'il est, sur tout aprés qu'un homme de pieté & de merite a crû qu'il ne luy étoit permis de le traduire qu'en y faisant de grands changemens & des additions mesmes tres-considerables. Il est certain, comme l'a dit ce savant homme, que Quintilien ne vouloit qu'on lût Menandre aux enfans, que lors que cette lecture ne pourroit plus nuire à la pureté de leurs mœurs. *Nam cum mores in tuto fuerint, comœdia inter præcipua legenda erit de Menandro loquor.* Car lors qu'on n'aura plus rien à craindre pour leurs mœurs, il faut leur lire sur toutes choses la Comedie,

PREFACE.

je parle de Menandre.

Il y a trois choses à remarquer sur ce passage de Quintilien; la premiere, que ce qu'il dit de Menandre ne peut convenir à Terence qui est beaucoup plus modeste & plus retenu; car hors deux ou trois Vers, il est certain que dans ces six Comedies il n'y a rien qui passe les bornes de l'honnesteté.

La seconde, c'est que quand mesme Quintilien auroit parlé de la Comedie en general, cela n'auroit pû estre appliqué à Terence, mais à un grand nombre de pieces de Theatre qu'on avoit alors, & qui pouvoient assurément corrompre les mœurs; comme par exemple les Comedies d'Afranius, les Mimes de Laberius, &c.

La troisiéme reflexion que je fais sur ce passage de Quintilien, c'est que je veux qu'il ait deffendu la Comedie aux enfans jusqu'à un certain âge; mais a-t-il jamais dit qu'en attendant qu'on pût leur donner Menandre & Terence comme ils sont, il falloit les leur donner alterez & corrompus par des additions & par des change-

PREFACE.

mens qui défigurent leurs pieces ? c'est ce que j'ay de la peine à croire. En verité c'est porter les scrupules trop loin.

Pour moy, j'ay crû que je pouvois traduire des Comedies, que les Peres de l'Eglise ont luës avec soin, & citées avec eloge.

Voila ce que j'ay crû estre obligée de dire en passant pour justifier mon dessein ; cela n'empesche pas que je ne rende justice à la Traduction de ce Savant homme, elle est pleine de bonnes choses, & l'on voit bien qu'il a senti la plufpart des difficultez.

Je ne parleray point icy de toutes les autres traductions Françoises qui ont esté faites de ce Poëte. Je n'ay pas eu la patience de les lire d'un bout à l'autre, mais j'en ay assez vû pour plaindre le sort de Terence, d'avoir à ses côtez des compagnes si indignes de luy, & quand je voy cet assortiment bizarre, je ne puis m'empescher de dire ce qu'Horace disoit des mariages mal assortis.

Sic visum Veneri cui placet impares
Formas atque animos sub iuga ahenea
Sævo mittere cum joco.

PREFACE.

Telle a esté la volonté de Venus, qui prend un cruel plaisir à mettre sous un joug d'airain des sujets fort differens & des esprits incompatibles.

Sous le regne de Charles IX. le Poëte le Baïf fit une traduction de l'Eunuque en Vers, c'est la seule qui m'ait fait plaisir. Elle est tres-simple & tres-ingenieuse, & si l'on en excepte une vingtaine de passages, où le Traducteur n'a pas bien pris le sens, tout le reste est tres-heureusement traduit.

Terence a aussi esté traduit en Italien, j'en ay vû une traduction imprimée à Venise ; & tout ce que j'en puis dire, c'est que le Traducteur n'a pas sû profiter de tous les avantages de sa Langue, qui est plus propre qu'aucune autre à rendre les graces de l'original. L'Italien a presque tous les mesmes mots que le Latin, & les mesmes libertez pour l'arrengement. Mais ce qui luy a fait attraper de certains endroits assez heureusement, l'a fait tomber en d'autres d'une maniere fort grossiere, car par tout où il y a quelque difficulté, il la laisse toute entiere en se servant

PREFACE.

des mesmes mots & du mesme tour, & dés le moment qu'il s'ingere de mettre des synonimes, il ne manque jamais de prendre le méchant parti.

Outre cette Traduction entiere de Terence en Italien, il en a esté fait une de la seconde Comedie sous un autre nom, car on l'a appellée *la Mora* du nom de l'Esclave Ethiopienne. Il y a de tres-bonnes choses dans cette Traduction; mais l'Auteur y a pris tant de libertez, que souvent on cherche inutilement Terence dans Terence mesme. De plus il l'a remplie de trop de proverbes de son païs. A cela prés, l'ouvrage est bon, & sans le Baïf, il me paroist que les Italiens auroient de ce côté là l'avantage sur les François.

Tant de savans hommes ont travaillé sur Terence, qu'il semble que pour les remarques ils ne peuvent avoir rien laissé à faire. Cependant nous n'avons pas encore un bon Terence; tout ce grand nombre de longs Commentaires que l'on a faits sur cet Auteur ne contenteront jamais les esprits

PREFACE.

prits solides & polis. Ce n'est pas qu'on n'y trouve de fort bonnes choses, mais elles sont si mêlées de choses mauvaises & inutiles, qu'en verité cela dégoûte de les lire, & d'y mettre un temps qu'on peut beaucoup mieux employer. Souvent même on ne hazarde pas seulement son temps, on hazarde encore son esprit & son goût, que l'on se met en danger de corrompre par cette lecture. Car il y a beaucoup de ces Commentateurs qu'il est bien difficile de lire impunément, & l'on seroit trop heureux si l'on en étoit quitte pour l'ennui qu'ils donnent. Je ne mets pas dans ce nombre un Terence que l'on a imprimé à Roüen depuis quinze mois, avec des Remarques fort courtes ; on n'en sauroit trouver un plus propre pour les enfans, l'Auteur a fait un choix tres-judicieux de tout ce qu'il y a de meilleur dans les autres Commentaires.

De tous les Commentateurs, Donat seroit sans contredit le meilleur si nous l'avions tout entier, mais il ne nous en reste que quelques fragmens qui ont esté mesme alterez & cor-

PREFACE.

rompus par des additions que des ignorans y ont faites ; on ne laisse pas d'y trouver des traits excellens qu'on ne sauroit assez loüer, & qui ne peuvent qu'augmenter le regret que nous avons de ce qui s'est perdu.

Quand Platon & Ciceron rapportent des passages des anciens Poëtes pour en faire voir les beautez, il n'y a personne qui ne soit surpris des graces qu'ils y découvrent, il semble, s'il m'est permis de parler icy poëtiquement, qu'ils fassent sur nos yeux le mesme effet que Virgile dit que Venus fit sur ceux d'Enée, pour luy faire appercevoir les Dieux qui détruisoient Troye, & que ces hommes incomparables dissipent des nuages épais qui les couvroient auparavant. C'est ce que Donat avoit parfaitement bien imité dans ses Commentaires. Il seroit à souhaiter que ceux qui travaillent sur les Anciens tâchassent de suivre la mesme idée, & qu'avec le dessein d'éclaircir les difficultez, ils eussent aussi en vûe de faire connoître toutes les beautez les plus considerables. En un mot, ils devroient travailler à plaire à l'esprit,

PREFACE.

& à toucher le cœur, & mêler ainsi l'agreable avec l'utile.

Mon pere avoit fait imprimer un Terence pour revoir le texte, & pour en faire une edition plus correcte que toutes les autres. Il l'avoit accompagné de quelques Remarques, en attendant qu'il pût faire un Commentaire entier sur cet Auteur. Ceux qui aiment ce Poëte ont assurément bien perdu, qu'il n'ait pas eu le temps d'executer ce dessein. Par tout mon travail je ne saurois jamais reparer la perte que l'on a faite. J'ay pourtant tâché de suivre ses vûës, & de profiter le mieux qu'il m'a été possible des secours qu'il m'a donnez.

Je suis persuadée que bien des beautez de l'original m'ont échapé, mais quand j'aurois été capable de les voir toutes & de les faire remarquer, je ne l'aurois pourtant pas fait ; car outre que cela auroit trop grossi cet Ouvrage, il y a des choses que l'on doit laisser sentir à ses Lecteurs. D'ailleurs une traduction exacte doit servir de commentaire pour ce qui regarde la Langue, les peintures & les sentimens, sur tout

PREFACE.

dans les Comedies qui font faites pour tout le monde. C'est pourquoy aussi je n'ay rien negligé pour rendre ma Traduction la moins imparfaite qu'il m'a esté possible ; & je n'ay fait des remarques que sur les endroits qui en avoient absolument besoin, & que la Traduction seule n'auroit pû faire entendre. Comme Terence est beaucoup moins vif & plus reglé que Plaute, il ne donne pas lieu à tant d'éclaircissemens que ce dernier qui en demande à chaque Vers, & souvent à chaque mot. Mais quelque peu de remarques que j'aye fait dans cet ouvrage, j'espere que l'on n'y trouvera pas de difficulté considerable qui puisse arrêter.

Au lieu des examens que j'ay faits sur Plaute, je me suis contentée icy de mêler dans les Remarques les observations sur la conduite du Theatre, & d'y rendre raison des changemens que j'y ay faits pour la division des Scenes & des Actes. C'est une chose étonnante, que des Comedies que les plus savans hommes ont toûjours eu entre les mains depuis tant de siecles, soient encore aujourd'huy dans une si grande confusion, qu'il y ait des Act

PREFACE.

qui commencent où ils ne doivent point commencer, je veux dire avant que le Theatre soit vuide. J'ay corrigé ce desordre, & j'espere qu'en faveur des beautez naturelles que j'ay renduës à Terence par ce changement, on excusera les defauts qu'on trouvera dans tout mon Ouvrage.

Je n'ay pas jugé à propos de changer l'ordre des Comedies, quoy qu'elles ne soient pas rangées selon les temps. Car voicy comme elles devroient estre disposées.

L'Andrienne.

L'Hecyre, ou la Belle-mere.

L'Heautontimorumenos, c'est à dire celuy qui se punit luy-même.

L'Eunuque.

Le Phormion.

Les Adelphes, c'est à dire les Freres.

J'ay voulu examiner d'où estoit venu le renversement de cet ordre; & aprés y avoir bien pensé, j'ay trouvé qu'il estoit fort ancien, & qu'on avoit sans doute suivi en cela le jugement de Volcatius Segiditus, qui dans le Traité qu'il avoit fait des Poëtes &

PREFACE.

de leurs Ouvrages, avoit donné à chaque Piece son rang selon son merite ; & qui croyoit que l'Hecyre estoit la derniere des six, comme cela paroist par ce Vers :

Sumetur Hecyra sexta ex his fabula.
De ces six Pieces l'Hecyre sera la derniere.

Il sera parlé de ce Volcatius dans les Remarques sur la vie de Terence.

Avant que de finir cette Preface, je rendray compte icy d'une chose qui me paroist ne devoir pas estre oubliée. Pendant que je travaillois à cet Ouvrage, M. Thevenot, dont le merite est si connu de tout le monde, & qui a sû joindre toutes les qualitez de l'honneste homme à celles de l'homme d'esprit, m'exhortoit à voir les Manuscrits de la Bibliotheque du Roy, où il me disoit que je pourrois trouver des choses que je ne serois pas fâchée de voir. J'avois beaucoup de repugnance à en venir là ; il me sembloit que les Manuscrits estoient si fort au dessus d'une personne de mon sexe, que c'estoit usurper les droits des Savans que d'avoir seulement la pensée de les consulter. Mais

PREFACE.

ma Traduction estant achevée d'imprimer, & Monsieur Thevenot m'ayant dit que les Manuscrits dont il m'avoit parlé meritoient d'estre vûs, à cause des figures qui y sont, la curiosité m'a portée enfin à les voir avant que de donner ma Preface. Ils m'ont esté communiquez depuis quelques jours, & j'y ay trouvé des choses dont je suis charmée, & qui prouvent admirablement les changemens les plus considerables que j'ay faits au texte pour la division des Actes, qui est ce qu'il y a de plus important. Pour le plaisir du Lecteur je mettray par ordre ce que j'y ay trouvé de plus remarquable.

Entre ces Manuscrits il y en a deux qui bien que fort anciens (car le plus moderne paroist avoir plus de huit ou neuf cens ans) ne sont pas si precieux par leur antiquité que par les marques qu'ils portent, qui font connoistre qu'ils ont esté faits sur des Manuscrits fort anciens, & d'une tres-bonne main. Les figures qui sont au commencement de chaque Scene ne sont pas fort delicatement dessinées; mais leur geste & leur attitude répon-

PREFACE.

dent parfaitement aux paſſions & aux mouvemens que le Poëte a voulu donner à ſes perſonnages; & je ne doute pas que du temps de Terence les Comediens ne fiſſent les meſmes geſtes qui ſont repreſentez par ces figures.

Il n'y avoit point d'Acteur qui n'eût un maſque: c'eſt pourquoy à la teſte de chaque Comedie il y a une Planche où l'on voit autant de maſques qu'il y a d'Acteurs; mais ces maſques n'étoient pas faits comme les nôtres qui couvrent ſeulement le viſage, c'étoit une tête entiere qui enfermoit toute la tête de l'Acteur. On n'a qu'à ſe repreſenter un caſque dont le devant auroit la figure du viſage, & qui ſeroit coiffé d'une perruque; car il n'y avoit point de maſque ſans cheveux. J'ay fait graver la premiere Planche de ces maſques, dont la figure ſert à faire entendre cette fable de Phedre:

Perſonam tragicam forte Vulpes viderat.

O quanta ſpecies! inquit, cerebrum non habet.

Un Renard voyant un jour un maſque de

PREFACE.

theatre, ô la belle teste, dit-il, mais elle n'a point de cervelle.

La troisiéme remarque que je fais sur les figures, c'est que le manteau des Esclaves estoit aussi court que celuy de nos Comediens Italiens; mais il étoit beauoup plus large. Ces Acteurs le mettoient d'ordinaire en écharpe, & ils le portoient le plus souvent autour du cou, ou sur une épaule; & quelquefois ils s'en servoient comme d'une ceinture.

La quatriéme remarque, c'est que les portes qui donnoient dans la ruë avoient presque toutes des portieres qui les couvroient par dedans; & comme apparemment on n'avoit pas alors l'usage des tringles & des anneaux, ceux qui sortoient, & qui se tenant devant la porte vouloient voir cependant ce qui se passoit dans la maison, noüoient la portiere comme on noüe les rideaux d'un lict.

C'est ce que je trouve de plus remarquable dans ces figures. Voyons si en parcourant les Pieces l'une aprés l'autre, on ne trouvera rien qui merite d'estre remarqué.

Dans la premiere Scene de l'An-

PREFACE.

drienne je trouve d'abord que la remarque que j'ay faite sur le premier & sur le troisiéme Vers, est confirmée par ces figures: car on voit entrer dans la maison de Simon deux Esclaves, dont l'un porte une bouteille, & l'autre des poissons; & l'on voit Sofie qui s'approche de Simon, & qui tient dans sa main une grande cuillere, ce qui marque tres-bien que quand il dit, *ut curentur rectè hæc*, il parle en termes de cuisine.

Sur l'autel dont il est parlé dans la quatriéme Scene du quatriéme Acte, j'ay dit que ce ne pouvoit estre l'autel qu'on mettoit toûjours sur le Theatre, & qui estoit consacré à Apollon; mais que c'estoit un de ces autels qu'on voyoit dans les ruës d'Athenes, où chaque porte de maison avoit son autel: & c'est ce qui est fort bien marqué dans la planche, où l'on voit un autel qui est joint à un des côtez de la porte.

Sur le titre de la seconde Comedie, au lieu de MODULAVIT. FLACCUS. CLAUDI. TIBIIS. DUABUS. DEXTRA ET SINISTRA. il y a dans le manuscrit, TIBIIS DUABUS DEX-

PREFACE.

TRIS. Et cela confirme la conjecture que j'avois faite, que cette Piece avoit aussi esté joüée avec les deux flutes droites.

Les Savans ont disputé long-temps sur la conduite de l'Heautontimorumenos, pour savoir en quel état est Menedeme quand Chremes luy parle; s'il travaille dans son champ, ou s'il en sort chargé de ses outils. J'avois dit dans ma remarque sur le quinziéme Vers de la premiere Scene, que cette question étoit décidée par ces mots, *aut aliquid ferre*. Cela est admirablement confirmé par la planche qui est dans le manuscrit à la tête de la premiere Scene de cette Comedie. On y voit Menedeme qui est sorti de son champ, & qui porte ses outils sur ses épaules, comme je l'avois dit. Chremes le rencontre en cet état au milieu du chemin, & il prend un de ses outils qu'il trouve si pesant qu'il est obligé de le tenir à deux mains; & encore voit-on que la pesanteur luy fait courber tout le corps. Derriere Menedeme, dans l'éloignement, on voit une herse qui marque le champ où ce bon-homme travailloit:

PRÉFACE.

car les Laboureurs, le soir en quittant leur travail, laissent dans le champ leurs herses & leurs charruës. J'avoüe que cela m'a fait un tres-sensible plaisir, & j'espere que ceux qui resistoient le plus opiniâtrément à cette verité, n'auront plus rien à opposer à des preuves si claires & si convainquantes.

Le titre des Adelphes, comme il est aujourd'huy dans la plufpart des editions, est entierement corrompu. Muret l'avoit corrigé fur un manuscrit fort ancien qu'il avoit vû à Venife. Les deux manuscrits de la Bibliotheque du Roy confirment cette correction. Voicy le titre entier.

ADELPHOE.

ACTA LUDIS FUNEBRIBUS QUOS FECERE Q. FABIUS MAXIMUS PUB. CORNELIUS AFRICANUS ÆMILII PAULI. EGERE L. ATILIUS PRÆNESTINUS MINUCIUS PROTHYMUS. MODOS FECIT FLACCUS CLAUDI TIBIIS SARRANIS. FACTA GRÆCA MENANDRI. ANICIO. M. CORNELIO, COS.

Il y a seulement cette difference, que dans le plus ancien manuscrit il y a

PRÉFACE.

quelques points aprés *Claudi* ; ce qui semble autoriser la conjecture que j'avois faite, que ce titre estoit tronqué, & qu'il falloit ajoûter TIBIIS LYDIIS avant TIBIIS SARRANIS.

L'Acteur qui fait le Prologue, paroift dans cette Piece avec une branche à la main. Les Savans feront là-dessus leurs conjectures. Je croirois que comme cette Piece fut joüée à des Jeux funebres, c'étoit une branche de Cyprés ; elle luy ressemble parfaitement, cela me paroift remarquable.

La remarque que j'ay faite sur le premier Vers de cette Comedie,

Storax... Non rediit hac nocte à cœna
Æschinus,

est confirmée par le manuscrit où l'on voit Micion qui paroift seul, & qui voyant que Storax ne répond point, conjecture de là que son fils n'est pas revenu.

Ce que j'ay dit sur le dix-huitiéme Vers de la premiere Scene, *& quod fortunatum isti putant*, est confirmé entierement par la glose *uxorem non habere, de n'avoir point de femme*, qui est de la mesme main, & qu'on

PREFACE.

voit à côté du Vers.

La planche qui est à la teste de la quatriéme Scene du troisiéme Acte, fait voir Syrus qui parle avec Demea, & qui en mesme temps donne ses ordres à Dromon qu'on voit dans la maison où il vuide des poissons ; & prés de luy il y a un bassin où il a mis dégorger le Congre, qui est fait comme une Anguille.

Dans la quatriéme Scene du quatriéme Acte je trouve une chose qui me paroist assez singuliere; c'est qu'au lieu de ces deux Vers & demy,

Membra metu debilia sunt ; animus timore obstupuit ; pectore
Consistere nihil consilii quidquam potest. vah. quo modo
Me ex hac turba expediam.

un des manuscrits en fait quatre petits Vers :

Membra metu debilia sunt:
Animus timore obstupuit :
Pectore consistere nihil consilii quit. vah
Quomodo me ex hac expediam turba?

Il me paroist fort naturel que dans la passion on ne s'assujetisse pas toû-

PREFACE.

jours aux regles ordinaires, & qu'on ne suive pas les mesmes nombres.

Jusques icy le cinquiéme Acte avoit toûjours commencé à la Scene *Ædepol, Syrisce, te curasti molliter.* En verité, mon cher petit Syrus, tu t'es assez bien traité. J'avois fait voir que c'étoit une faute tres-grossiere, que l'Acte ne pouvoit pas commencer en cet endroit, puisque le Theatre n'étoit pas encore vuide, & que cette scene & la suivante, *Heus Syre, &c.* devoient estre du quatriéme Acte. C'est ce qui est tres-solidement confirmé par un de ces manuscrits: car au dessus de la planche qui est à la teste de la Scene *Parata à nobis sunt,* on voit écrit de la mesme main: *Quintus Actus continet hæc: reprehensionem Ctesiphonis cum Psaltria. Jurgium Demeæ cum Micione, ejusdemque Demeæ pristinæ vitæ correptionem, & præterea multa in Comœdia nova. Hoc est blandimentum circa Æschinum, & adsabilitatem erga Getam. Conciliationem Syri & uxoris ejus, & veniam circa Ctesiphonem, permissionemque habendæ. Servatur autem per totam fabulam mitis Micio, sævus Demea, Leno avarus, callidus Syrus,*

PREFACE.

timidus Ctesipho, liberalis Æschinus, pavida mulieres.

Dans la premiere planche qui est au commencement du Phormion, & qui represente tous les masques des Acteurs, il y a une chose qui me paroît tres-remarquable; au dessous des masques on voit d'un côté une espece de flambeau assez long, & de l'autre une espece de bandeau. Aprés avoir bien pensé à ce que ce pouvoit être, j'ay trouvé que ce qui paroît un flambeau, est sans doute les deux flûtes inégales qui avoient été employées à cette piece, & qui étant liées ensemble ont assez la figure d'un flambeau; & ce qui me le persuade encore davantage, c'est ce bandeau qui est de l'autre côté, car ce ne peut être autre chose que la courroye que les fluteurs se mettoient autour de la bouche, & qu'ils lioient derriere la teste, afin que leurs joües ne parussent pas si enflées, & qu'ils pussent mieux gouverner leur haleine & la rendre plus douce. C'est cette courroye que les Grecs appelloient φορβείαν Sophocle.

Φυσᾶ γάρ, ἢ σμικροῖσιν αὐλίσκοις ἔτι,
Ἀλλ'

PRÉFACE.

Αλλ' ἀγείαις φύσωσι φορβέιας ἄτερ.
Il ne souffle plus dans de petites flutes, mais dans des soufflets épouventables, & sans courroye. Ce que Ciceron applique tres-heureusement à Pompée, pour dire qu'il ne gardoit plus de mesures, & qu'il ne songeoit plus à moderer son ambition.

On avoit commencé le cinquiéme Acte par la Scene
Quid agam ? quem mihi amicum inveniam misera ?
Que feray-je ? que je suis malheureuse ! &c. J'avois corrigé cette faute, en faisant voir que cette Scene devoit être la derniere du quatriéme Acte, & que le cinquiéme devoit commencer par la Scene *Nos nostrapte culpa, &c. C'est par nostre faute, &c.* Le manuscrit est entierement conforme à cette division.

Dans le titre de l'Hecyre, au lieu de LUDIS ROMANIS, les deux manuscrits les plus anciens ont LUDIS MEGALENSIBUS. Et à la fin, RELATA EST ITERUM. L. ÆMILIO PAULO LUDIS FUNEBRIBUS. *Elle fut joüée pour L. Emilius Paulus à ses jeux funebres.* Ce qui con-

PREFACE.

firme la remarque que j'ay rapportée de Donat, & le sentiment de M. Vossius. Cette seconde representation de l'Hecyre servit à honorer les funerailles de Paul Emile, aussi bien que les Adelphes ; cette piece fut sans doute jouée au commencement de ces jeux, & l'Hecyre à la fin.

Les deux Prologues sont fort bien separez dans ces manuscrits, & je ne comprens pas comment on avoit pû les joindre, & n'en faire qu'un des deux.

Iusques icy on avoit commencé le cinquiéme Acte à la Scene *Non hoc de nihilo est*, Ce n'est pas pour rien que, &c. Qui est la IV. Scene de l'Acte IV. J'avois fait voir dans mes Remarques que le Theatre ne demeuroit nullement vuide, ny à cette Scene, ny à la suivante, & qu'ainsi elles appartenoient toutes deux au IV. Acte, le cinquiéme ne commençant qu'à la Scene.

Ædepol ne esse meam herus operam deputat parvi preti.

Par bleu mon Maistre compte bien ma peine pour peu de chose. Je ne m'étois

PREFACE.

point du tout mise en peine de ce que l'on auroit pû dire de la liberté que je prenois d'ôter à l'Acte V. deux Scenes pour les redonner à l'Acte IV. tant j'étois convaincuë de la verité & de la justice de ce partage. Heureusement cela se trouve confirmé par un des manuscrits, où l'on voit à la teste de la Scene de Parmenon & de Bacchis, cette judicieuse reflexion écrite de la mesme main qui a écrit le texte, *In quinto Actu Bacchidis narratio de intus gestis fit. Colloquium cum Parmenone inducitur. Quem invitum mittit ad Pamphilum: Pamphilique ad ultimum actio gratiarum apud ipsam Bacchidem. Docet autem Varro neque in hac fabula neque in aliis esse mirandum quod actus impari Scenarum paginarumque sint numero. Cum hæc distributio in rerum descriptione, non in numero versuum constituta sit, non apud Latinos modo verum etiam apud Græcos.* Dans le cinquiême Acte Bacchis raconte ce qu'elle a fait dans la maison d'où elle sort. Elle s'entretient avec Parmenon, & l'envoye malgré luy chercher Pamphile. Et à la fin Pamphile vient & remercie Bacchis des

PREFACE.

services qu'elle luy a rendus. Au reste, Varron nous enseigne que ny dans cette piece, ny dans aucune autre il ne faut pas trouver étrange qu'il y ait des Actes qui ayent moins de Scenes & de pages que les autres, parce que ce partage ne consiste pas tant dans le nombre des Vers, que dans les choses & dans la distribution du sujet, non seulement chez les Latins, mais chez les Grecs.

L'Auteur de cette Remarque, que ce soit Donat ou un autre, apprehendoit qu'on ne fût choqué de la singularité de cet Acte qui n'a que deux Scenes, (car les anciens manuscrits ne marquoient point de nouvelle Scene aux monologues qui étoient faits par des Acteurs qui restent sur le Theatre,) c'est pourquoy il va au devant, & il dit avec beaucoup de raison que ce n'est pas le nombre des Scenes qui fait un Acte, mais le partage & la distribution du sujet. Cela est si vray que dans les pieces Grecques & Latines il y a des Actes qui ont un fort grand nombre de Scenes, & d'autres qui n'en ont que deux, il y en a mesme qui n'en ont qu'une.

PREFACE.

Voila tout ce que je puis dire en general, je n'entreray point dans le particulier. J'avertiray pourtant d'une chose qui est assez importante, c'est que ces manuscrits condamnent absolument toute la critique de M. Guyet; car il n'y a pas un des changemens ny des retranchemens considerables qu'il a voulu faire dans ces Comedies, qui soit confirmé par les trois manuscrits que j'ay vûs. Cela devroit rendre les Critiques moins hardis, & leur apprendre au moins que de ce qu'ils n'entendent pas une chose, ou qu'ils n'en voyent pas la beauté, il ne s'ensuit pas toûjours qu'elle doive être, ny corrigée ny retranchée. On pourroit faire beaucoup de remarques sur l'arrengement des mots, qui assez souvent sont autrement placez dans ces manuscrits que dans les imprimez; mais cela seroit ennuyeux; nous n'avons pas aujourd'huy l'oreille assez fine pour juger de cette difference. Et pour ce qui est de la mesure des Vers, il nous sieroit mal de vouloir faire les delicats sur une caden-

PREFACE.

ce qui étoit tres-peu senfible du temps mesme de Ciceron, & que les plus grands connoisseurs ne démesloient qu'avec beaucoup de peine.

LA VIE DE TERENCE E'CRITE PAR SUETONE.

TErence nâquit à Carthage, il fut Esclave de Terentius Lucanus Senateur Romain, qui à cause de son esprit, non seulement le fit élever avec beaucoup de soin, mais l'affranchit fort jeune. Quelques Autheurs ont crû qu'il avoit esté pris en guerre, mais Fenestella prouve fort bien que cela ne peut estre, puisque Terence est né aprés la seconde guerre Punique, & qu'il est mort avant le commencement de la troisiéme. Et

LA VIE

quand mesme il auroit esté pris par les Numides, ou par les Getuliens, il n'auroit pû tomber entre les mains d'un Capitaine Romain, le commerce entre les Romains & les Affriquains n'ayant commencé que depuis la ruine de Carthage.

Ce Poëte estoit fort aimé & fort estimé des premiers de Rome ; il vivoit sur tout tres-familierement avec Scipion l'Affriquain & avec Lælius. Fenestella dit que Terence estoit plus vieux qu'eux, Cornelius Nepos soûtient qu'ils estoient de mesme âge, & Porcius parle de luy en ces termes.

Pendant que Terence veut estre des plaisirs des Grands, & qu'il recherche leurs loüanges flateuses, pendant qu'il écoute & qu'il admire la divine voix de Scipion, & qu'il croit que c'est un tres-grand honneur pour luy d'aller souper chez Furius & chez Lælius, & que c'est pour son esprit qu'on le mene souvent au mont d'Albe, il se trouva reduit tout d'un coup à une extrême pauvreté, qui l'obligea à fuir le commerce des hommes, & à partir pour se retirer au fonds de la Grece. Il mourut à Stymphale ville d'Arcadie, &c.

DE TERENCE.

Il nous reste de luy six Comedies. Quand il vendit aux Ediles la premiere, qui est l'Andrienne, on voulut qu'il la lût auparavant à Cecilius. Il alla donc chez luy & le trouva à table, on le fit entrer, & comme il étoit fort mal vêtu, on luy donna prés du lit de Cecilius un petit siege où il s'assit, & commença à lire. Mais il n'eût pas plûtost lû quelques Vers, que Cecilius le pria de souper, & le fit mettre à table prés de luy. Aprés souper il acheva d'entendre cette lecture, & en fut charmé.

Les six Comedies ont été également estimées des Romains, quoy que Volcatius dans le jugement qu'il en a fait, ait dit que *l'Hecyre est la derniere des six*.

L'Eunuque eut un si grand succés, qu'elle fut joüée deux fois en un jour, & qu'on la paya beaucoup mieux qu'aucune Comedie n'avoit jamais esté payée, car Terence en eut huit mille pieces. C'est pourquoy aussi cette somme a esté marquée au titre. Varron prefere le commence- des Adelphes à l'Original de Menandre.

Deux cens écus.

Tome I. ũ

LA VIE

C'est un bruit assez public que Scipion & Lælius luy aidoient à composer, & il l'a augmenté luy-mesme en ne s'en deffendant que fort legerement, comme il fait dans le Prologue des Adelphes : *Pour ce que disent ces envieux, que des premiers de la Republique luy aident à faire ses pieces, & travaillent tous le jours avec luy, bien loin d'en estre offensé, comme ils se l'imaginent, il trouve qu'on ne luy sauroit donner une plus grande loüange, puisque c'est une marque qu'il a l'honneur de plaire à des personnes qui vous plaisent, Messieurs, & à tout le peuple Romain, & qui en paix, en guerre, & en toutes sortes d'affaires, ont rendu à la Republique en general, & à chacun en particulier, des services tres-considerables, sans en estre pour cela plus fiers, ny plus orgueilleux.*

On pourroit croire pourtant qu'il ne s'est si mal deffendu que pour faire plaisir à Lælius & à Scipion, à qui il sçavoit bien que cela ne déplaisoit pas. Cependant ce bruit s'est accru de plus en plus, & est venu jusqu'à nôtre temps.

Quintus Memmius dans l'Oraison

qu'il fit pour sa propre deffense dit, *Scipion l'Affriquain a emprunté le nom de Terence pour donner au Theatre ce qu'il avoit fait chez luy en se divertissant.* Cornelius Nepos dit qu'il sait de bonne part qu'un premier jour de Mars Lælius étant à sa maison de campagne à Puzzoles, fut prié par sa femme de vouloir souper de meilleure heure qu'à son ordinaire, que Lælius la pria de ne pas l'interrompre, & qu'enfin étant allé fort tard se mettre à table, il avoit dit que jamais il n'avoit travaillé avec plus de plaisir ny plus de succez ; & ayant esté prié de dire ce qu'il venoit de faire, il recita ce Vers de la III. Scene de l'Acte quatriéme de l'Heautontimorumenos, *En bonne foy Syrus m'a fait venir icy fort impertinemment avec ses belles promesses.* Mais Santra est persuadé que si Terence avoit eu besoin du secours de quelqu'un pour ses Comedies, il se feroit bien moins servi de Scipion & de Lælius qui étoient alors fort jeunes, que de C. Sulpitius Gallus homme tres-savant, & qui le premier avoit fait joüer des Comedies pendant les jeux Consulaires,

LA VIE

ou plûtoſt de Q. Fabius Labeo, & de Marcus Popilius qui avoient tous deux eſté Conſuls, & qui eſtoient tous deux grands Poëtes. Terence meſme en déſignant ceux qu'on diſoit qui lui avoient aidé, ne marque pas de jeunes gens, mais des hommes faits, puis qu'il dit *qu'en paix, en guerre, & en toutes ſortes d'affaires, ils avoient rendu à la Republique en general, & à chacun en particulier des ſervices tres-conſiderables.*

Soit qu'il voulût faire ceſſer le reproche qu'on lui faiſoit de donner les Ouvrages des autres ſous ſon nom, ou qu'il eût deſſein d'aller s'inſtruire à fond des coûtumes & des mœurs des Grecs pour les mieux repreſenter dans ſes pieces, quoy qu'il en ſoit, aprés avoir fait les ſix Comedies que nous avons de lui, & n'ayant pas encore 35. ans, il ſortit de Rome & on ne le vid plus depuis.

Volcatius parle de ſa mort en ces termes: *Aprés que le Poëte Carthaginois eut fait ſix Comedies, il partit pour aller en Aſie, & depuis qu'il ſe fut embarqué on ne le vid plus, il mourut dans ce voyage.*

Q. Conſentius dit qu'il mourut ſu

mer à son retour de Grece, d'où il rapportoit cent huit pieces qu'il avoit traduites de Menandre. Les autres assurent qu'il mourut en Arcadie dans la ville de Stymphale, sous le Consulat de Cn. Cornelius Dolabella, & de M. Fulvius, & qu'il mourut d'une maladie que luy causa la douleur d'avoir perdu les Comedies qu'il avoit traduites, & celles qu'il avoit faites luy-mesme.

On dit qu'il estoit d'une taille mediocre, fort menu, & d'un tein fort brun. Il n'eut qu'une fille, qui aprés sa mort fut mariée à un Chevalier Romain, & à qui il laissa une maison & un jardin de deux arpens sur la voye Appienne, prés du lieu qu'on appelloit *Villa Martis*. Ce qui fait que je m'étonne encore plus de ce que Porcius a écrit, *ny Scipion, ny Lælius, ny Furius, qui estoient alors les trois plus riches hommes de Rome, & les plus puissans, ne luy servirent de rien, & toute l'amitié qu'ils eurent pour luy ne le mit pas seulement en état d'avoir une petite maison de loüage, où un Esclave en revenant des funerailles de son Maistre pût au moins aller dire en pleurant, helas mon Maistre est mort!*

LA VIE

Afranius le prefere à tous les Poëtes Comiques, car il dit dans sa piece qui a pour titre Compitalia, c'est à dire la Feste des Carrefours, Tu ne diras personne égal à Terence.

Mais Volcatius ne luy prefere pas seulement Nævius, Plaute, & Cæcilius, il lui prefere encore Licinius. Pour Ciceron, il loüe Terence jusqu'à dire dans sa prairie; *Et vous aussi, Terence, dont le Stile est si poli & si plein de charmes, vous nous traduisez & nous rendez parfaitement Menandre, & luy faites parler avec une grace infinie la Langue des Romains, en faisant un choix tres-juste de tout ce qu'elle peut avoir de plus delicat & de plus doux.* Jules Cesar dit aussi de ce Poëte, *Toy aussi, demi-Menandre, tu es mis au nombre des plus grands Poëtes, & avec raison pour la pureté de ton stile. Eh plût aux Dieux que la douceur de tes écrits fust accompagnée de la force que demande la Comedie, afin que ton merite fust égal à celuy des Grecs, & qu'en cela tu ne fusses pas fort au dessous des autres, mais c'est ce qui te manque, Terence, & c'est ce qui fait ma douleur.*

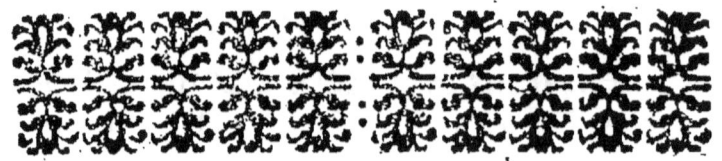

REMARQUES
SUR LA VIE
DE TERENCE.

J'Ay mieux aimé traduire ce que Suetone a écrit de la vie de Terence que d'en faire une nouvelle, où je n'aurois pû rien dire de particulier. Mais, comme ce que cet Historien en a dit a besoin de quelques éclaircissemens, j'ay crû estre obligée d'y faire des Remarques, qui tiendront presque lieu de supplément.

Terence nâquit à Carthage, il fut Esclave de Terentius Lucanus Senateur Romain.] Ce fut ce Senateur qui donna à ce Poëte le nom de Terence ; car les Affranchis portoient ordinairement le nom du Maistre qui les avoit mis en liberté. Ainsi le veritable nom de ce Poëte nous est inconnu. Je m'étonne que l'estime que l'on avoit pour luy n'ait obligé quelqu'un à nous le conserver. Voila une fatalité bien singuliere, celui qui a rendu immortel le nom de son Maître, n'a pû faire vivre le sien.

Fenestella.] Lucius Fenestella étoit un des plus exacts Historiens, & des plus savans dans l'antiquité que Rome ait jamais eu ; il vivoit à la fin du regne d'Auguste, ou au commencement de celuy de Tibere ; Il avoit fait plusieurs Ouvrages, sur tout des Annales. Il ne nous reste rien de luy.

Puisque Terence est né aprés la seconde guerre Punique, & qu'il est mort avant le commencement de la troisiéme.] Cette epoque est sure, mais elle est encore trop vague, il faut la fixer davantage, & cela ne sera pas mal-aisé. La seconde guerre Punique finit l'an de Rome cinq cens cinquante deux, cent nonante neuf ans avant la naissance de nostre Seigneur ; & la troisiéme commença l'an de Rome six cens trois. Il y a donc entre ces deux guerres l'espace de cinquante un an, qui a vû naistre & mourir Terence. Nous ſavons qu'il eſt mort l'an de Rome 594. ſous le Conſulat de Cn. Cornelius Dolabella, & de M. Fulvius, à l'âge de trente-cinq ans, & par conſequent il eſtoit né l'an 560.

Et quand meſme il auroit eſté pris par les Numides ou par les Getuliens.] Car depuis la ſeconde juſqu'à la troiſiéme guerre Punique, il y eut preſque toûjours une guerre continuelle entre les Carthaginois & les Numides, ou les Getuliens, & par conſequent Terence auroit pû eſtre pris dans quelque rencontre par les troupes de Maſiniſſa Roy de Numidie.

Il n'auroit pû tomber entre les mains d'un Capitaine Romain, le commerce entre les Romains & les Affriquains n'ayant commencé que depuis la ruine de Carthage.] Ce raiſonnement de Feneſtella ne me paroiſt ny juſte ny vray. Il eſt bien certain qu'avant la ruine de Carthage, les Romains n'avoient pas un fort grand commerce en Afrique, mais auſſi il ne falloit pas y en avoir beaucoup pour avoir un Eſclave comme Terence. Aprés la ſeconde guerre Punique les Romains n'envoye-

LA VIE

Afranius le prefere à tous les Poëtes Comiques, car il dit dans sa piece qui a pour titre Compitalia, *c'est à dire la Feste des Carrefours*, Tu ne diras personne égal à Terence.

Mais Volcatius ne luy prefere pas seulement Nævius, Plaute, & Cæcilius, il lui prefere encore Licinius. Pour Ciceron, il loüe Terence jusqu'à dire dans sa prairie; *Et vous aussi, Terence, dont le Stile est si poli & si plein de charmes, vous nous traduisez & nous rendez parfaitement Menandre, & luy faites parler avec une grace infinie la Langue des Romains, en faisant un choix tres-juste de tout ce qu'elle peut avoir de plus delicat & de plus doux.* Jules Cesar dit aussi de ce Poëte, *Toy aussi, demi-Menandre, tu es mis au nombre des plus grands Poëtes, & avec raison pour la pureté de ton stile. Eh plût aux Dieux que la douceur de tes écrits fust accompagnée de la force que demande la Comedie, afin que ton merite fust égal à celuy des Grecs, & qu'en cela tu ne fusses pas fort au dessous des autres, mais c'est ce qui te manque, Terence, & c'est ce qui fait ma douleur.*

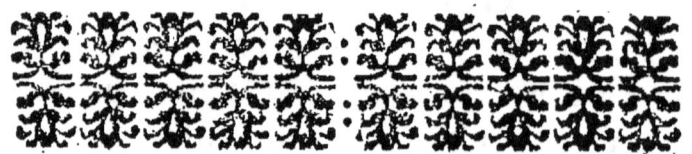

REMARQUES
SUR LA VIE
DE TERENCE.

J'Ay mieux aimé traduire ce que Suetone a écrit de la vie de Terence que d'en faire une nouvelle, où je n'aurois pû rien dire de particulier. Mais, comme ce que cet Historien en a dit a besoin de quelques éclaircissemens, j'ay crû estre obligée d'y faire des Remarques, qui tiendront presque lieu de supplément.

Terence nâquit à Carthage, il fut Esclave de Terentius Lucanus Senateur Romain.] Ce fut ce Senateur qui donna à ce Poëte le nom de Terence ; car les Affranchis portoient ordinairement le nom du Maistre qui les avoit mis en liberté. Ainsi le veritable nom de ce Poëte nous est inconnu. Je m'étonne que l'estime que l'on avoit pour luy n'ait obligé quelqu'un à nous le conserver. Voila une fatalité bien singuliere, celui qui a rendu immortel le nom de son Maître, n'a pû faire vivre le sien.

Fenestella.] Lucius Fenestella étoit un des plus exacts Historiens, & des plus savans dans l'antiquité que Rome ait jamais eu ; il vivoit à la fin du regne d'Auguste, ou au commencement de celuy de Tibere ; Il avoit fait plusieurs Ouvrages, sur tout des Annales. Il ne nous reste rien de luy.

Puisque Terence est né aprés la seconde guerre Punique, & qu'il est mort avant le commencement de la troisiéme.] Cette epoque est sure, mais elle est encore trop vague, il faut la fixer davantage, & cela ne sera pas mal-aisé. La seconde guerre Punique finit l'an de Rome cinq cens cinquante deux, cent nonante neuf ans avant la naissance de nostre Seigneur ; & la troisiéme commença l'an de Rome six cens trois. Il y a donc entre ces deux guerres l'espace de cinquante un an, qui a vû naistre & mourir Terence. Nous savons qu'il est mort l'an de Rome 594. sous le Consulat de Cn. Cornelius Dolabella, & de M. Fulvius, à l'âge de trente-cinq ans, & par conséquent il estoit né l'an 560.

Et quand mesme il auroit esté pris par les Numides ou par les Getuliens.] Car depuis la seconde jusqu'à la troisiéme guerre Punique, il y eut presque toûjours une guerre continuelle entre les Carthaginois & les Numides, ou les Getuliens, & par conséquent Terence auroit pû estre pris dans quelque rencontre par les troupes de Masinissa Roy de Numidie.

Il n'auroit pû tomber entre les mains d'un Capitaine Romain, le commerce entre les Romains & les Affriquains n'ayant commencé que depuis la ruine de Carthage.] Ce raisonnement de Fenestella ne me paroist ny juste ny vray. Il est bien certain qu'avant la ruine de Carthage, les Romains n'avoient pas un fort grand commerce en Afrique, mais aussi il ne falloit pas y en avoir beaucoup pour avoir un Esclave comme Terence. Aprés la seconde guerre Punique les Romains n'envoyerent-ils pas deux ou trois fois des Ambassadeurs à Carthage pour terminer les differends qui estoient entre les Carthaginois & les Numides ? Qu'est-ce donc qui auroit pû empescher qu'un Numide n'eût vendu à un de ces Romains un Esclave qui auroit esté pris aux Carthaginois ? Il ne me paroît rien là d'impossible.

Il vivoit sur tout tres-familierement avec Scipion l'Afriquain & avec Lælius.] Ceux qui ont entendu cecy du grand Scipion l'Afriquain, se sont extremément trompez, car Terence n'avoit qu'onze ans quand ce premier Scipion mourut. Il faut l'entendre du dernier Scipion qui étoit fils de Paul Emile, & qui ayant esté adopté par le fils du premier Scipion, prit le nom de son pere adoptif, & fut aussi surnommé Afriquain, parce qu'il acheva de ruiner Carthage. Comme le vieux Scipion avoit esté l'intime ami de C. Lælius, le jeune Scipion fut aussi tres étroitement uni avec le fils de ce Lælius qui portoit le mesme nom.

Fenestella dit que Terence estoit plus

sur la vie de Terence.

vieux qu'eux.] Il avoit raison, car ce Poëte avoit onze ans plus que Scipion; l'âge de Lælius n'est pas si marqué.

Cornelius Nepos.] C'est l'Historien Cornelius Nepos contemporain de Cesar. Il avoit fait la vie des hommes Illustres, tant Grecs que Romains. Il avoit fait aussi trois volumes de Chroniques qui contenoient une Histoire de tous les temps. Mais tout cela s'est perdu, il ne reste plus que XXII. vies de ses hommes illustres, & celle de Pomponius Atticus avec celle de Caton.

Pendant que Terence veut estre des plaisirs des Grands.] Ces Vers de Porcius me paroissent fort beaux, & d'un tour fort ingeniux.

Dum lasciviam nobilium & fucosas laudes petit:
Dum Africani voci divinæ inhiat avidis auribus:
Dum ad Furium se cœnitare & Lælium pulcrum putat,
Dum se amari ab hisce credit, crebro in Albanum rapi
Ob florem ætatis suæ: ad summam inopiam redactus est.

Remarques
Itaque è conspectu omnium abiit in Græ-
ciam terram ultimam.
Mortuus est Stymphalo Arcadiæ oppi-
do . . .

Le mot *lascivia* ne signifie pas en Latin ce que nous lui faisons signifier en François; mais les jeux, les plaisirs, les divertissemens, & je croy qu'on ne l'emploioit en ce sens-là, qu'en parlant des femmes, des grands Seigneurs, ou des gens d'esprit. Ce que Porcius dit icy de la pauvreté de Terence est faux, & le ridicule qu'il luy donne est tres-mal fondé ; mais ce n'est pas la verité que l'on doit chercher dans les railleries & dans les invectives que la passion suggere.

D'aller souper chez Furius.] C'est Furius Publius, homme de grande qualité. Il ne faut pas le confondre avec Aulus Furius Antias, ny avec Marcus Furius Bibaculus dont il est parlé dans Horace.

Qu'on le mene souvent au mont d'Albe.] Scipion ou Lælius avoient sans doute là une maison.

Quand il vendit aux Ediles la premie-
re piece qui est l'Andrienne.] Suetone pretend donc que l'Andrienne est la

sur la vie de Terence.

premiere de toutes les pieces de Terence, & celle qui commença à le faire connoistre. Cependant le Prologue de cette Piece semble prouver que Terence avoit fait d'autres Comedies avant celle-là. Je ne sai pas comment pouvoir accommoder cette contrarieté. Peut-estre que Suetone a dit de l'Andrienne ce qui étoit arrivé à quelqu'autre piece qui l'avoit precedée, & ce qui me le persuade, c'est ce qu'il ajoûte, que Terence fut obligé de la lire à Cecilius, car Cecilius estoit mort prés de deux ans avant que l'Andrienne fût faite. S'il est donc vray que Terence fut obligé de lire la premiere de ses pieces à Cecilius, cette premiere ne pouvoit estre l'Andrienne. Cela me paroît assez clair. Je say bien que le savant M. Vossius dans son excellent traité des Poëtes Latins a voulu corriger le passage, & qu'au lieu de *Cecilius*, il assure qu'il faut lire *Acilius*, qui estoit un des Ediles de l'année où l'Andrienne fut joüée. Mais je ne voy pas d'apparence que cela puisse estre, car ce n'étoit pas une chose fort nouvelle que les Ediles qui achetoient

Remarques

une piece vouluſſent l'examiner auparavant, puis qu'ils la faiſoient repreſenter en particulier avant que de la donner au peuple. Ainſi Suetone n'auroit rien dit de l'Andrienne qui ne fût arrivé à toutes les autres pieces de Terence, & à toutes celles des autres Poëtes. Au lieu qu'en nous diſant que Terence fut obligé de lire ſa premiere Comedie à Cecilius, il nous apprend une particularité remarquable, c'eſt que le Poëte Cecilius étoit ſi eſtimé des Romains quand Terence commença à paroître, que les Ediles ne voulurent pas s'en rapporter au jugement qu'ils pourroient faire de la piece qu'il leur vendoit, & qu'ils aimerent mieux la faire examiner par Cecilius.

On luy donna prés du lict de Cecilius un fiege.] On pourroit s'étonner que Cecilius qui avoit eſté Eſclave auſſi bien que Terence, le traitât avec tant de mépris, mais il faut ſe ſouvenir que Cecilius étoit alors fort âgé, & que la reputation qu'il avoit luy donnoit beaucoup d'autorité, & le faiſoit aller de pair avec tout ce qu'il y avoit de plus grand à Rome.

sur la vie de Terence.

Ses six Pieces ont esté également estimées des Romains.] Il seroit difficile de décider à laquelle de ces six Pieces on devroit donner la préferance : car elles ont chacune des beautez particulieres. L'Andrienne & les Adelphes me paroissent l'emporter pour la beauté des caracteres, & pour la peinture des mœurs : l'Eunuque & le Phormion, pour la vivacité de l'intrigue : & l'Heautontimorumenos & l'Hecyre me semblent avoir l'avantage pour la beauté des sentimens, pour les passions & pour la simplicité & la naïveté du stile.

Volcatius dans le jugement qu'il en fait.] C'est Volcatius Segiditus Poëte fort ancien ; mais on ne sait pas precisément en quel temps il a vécu. Dans le jugement qu'il fait des Poëtes Comiques, il donne le premier rang à Cecilius, le second à Plaute, le troisiéme à Nevius, le quatriéme à Licinius, le cinquiéme à Atilius ; & il ne fait Terence que le sixiéme. On peut dire que Volcatius s'est fait plus de tort par ce jugement, qu'il n'a fait d'honneur à Cecilius, & à tous ceux qu'il a préferez à Teren-

Remarques

ce. Ils pouvoient tous avoir quelque chose que celuy-cy n'avoit pas, mais à tout prendre, les Romains n'ont rien eu qui fust égal à Terence.

L'Hecyre est la derniere des six.] Je ne doute pas que ceux qui ont rangé les Pieces de Terence, & qui les ont mises dans un autre ordre que celuy du temps auquel elles avoient esté joüées, n'ayent suivi ce jugement de Volcatius. Ce qu'il dit icy de l'Hecyre, qu'elle est la derniere des six, peut estre vray à certains égards ; mais en verité quand je pense au choix, & à la conduite du sujet, à la beauté des sentimens, & à la vive representation des passions, qui sont si naturelles & si également soûtenuës depuis le commencement jusqu'à la fin sans que rien se démente; je ne say si on ne doit pas l'égaler à celle dont on est le plus charmé. Pour moy j'avoüe qu'elle me fait un sensible plaisir, cela n'empesche pas que je ne voye bien pourquoy elle peut ne plaire pas tant que les autres.

L'Eunuque eut un si grand succez qu'elle fut joüée deux fois en un jour.] C'est ainsi qu'il faut lire *bis die*, deux fois
en

sur la vie de Terence.

en un jour. Et c'est une des plus grandes loüanges qu'on pouvoit donner en ce temps là à une Piece. Car les Comedies n'estoient faites ordinairement que pour servir deux ou trois fois pour le plus. Et l'Eunuque fut joüée deux fois en un jour, le matin & le soir; ce qui n'estoit peut-estre jamais arrivé à aucune Piece.

C'est pourquoy aussi cette somme a esté marquée au titre.] Ce passage prouve l'antiquité de ces titres, il prouve encore qu'ils ne sont pas venus tout entiers jusques à nous, comme on le verra dans les Remarques.

C'est un bruit assez public, que Scipion & Lælius luy aidoient à composer.] Ce bruit avoit sans doute quelque fondement. Scipion & Lælius pouvoient luy aider à polir ses Pieces, & luy donner mesme quelques Vers qu'ils avoient pris plaisir à composer. Peut-estre mesme qu'ils luy servoient beaucoup pour la pureté du stile : car apparemment un Afriquain n'auroit pû écrire avec tant de naïveté & de politesse dans la Langue des Romains, s'il n'eust esté aidé de personne. Cependant cela ne conclud rien, Phe-

Remarques

dre qui a écrit si purement & si poliment en Latin, & qui a su si bien prendre le tour de Terence, étoit un Esclave originaire de Thrace ; personne ne l'a pourtant jamais soupçonné d'avoir eu besoin de secours. D'ailleurs Terence pouvoit avoir esté mené à Rome assez jeune pour avoir entierement oublié sa Langue & pour s'estre rendu la Latine naturelle.

Il ne s'en deffend que fort legerement, comme dans le Prologue des Adelphes.] Il est vray que dans ce Prologue il fait fort bien sa cour à Lælius & à Scipion. Mais dans celuy de l'Heautontimorumenos il n'avoit pas esté si complaisant, car il dit que c'est une calomnie, & il prie les Romains de ne pas écouter en cette occasion les contes des méchans.

Ne plus iniquûm possit quàm aquûm orasio.

Ce bruit s'est toûjours accru.] Le Poëte Valgius, qui estoit contemporain d'Horace, dit positivement :

Hæ quæ vocantur fabulæ, cujus sunt ?
Non has, qui jura populis, recensens dabat
Honore summo affectus fecit fabulas ?

sur la vie de Terence.

Ces Comedies de qui sont-elles ? ne sont-elles pas de cet homme comblé d'honneur, & qui gouvernoit les peuples par sa justice ?

Quintus Memmius] C'estoit apparemment le grand pere de celuy à qui Lucrece adresse son livre.

Qu'un premier jour de Mars Lælius estant à sa maison de campagne] Le premier jour de Mars estoit la feste des Dames Romaines, c'est pourquoy elles estoient ce jour là maistresses dans leur maison.

Il recita ce Vers de la troisiéme Scene.] Cela peut estre. Dans les Pieces de Moliere ne trouveroit-on pas bien quelques Vers que ses amis auroient faits pour luy ? cependant s'est-on jamais avisé de dire que ces Pieces ne sont pas de Moliere ? Ce que dit icy Cornelius Nepos de Lælius, sert toûjours à nous faire connoistre que ces Vers dont il parle estoient trouvez parfaitement beaux. Ils le sont en effet, & l'on ne sauroit rien voir de plus châtié ni de plus pur.

Santra.] Cet Auteur vivoit du temps de Jules Cesar. Il avoit fait un Traité *de l'antiquité des mots*, & les vie, des Hommes Illustres. On ne leconnoist aujourd'huy que par ce que les anciens Grammairiens en ont dit.

Il se seroit bien moins servi de Scipion & de Lælius qui estoient alors fort jeunes.] Ce raisonnement de Santra ne prouve rien : car lors que Terence commença à travailler, Scipion avoit vingt & un an : à cet âge là il pouvoit fort bien estre en état d'aider à Terence : car outre qu'il avoit esté élevé par son pere avec un tres-grand soin, il avoit l'esprit excellent, & la nature avoit rassemblé en luy toutes les vertus de son pere, & celles du grand Scipion son grand pere adoptif. Velleïus Paterculus a fait de luy cet éloge : *P. Scipio Æmilianus, vir avitis P. Africani, paternisque L. Pauli virtutibus simillimus, &c. ingeniique ac studiorum eminentissimus.*

Que de C. Sulpicius Gallus.] C'est le mesme Sulpicius Gallus qui estoit Consul l'année que l'Andrienne fut joüée.

Et qui le premier avoit fait joüer des Comedies pendant les jeux Consulaires.] Au lieu de *Consularibus ludis*, Muret

sur la vie de Terence.
lisoit *Consualibus ludis*, *aux Jeux de Consus*, c'est à dire *aux Jeux Romains*. Mais cette correction ne peut estre bonne, car il n'est pas vray que Sulpicius Gallus ait esté le premier qui ait fait joüer des Comedies pendant les Jeux Romains ; il y avoit longtemps que ces Jeux estoient accompagnez de ces sortes de spectacles. Mon pere lisoit *Cerealibus ludis*, *aux Jeux de Cerés :* car il est certain que ces Jeux étoient tristes, comme devoient l'estre des Jeux instituez pour renouveller la memoire de la douleur qu'avoit eu Cerés de l'enlevement de Proserpine. Mais je ne say encore si dans l'Histoire on pourroit trouver des preuves, qu'aprés la seconde guerre Punique il y eut sur cela du changement, & qu'on joüa des Comedies pendant ces festes, je n'ay rien vû qui le puisse faire conjecturer. Il est pourtant bien vraisemblable que la tristesse qui regnoit dans ces jeux là n'empêchoit pas toûjours qu'on n'y representast des Comedies, puis qu'on en representoit pendant les Jeux funebres.

Ou plûtost de Q. Fabius Labeo.] C'étoit un homme d'un tres-grand merite; il fut Queſteur, Preteur, Triumvir, Conſul, & grand Pontife. Il commanda les Armées des Romains avec ſuccés. Les Annales mettent ſon Conſulat à l'an de Rome 570. Il eut pour Collegue M. Claudius Marcellus. Terence n'avoit alors que dix ans.

De M. Popilius.] C'eſt C. Popilius Lænas, qui fut Conſul l'an de Rome 581. Terence avoit alors vingt & un an.

Ne marque pas de jeunes gens, mais des hommes faits, puiſqu'il dit, qu'en paix, en guerre, &c.] Cette raiſon de Santra ſeroit fort bonne, ſi Terence avoit dit cela dans le Prologue de l'Andrienne : car il n'y auroit pas eu d'apparence qu'un homme de vingt ans euſt pû rendre à la Republique des ſervices ſi conſiderables. Mais Terence ne le dit que dans le Prologue des Adelphes, c'eſt à dire dans le Prologue de ſa derniere Piece. C'eſt pourquoy le raiſonnement de Santra eſt faux ; car Scipion ayant prés de vingt-cinq ans quand les Adelphes furent joüez, il avoit pû ſervir utilement la Republique & les particuliers, puis

sur la vie de Terence.
qu'à l'âge de dix-sept ans il avoit déja donné des marques d'une valeur étonnante dans une bataille contre Perses Roy de Macedoine.

Q. Consentius.] Ce Quintus Consentius ou Consetius m'est entierement inconnu.

D'où il rapportoit cent huit Pieces qu'il avoit traduites de Menandre.] La plus longue vie n'auroit pas suffi à Terence pour traduire cent huit Comedies. D'ailleurs Menandre n'avoit fait en tout que cent huit ou cent neuf Pieces : il y a mesme des Auteurs qui ne luy en donnent que cent cinq ; Terence en avoit déja traduit quatre avant que de quitter Rome ; comment donc auroit-il pû en rapporter cent huit toutes nouvelles ? C'est un conte fait à plaisir.

Sous le Consulat de Cn. Cornelius Dolabella, & de M. Fulvius Nobilior.] C'étoit l'an de Rome 594. un an aprés que Terence eut donné les Adelphes.

Ces Comedies qu'il avoit traduites, & celles qu'il avoit faites luy-mesme, &c.] C'est ainsi que j'explique, *ac simul fabularum quas novas fecerat.* Car si Sue-

Remarques

tone n'a pas voulu distinguer par là les Pieces que Terence avoit faites de son chef, d'avec celles qu'il avoit traduites ; je ne voy pas pourquoy il auroit ajoûté cette particularité qui ne nous apprendroit rien de nouveau ; toutes les Pieces qu'il avoit traduites pendant son voyage n'étoient-elles pas également nouvelles, puis qu'il n'en avoit encore donné aucune au public ?

Prés du lieu qu'on appelloit Villa Martis.] Je croy que c'étoit du côté de l'Apennin.

Ni Scipion, ni Lælius.] C'est la suite des Vers que nous avons déja vus :

nil Publius
Scipio profuit, nil ei Lælius, nil Furius ;
Tres per idem tempus qui agitabant nobiles facillimè.
Eorum ille opera ne domum quidem habuit conductitiam :
Sa'tem ut esset quo referret obitum domini servulus.

Afranius le prefere à tous les autres Poëtes Comiques.] Cet Afranius estoit luy-mesme un grand Poëte qui avoit fait des Tragedies & des Comedies ; & le jugement

sur la vie de Terence.

jugement qu'il fait de Terence est d'autant plus considerable qu'il étoit son contemporain, quoyque plus jeune que luy : car Afranius ne commença à avoir de la reputation qu'aprés la mort de Terence.

Qui a pour titre, Compitalia.] C'est à dire les Festes des Carrefours, où l'on sacrifioit aux Dieux Lares. Ces Festes suivoient de prés les Saturnales.

Il luy préfere encore Licinius.] C'est Licinius Imbrex, qui florissoit l'an de Rome 554. Je ne say si c'estoit le mesme que P. Licinius Tegula.

Dans sa Prerie.] Ciceron avoit fait un ouvrage en vers, qu'il avoit intitulé, *Leimon,* d'un mot Grec qui signifie Prairie ; sans doute parce que comme les Preries sont remplies de fleurs differentes, cet ouvrage étoit rempli de mille fleurs qui faisoient une agreable varieté. Il paroist qu'il n'y avoit là que les éloges des Hommes Illustres. L'on a eu tort de croire que ces Vers avoient esté supposez par quelque Grammairien ; ils sont trop beaux & trop Latins, & si Ciceron en avoit toûjours fait d'aussi

Remarques

bons, il n'auroit peut-estre pas esté moins grand Poëte que grand Orateur. Ausone les avoit en veuë quand il écrivoit

Tu quoque qui Latium lecto sermone
Terenti.

Et ce qu'il y a encore de plus remarquable, c'est que Cesar a commencé ce qu'il dit de Terence par les mêmes mots dont Ciceron s'estoit servi, *Tu quoque, &c.* Car il est certain que Cesar n'avoit entrepris cet ouvrage que pour imiter & pour contredire Ciceron.

Dont le stile est si poly & si plein de charmes.] C'est ce que signifie cette façon de parler, *solus lecto sermone* ; car il ne faut pas rapporter ce *lecto sermone* à *effers*. *Lectus* est un mot plein de force. Ciceron a dit ailleurs, *nulla femina lectior*, & *lectissimus adolescens*.

Et plust aux Dieux que la douceur de tes écrits fust accompagnée de la force que demande la Comedie] Mon pere a crû que par ce *vis Comica*, cette *force que demande la Comedie*, Cesar vouloit parler des *passions* ; car c'est encore ce qui manque à Terence, comme Varron l'a fort bien remarqué, *Ethos*, dit-il,

sur la vie de Terence.
nulli alii servare convenit quam Titinio & Terentio. Pathe verò, Trabea, & Attilius & Cæcilius facilè moverant. Personne n'a sû garder les caracteres comme Titinius & Terence. Mais Trabea, Attilius & Cæcilius sçavoient mieux émouvoir les passions. Et c'est particulierement pour émouvoir les passions, que cette force est necessaire : car les passions ne se representent que par les figures ; & les figures sont entierement opposées à la simplicité & à la *proprieté*, que les Anciens donnent à Terence. Servius, *Sciendum est Terentium, propter solam proprietatem, esse omnibus præpositum, quibus est, quantum ad cætera spectat, inferior.* Il faut sçavoir que Terence est preferé à tous les autres Poëtes Comiques, à cause de la seule proprieté ; car il leur est inferieur dans tout le reste. Ce mot, *proprieté*, ne regarde pas seulement la simplicité des termes, mais encore celle des caracteres & des mœurs. Pour moy je trouve que les mœurs & les caracteres sont plus necessaires à la Comedie que les passions ; je suis même persuadée qu'un Poëte Comique ne peut bien conserver les ca-

bons, il n'auroit peut-estre pas esté moins grand Poëte que grand Orateur. Ausone les avoit en veuë quand il écrivoit

*Tu quoque qui Latium lecto sermone
Terenti.*

Et ce qu'il y a encore de plus remarquable, c'est que Cesar a commencé ce qu'il dit de Terence par les mêmes mots dont Ciceron s'estoit servi, *Tu quoque,* &c. Car il est certain que Cesar n'avoit entrepris cet ouvrage que pour imiter & pour contredire Ciceron.

Dont le stile est si poly & si plein de charmes.] C'est ce que signifie cette façon de parler, *solus lecto sermone*; car il ne faut pas rapporter ce *lecto sermone* à *effers*. *Lectus* est un mot plein de force. Ciceron a dit ailleurs, *nulla femina lectior,* & *lectissimus adolescens*.

Et plust aux Dieux que la douceur de tes écrits fust accompagnée de la force que demande la Comedie] Mon pere a crû que par ce *vis Comica,* cette *force que demande la Comedie,* Cesar vouloit parler des *passions;* car c'est encore ce qui manque à Terence, comme Varron l'a fort bien remarqué, *Ethos,* dit-il,

sur la vie de Terence.
nulli alii servare convenit quam Titinio & Terentio. Pathe verò, Trabea, & Attilius & Cæcilius facilè moverant. Personne n'a sû garder les caracteres comme Titinius & Terence. Mais Trabea, Attilius & Cæcilius sçavoient mieux émouvoir les passions. Et c'est particulierement pour émouvoir les passions, que cette force est necessaire : car les passions ne se representent que par les figures ; & les figures sont entierement opposées à la simplicité & à la *proprieté*, que les Anciens donnent à Terence. Servius, *Sciendum est Terentium, propter solam proprietatem, esse omnibus præpositum, quibus est, quantum ad cætera spectat, inferior.* Il faut savoir que Terence est preferé à tous les autres Poëtes Comiques, à cause de la seule proprieté ; car il leur est inferieur dans tout le reste. Ce mot, *proprieté*, ne regarde pas seulement la simplicité des termes, mais encore celle des caracteres & des mœurs. Pour moy je trouve que les mœurs & les caracteres sont plus necessaires à la Comedie que les passions ; je suis même persuadée qu'un Poëte Comique ne peut bien conserver les ca-

Remarques

racteres sans émouvoir aussi les passions quand l'occasion s'en presente. Et je ne voy pas que dans Terence on ait grand' chose à souhaiter de ce costé là ; car il fait toûjours parler les Acteurs convenablement à l'état où ils se trouvent. C'est pourquoy j'ay cru que par ce *vis Comica*, Cesar ne vouloit pas tant parler des passions que de la vivacité de l'action, & du nœud des intrigues ; comme je l'ay expliqué dans ma Preface sur Plaute. Je ne say mesme si Cesar auroit appellé absolument les passions *vim Comicam*, elles me paroissent plus de l'appanage de la Tragedie que de la Comedie.

Avant que de finir ces Remarques, il est à propos de dire un mot d'un passage d'Orosius, qui a trompé beaucoup de gens. Cet Historien, à la verité peu exact, mais assez utile, écrit : *Scipio jam cognomento Africanus, triumphans urbem ingressus est, quem Terentius, qui postea Comicus, ex nobilibus Carthaginensium captivis, pileatus, quod indultæ sibi libertatis insigne fuit, triumphantem post currum secutus est.* Scipion, qui estoit déja surnommé l'Africain,

sur la vie de Terence.

entra en triomphe dans Rome; & ce fut à ce Triomphe qu'on vid Terence, qui estoit un des principaux prisonniers qu'on avoit fait sur les Carthaginois, & qui fut ensuite Poëte Comique, suivre le Char du Vainqueur, avec un bonnet sur sa teste, pour marque de la liberté qui luy avoit esté accordée. C'est une fable qui ne peut jamais se soûtenir, de quelque côté qu'on la tourne. Car si Orosius parle du vieux Scipion, il triompha l'an de Rome 552. huit ans entiers avant la naissance de Terence: Et s'il parle du jeune Scipion fils de Paul Emile, il triompha l'an de Rome 607. treize ans aprés la mort de ce Poëte. Ce qui a trompé Orosius, c'est un passage de Tite-Live, qu'il n'avoit pas examiné d'assez prés. Cet Historien dit dans le livre 30. chapitre 45. *Secutus Scipionem triumphantem est, pileo capiti imposito, Q. Terentius Culleo; omnique deinde vita, ut dignum erat, libertatis auctorem coluit.* Q. Terentius Culleo suivit le Char de Scipion le jour de son triomphe, avec un bonnet sur sa teste: & le reste de sa vie il honora comme il devoit l'auteur de sa liberté. Celuy dont Tite-Live parle, n'étoit

Rem. sur la vie de Terence.

pas le Poëte Terence, mais un Senateur nommé *Terentius Culleo*, qui ayant esté pris par les Carthaginois, & en suite ayant esté delivré par la victoire de Scipion, voulut suivre le char de son Liberateur avec un bonnet sur sa teste, comme s'il avoit esté veritablement un esclave que Scipion eust affranchi.

PRIVILEGE
du Roy.

LOUIS par la grace de Dieu Roy de France & de Navarre : A nos amez & feaux Conseillers les gens tenans nos Cours de Parlement, Maistres des Requestes ordinaires de nôtre Hôtel, Baillifs, Seneschaux, leurs Lieutenans Civils, & autres nos Justiciers & Officiers qu'il appartiendra : Salut. Nôtre bien amée Damoiselle Anne le Fevre nous a fait remontrer qu'elle a traduit en François *les Pieces de Theatre Greques & Latines, avec des Remarques, & un examen de chaque Piece selon les regles du Theatre :* lesquelles elle desireroit faire imprimer & donner au public. Mais elle craint qu'en ayant fait la dépense, d'autres les voulussent imprimer à son prejudice, s'il ne luy estoit pourveu de nos Lettres de privilege sur ce necessaires, qu'elle nous a tres-humblement fait supplier de luy octroyer. A CES CAUSES, voulant favorablement traiter l'Exposante, & luy donner moyen de recueillir les fruits de son travail, Nous luy avons permis & accordé, permettons & accordons par ces presentes, de faire imprimer, lesdites Pieces de Theatre, avec lesdites Remarques & examen de chaque Piece, par tel Libraire ou Imprimeur, en tels volumes, marges & ca-

ē ē iiij

racteres, & autant de fois que bon luy semblera pendant le temps de six années consecutives, à commencer du jour qu'elles seront achevées d'imprimer ; icelles vendre & distribuer par tout nostre Royaume. Faisons deffenses à tous Libraires, Imprimeurs & autres d'imprimer, faire imprimer, vendre & distribuer lesdits livres, sous quelque pretexte que ce soit, mesme d'impression étrangere, & autrement, sans le consentement de ladite Exposante, ou de ses ayans cause, sur peine de confiscation des Exemplaires contrefaits, mil livres d'amende, dépens, dommages & interests : à la charge d'en mettre deux Exemplaires en nôtre Bibliotheque publique, un autre en nôtre Cabinet des Livres de nostre Chasteau du Louvre, & un en celle de nostre tres-cher & feal Chevalier Chancelier de France le sieur le Tellier, à peine de nullité des presentes ; du contenu desquelles vous mandons & enjoignons faire joüir l'Exposante & ses ayans cause pleinement & paisiblement, cessant & faisant cesser tous troubles & empeschemens au contraire : à la charge que lesdites Pieces seront imprimées sur de beau & bon papier, & en belle marge & caracteres, conformément Reglement de l'année mil six cens dix-huit, fait sur le fa t de la Librairie & Imprimerie. Voulons qu'en mettant au commencement ou à la fin desdits livres l'extrait des Presentes, elles soient tenuës pour deuëment signifiées, & qu'aux copies collationnées par l'un de nos amez & feaux Conseillers & Secretaires, foy soit ajoûtée comme à l'original. Mandons au premier nostre Huissier ou Sergent faire pour l'execution des Presentes toutes significations, deffenses, saisies & autres actes requis & necessaires sans demander autre permission: CAR tel est nostre plaisir. DONNE' à Fontainebleau le troisiéme jour de Septembre, l'an de grace mil six cens quatre-vingt trois, & de nostre regne le quarantiéme. Signé par le Roy en son Conseil, GAMART.

Regiſtré ſur le Livre de la Communauté des Libraires & Imprimeurs de Paris le 6. Novembre 1683. ſuivant l'Arreſt du Parlement du 8. Avril 1653. & celuy du Conſeil Privé du Roy, du 27. Fevrier 1665. Signé, C. ANGOT, Syndic.

Ladite Damoiselle le Fevre a cedé & transporté son droit audit Privilege, pour les Comedies de Terence, à Denys Thierry, & à Claude Barbin, pour en joüir suivant l'accord fait entr'eux.

Les Comedies de Terence ont eſté achevées d'imprimer pour la premiere fois le 26. Janvier 1688.

LES PRINCIPALES FAUTES
d'impression.

Sur le premier Tome. Dans l'Andrienne.

Page 3. *Marcus Fulvius Glabrio.* lisez : *Marcus Fulvius & Marcus Glabrio.*

Ibid. *Ambivius,* lisez *Atilius.*

Page 47. *Que vous ne puissiez pas resister,* lisez, *Que vous ne puissiez resister.*

Page 119. *Craignent d'abord.,* lisez, *ils craignent d'abord, &c.*

DANS L'EUNUQUE.

Page 282. & 283. Ajoûtez au personnages de cette III. Scene du second Acte la jeune Esclave que Gnathon mene à Thaïs.

Page 285. *ment ? tu crois donc,* lisez, *comment ? tu crois donc, &c.*

Page 327. Ajoûtez aux personnages de cette seconde Scene du troisiéme Acte, l'Esclave Ethiopienne, Cherea habillé en Eunuque, les servantes de Thaïs.

Page 351. *Que j'avois si peu attenduë,* lisez, *que j'avois tant desirée & si peu attenduë.*

Page 357. *Quand j'ay esté au détour,* ajoûtez, *quand j'ay esté au détour vis à vis de la maison, &c.*

Page 452. *Nil prater præmissum,* lisez, *nil prætermissum.*

Page 470. *Sur la seconde Scene du cinquiéme Acte,* lisez, *sur la premiere Scene du troisiéme Acte.*

SUR LE II. TOME.

Dans les Remarques sur l'Heautõtimorumenos.

Page 288. *point du tout, mais pour avoir ce qui vous appartient*, lisez, *point du tout, mais je veux vous rendre ce qui vous appartient.*

Dans les Adelphes.

Page 163. *que les enfans ont grand soin de cacher à leurs peres. Je suis persuadé*, on a oublié icy deux lignes : lisez, *que les enfans ont grand soin de cacher à leurs peres ; car celuy qui est accoutumé à mentir, & qui ose tromper son pere, entreprendra bien plus aisément de tromper les autres. Je suis persuadé, &c.*

Page 179. Ajoûtez le personnage de Parmenon à la premiere Scene du second Acte.

Page 287. *je soûtiens mesme qu'elle ne peut estre venduë*, lisez, *je t'apprens mesme qu'elle ne peut estre venduë.*

Page 299. Ajoûtez le personnage de Sannion à la quatriéme Scene du second Acte.

Page 318. v. 40. *Illum alieno à nobis esse*, lisez, *illum alieno animo à nobis esse.*

Page 322. *mais pour ce gros icy*, lisez, *mais pour ce Congre là, &c.*

Page 33. *que vous deveniez plus sage*, lisez, *que vous deveniez plus sages.*

Page 369. *mais je veux que quand je leur auray dit, elle ne fasse*, lisez, *mais je veux que quand je leur auray tout dit, cela ne fasse aucun éclat, &c.*

Page 373 *que vous ne connoissez pas*, lisez, & *que vous ne connoissez pas, &c.*

Page 375. *la plus indigne d'un homme d'honneur comme vous*, lisez, *la plus indigne de gens d'honneur comme vous.*

Page 383. *imaginable*, lisez, *imaginables.*

Page 408. au dernier vers, *ei rei hunc sumamus diem*, lisez, *ei rei hilarem hunc sumamus diem.*

Page 462. *s'il a bien supputé le gain dans son voyage*, lisez, *s'il a supputé le gain qu'il pretend faire dans son voyage.*

Page 490. *en je moquant de Micion*, lisez, *en se moquant de Demea.*

SUR LE III. TOME.

Dans le Phormion.

Page 97. *essayez-le, cela n'est pas long*, lisez, *essayez, cela n'est pas long.*

Page 166. *Phædria, Antipho*, mettez icy les personnages comme dans la page Françoise: *Phormio, Antipho.*

Page 226. *sur la seconde Scene du premier Acte*, lisez, *sur la seconde Scene du second Acte.*

Dans l'Hecyre.

Page 254. v. 6. *ne cujusquam misereat*, lisez, *ne cujusquam misereat te.*

Page 258. v. 1. *modo esse*, lisez, *modo isse.*

Page 292. aprés le trentiéme Vers on a oublié celuy-cy:

Quapropter? quia enim qui eos gubernat animus, infirmum gerant.

PUBLII TERENTII ANDRIA.

L'ANDRIENE DE TERENCE.

TITULUS seu DIDASCALIA.

ACTA LUDIS MEGALENSIBUS, M. FULVIO ET M. GLABRIONE ÆDILIBUS CURULIBUS, EGERUNT L. AMBIVIUS TURPIO. L. ATTILIUS PRÆNESTINUS. MODOS FECIT FLACCUS CLAUDII TIBIIS PARIBUS DEXTRIS ET SINISTRIS; ET EST TOTA GRÆCA, EDITA M. MARCELLO, C. SULPICIO COSS.

LE TITRE, ou LA DIDASCALIE.

CETTE PIECE FUT JOUE'E PENDANT LA FESTE DE CYBELE, SOUS LES EDILES CURULES MARCUS FULVIUS GLABRIO, PAR LA TROUPE DE LUCIUS AMBIVIUS TURPIO, ET DE LUCIUS AMBIVIUS DE PRENESTE. FLACCUS, AFFRANCHI DE CLAUDIUS, FIT LA MUSIQUE, OU IL EMPLOYA LES FLUTES EGALES, DROITES ET GAUCHES. ELLE EST TOUTE GREQUE: ELLE FUT REPRESENTE'E SOUS LE CONSULAT DE M. MARCELLUS, ET DE C. SULPITIUS.

PERSONÆ DRAMATIS.

PROLOGUS.
SIMO, *Pater Pamphili.*
PAMPHILUS, *Filius Simonis, & Amator Glycerii.*
SOSIA, *Libertus Simonis.*
DAVUS, *Servus Pamphili.*
CHREMES, *Pater Glycerii & Philumenæ.*
GLYCERIUM, *Filia Chremetis, & Amica Pamphili.*
CHARINUS, *Amator Philumenæ.*
BYRRHIA, *Servus Charini.*
CRITO, *Hospes ex Andro.*
DROMO, *Servus Simonis.*
MYSIS, *Ancilla Glycerii.*
LESBIA, *Obstetrix.*

PERSONÆ MUTÆ.

ARCHILLIS, *Adstetrix Glycerii.*
SERVI *aliquot Simonem è Foro redeuntem comitantes.*

Scena est Athenis.

PERSONNAGES DE LA PIECE.

LE PROLOGUE. On appelloit ainsi l'Acteur qui recitoit le Prologue ; c'estoit ordinairement le Maistre de la Troupe.
SIMON, Pere de Pamphile.
PAMPHILE, Fils de Simon, & Amant de Glycerion.
SOSIE, Affranchi de Simon.
DAVUS, Valet de Pamphile.
CHREMES, Pere de Glycerion & de Philumene.
GLYCERION, Fille de Chremes.
CARINUS, Amant de Philumene.
BYRRHIA, Valet de Carinus.
CRITON, de l'Isle d'Andros.
DROMON, Valet de Simon.
MYSIS, Servante de Glycerion.
LESBIA, Sage-femme.

PERSONNAGES MUETS.

ARQUILLIS, la Garde de Glycerion.
DES VALETS qui reviennent du Marché avec Simon.

La Scene est à Athenes.

PROLOGUS.

Poëta cùm primùm animum ad scribendum
  appulit,
Id sibi negoti credidit solum dari,
Populo ut placerent quas fecisset fabulas.
Verùm aliter evenire multò intellegit:
5 Nam in Prologis scribundis operam abuti-
  tur,
Non qui argumentum narret, sed qui male-
  voli
Veteris Poëtæ maledictis respondeat.
Nunc, quam rem vitio dent, quæso, animum
  advortite.
Menander fecit Andriam & Perinthiam:
10 Qui utramvis rectè norit, ambas nove-
  rit;
Non ita sunt dissimili argumento, sed ta-
  men
Dissimili oratione sunt facta ac stylo.
Quæ convenêre, in Andriam ex Perinthia
Fatetur transtulisse, atque usum pro suis.
15 Isti id vituperant factum atque in eo dispu-
  tant,
Contaminari non decere fabulas.
Faciunt - ne intellegendo ut nihil intelle-
  gant:
Qui cùm hunc accusant, Nævium, Plautum,
  Ennium
Accusant, quos hic noster auctores habet:

PROLOGUE.

LOrsque Terence se mit à travailler pour le Theatre, il croyoit, Messieurs, qu'il ne devoit avoir pour but que de faire en sorte que ses Pieces pussent vous plaire & vous divertir: mais il voit bien qu'il s'est trompé dans ses esperances; car il faut qu'il employe son temps à faire des Prologues, pour répondre aux médisances d'un vieux rêveur de Poëte qui luy en veut; & nullement pour vous expliquer le sujet de ses Comedies. Presentement, Messieurs, voyez, je vous prie, ce que ce Poëte & toute sa cabale trouvent à reprendre. Menandre a fait l'Andriene & la Perinthiene; qui a vû l'une de ces deux Pieces, les a vû toutes deux, car leur sujet se ressemble tout à fait, quoy que la conduite & le stile en soient fort differens. Terence avoüe qu'il a mis dans l'Andriene tout ce qu'il a trouvé dans la Perinthiene qui pouvoit y convenir, & qu'il en a usé comme d'une chose qui luy appartenoit. C'est ce que blâment ces habiles gens, & ils soûtiennent qu'il n'est pas permis de mêler des Comedies, & d'en faire de deux Grecques une Latine; mais en bonne foy en faisant les entendus, ils font bien voir qu'ils n'y entendent rien; & ils ne prennent pas garde qu'en blâmant nostre Poëte ils blâment Nevius, Plaute & Ennius, qui ont tous fait la même

PROLOGUS.

20 *Quorum æmulari exoptat neglegentiam*
Potius quàm istorum obscuram diligentiam.
Dehinc ut quiescant porro moneo, & desinant
Maledicere, malefacta ne noscant sua.
Favete, adeste æquo animo, & rem cognos-
cite,
25 *Ut pernoscatis, ecquid spei sit relliquum*
Post hæc quas faciet de integro comœdias,
Spectanda, an exigenda sint vobis prius.

PROLOGUE.

chose, & de qui Terence aime beaucoup mieux imiter l'heureuse negligence, que l'exactitude obscure & embarassée de ces Messieurs. Mais enfin je les avertis qu'ils feront fort bien de se tenir en repos, & de mettre fin à leurs médisances, de peur que s'ils continuënt à nous chagriner, nous ne fassions enfin voir leurs impertinences à tout le monde. Pour vous, Messieurs, nous vous supplions de nous écouter favorablement, & d'examiner cette Piece, afin que vous puissiez juger ce que vous devez attendre de nostre Poëte, & si les Comedies qu'il fera dans la suite, meriteront d'estre joüées devant vous; ou si vous les devez plûtost rejetter sans les entendre.

PUBLII
TERENTII
ANDRIA.

ACTUS PRIMUS.
SCENA I.

SIMO. SOSIA. SERVI opsonia
portantes.

SIMO.

Os isthac intro auferte: abite. Sosia
Ades dum : paucis te volo.
SOSIA.
dictum puta,
Nempe ut curentur rectè hac.
SIMO.
imo aliud.
SOSIA.
Quid est,
Quod tibi mea ars efficere hôc possit ampliù ?

L'ANDRIENE
DE
TERENCE.

ACTE PREMIER.
SCENE I.

SIMON. SOSIE. DES VALETS
qui portent ce que Simon a acheté au Marché.

SIMON.

Ola, vous autres, emportez cela au logis, allez. Toy, Sosie, demeure, j'ay un mot à te dire.
SOSIE.
J'entends, Monsieur, vous voulez me recommander que tout cecy soit bien apreté, n'est-ce pas ?
SIMON.
Non, c'est autre chose.
SOSIE.
Qu'y a-t-il de plus, en quoy le peu d'adresse que j'ay, vous puisse estre utile?

ANDRIA.

SIMO.
5 Nihil istac opus est arte ad hanc rem quam paro:
Sed iis, quas semper in te intellexi sitas,
Fide & taciturnitate.

SOSIA.
Exspecto quid velis.

SIMO.
Ego postquam te emi à parvulo, ut semper tibi
Apud me justa & clemens fuerit servitus,
10 Scis. feci è servo ut esses libertus mihi,
Propterea quod servibas liberaliter.
Quod habui summum pretium, persolvi tibi.

SOSIA.
In memoria habeo.

SIMO.
haud muto factum.

SOSIA.
gaudeo.
Si tibi quid feci aut facio, quod placeat, Simo, &
15 Id gratum fuisse advorsum te, habeo gratiam.
Sed mi hoc molestum est; nam isthac commemoratio
Quasi exprobratio est immemoris benefici.
Quin tu uno verbo dic, quid est quod me velis.

SIMO.
Ita faciam. hoc primum in hac re prædico tibi,
20 Quas credis esse has, non sunt vera nuptiæ.

SIMON.

Je n'ay pas besoin de ton adresse pour l'affaire que je medite maintenant ; mais j'ay besoin de cette fidelité & de ce secret que j'ay toûjours remarquez en toy.

SOSIE.

J'ay bien de l'impatience de sçavoir ce que vous voulez.

SIMON.

Depuis que je t'achetay tout petit enfant, tu sçais avec quelle bonté, avec quelle douceur je t'ay traité dans ton esclavage ; & parce que tu servois en honneste garçon, je t'ay affranchi, ce qui est la plus grande recompense que je pouvois te donner.

SOSIE.

Cela est vray, Monsieur, & je ne l'ay pas oublié, je vous assure.

SIMON.

Je ne me repens pas de l'avoir fait.

SOSIE.

Je suis ravi si j'ay esté, ou si je suis encore assez heureux pour faire quelque chose qui vous soit agreable ; & je vous ay bien de l'obligation que mon service ne vous ait pas dépleu : mais ce que vous venez de me dire, me fâche extrémement ; car il semble que de me remettre ainsi vos bienfaits devant les yeux, c'est presque me reprocher que je les ay oubliez ; au nom de Dieu dites-moy en un mot ce que vous me voulez.

SIMON.

C'est ce que je veux faire ; mais premierement je t'avertis, que ce mariage que tu crois entierement conclu, ne l'est point du tout.

ANDRIA.

SOSIA.

Cur simulas igitur?

SIMO.

rem omnem à principio audies:
Eo pacto & gnati vitam, & consilium
  meum
Cognosces, & quid facere in hac re te ve-
  lim.
Nam is postquam excessit ex ephebis, S si,
25 Liberius vivendi fuit potestas. nam an-
  tea
Qui scire posses, aut ingenium noscere,
Dum ætas, metus, magister prohibebant?

SOSIA.

ita est.

SIMO.

Quod plerique omnes faciunt adolescentuli
Ut animum ad aliquod studium adjungant,
  aut equos
30 Alere, aut canes ad venandum, aut ad Phi-
  losophos:
Horum ille nihil egregie præter cætera
Studebat, & tamen omnia hæc mediocriter.
Gaudebam.

SOSIA.

Non injuria: nam id arbitror
Adprime in vita esse utile, ut Ne quid nimis.

SIMO

35 Sic vita erat. facile omnes perferre ac pati:
Cum quibus erat cumque unà, iis sese de-
  dere,
Eorum obsequi studiis, advorsus nemini,
Nunquam præponens se aliis. Ita facillimè
Sine invidia invenias laudem, & amicos pa-
  res.

SOSIE.

Qui vous oblige donc de faire semblant qu'il le soit?

SIMON.

Je vais tout te conter d'un bout à l'autre: par ce moyen tu sauras la vie de mon fils, mon dessein, & ce que je veux que tu fasses dans cette affaire. Pour commencer il faut donc te dire que Pamphile estant devenu grand, il luy fut permis de vivre avec un peu plus de liberté. Ce fut cette liberté qui découvrit son naturel, car avant cela comment l'auroit-on pû connoistre pendant que l'âge, la crainte & les Maistres le retenoient?

SOSIE.

Cela est vray.

SIMON.

La pluspart des jeunes gens ont toujours quelque passion dominante, comme d'avoir des Chevaux, des Chiens de chasse, ou de s'attacher à des Philosophes: mais pour luy, il ne s'occupoit à aucune de ces choses plus qu'à l'autre, & il s'appliquoit à toutes avec moderation; j'en estois ravi.

SOSIE.

Et avec raison, car il n'y a rien de plus utile dans la vie que la pratique de ce precepte, *Rien de trop*.

SIMON.

Voicy la maniere dont il vivoit: Il avoit une complaisance extrême pour les gens avec qui il estoit d'ordinaire, il se donnoit tout à eux, il vouloit tout ce qu'ils vouloient; il ne contredisoit jamais, & jamais il ne s'estimoit plus que les autres. De cette maniere il n'est pas difficile de s'attirer des loüanges sans envie, & de se faire des amis.

SOSIA.

40 *Sapienter vitam instituit. namque hoc tempore*
Obsequium amicos, veritas odium parit.

SIMO.

Interea mulier quædam abhinc triennium
Ex Andro commigravit huc viciniæ,
Inopia & cognatorum neglegentia
45 *Coacta, egregia forma, atque ætate integra.*

SOSIA.

Hei vereor, ne quid Andria apportet mali.

SIMO.

Primum hæc pudice vitam, parce, ac duriter
Agebat, lana ac tela victum quæritans:
Sed postquam amans accessit, pretium pollicens,
50 *Unus, & item alter, ita ut ingenium est omnium*
Hominum à labore proclive ad lubidinem:
Accepit conditionem, dein quæstum occipit.
Qui tum illam amabant, forte, ita ut fit, filium
Perduxêre illuc secum, ut unà esset, meum;
55 *Egomet continuo mecum, Certe captus est,*
Habet. Observabam mane illorum servolos
Venientes, aut abeuntes. rogitabam, Heus, puer,
Dic sodes, quis heri Chrysidem habuit? nam Andria
Illi id erat nomen.

SOSIE.

SOSIE.

C'est entrer sagement dans le monde ; car au temps où nous sommes, comme on dit fort bien, la complaisance fait des amis, & la verité attire la haine.

SIMON.

Cependant une certaine femme de l'Isle d'Andros vint il y a trois ans en cette Ville, & se logea prés de nous. Sa pauvreté & la negligence de ses parens l'avoient contrainte de quitter son païs : elle estoit belle, & à la fleur de sa jeunesse.

SOSIE.

Ah ! que je crains que cette Andriene ne vienne nous porter malheur.

SIMON.

Au commencement elle estoit sage, & vivoit d'une maniere dure & laborieuse, gagnant sa vie à filer, & à faire de la Tapisserie ; mais depuis qu'il se fut presenté des Amans qui luy promirent de payer ses faveurs, comme l'esprit est naturellement porté à quitter la peine pour le plaisir, elle ne put se soutenir dans un pas si glissant ; Elle se contenta d'abord d'un ou de deux Amans ; mais dans la suite elle receut chez elle tous ceux qui voulurent y aller. Par hazard ceux qui l'aimoient en ce temps-là, comme cela arrive d'ordinaire, y menerent mon fils. Aussi-tost je dis en moy-mesme, le voila pris, il en tient. J'observois le matin leurs valets, lors qu'ils entroient chez cette femme, ou qu'ils en sortoient ; je les interrogeois, Hola, leur disois-je, dites moy, je vous prie, qui avoit hier les bonnes graces de Chrysis ? c'est ainsi qu'elle s'appelloit.

ANDRIA.

SOSIA.
teneo.

SIMO.
Phædrum, aut Cliniam
60 *Dicebant, aut Niceratum. (nam hi tres tum simul*
  Amabant.) eho quid Pamphilus? Quid? symbolam
  Dedit, cœnavit. Gaudebam. Item alio die
  Quærebam: comperiebam nihil ad Pamphilum
  Quidquam attinere. Enimvero spectatum satis
65 *Putabam, & magnum exemplum continentiæ:*
  Nam qui cum ingeniis conflictatur ejusmodi,
  Neque commovetur animus in ea re, scias
  Tum jam ipsum habere posse suæ vita modum.
  Cum id mihi placebat, tum uno ore omnes omnia
70 *Bona dicere, & laudare fortunas meas.*
  Qui gnatum haberem tali ingenio præditum.
  Quid verbis opus est? hac fama impulsus Chremes
  Ultro ad me venit, unicam gnatam suam
  Cum dote summa filio uxorem ut daret.
75 *Placuit, despondi. hic nuptiis dictus est dies.*

SOSIA.
Quid obstat cur non vera fiant?

SIMO.
  audies.
Fere in diebus paucis, quibus hæc acta sunt,
Chrysis vicina hac moritur.

SOSIA.
  ô factum bene!
Ecastri: heu, metui à Chryside.

SOSIE.
Fort bien.
SIMON.
Tantost ils me disoient que c'estoit Phedre, tantost Clinias, & d'autres fois que c'estoit Niceratus ; car ces trois là l'aimoient en mesme temps. Eh quoy, mes amis, qu'y fit donc Pamphile ? Ce qu'il y fit ? Il paya son écot & soupa avec les autres. J'estois ravi. Je les interrogeois le lendemain de la mesme maniere, & jamais je ne découvrois rien de Pamphile. Enfin je crus que je l'avois assez éprouvé, & qu'il estoit un grand exemple de sagesse : car lors qu'un jeune homme frequente des gens de l'humeur de ceux qu'il voyoit, & qu'il n'en est pas moins sage, l'on doit estre persuadé qu'on peut luy laisser la bride sur le cou, & l'abandonner à sa bonne foy. Si j'estois fort satisfait de sa conduite, tout le monde aussi la loüoit tout d'une voix, & ne parloit que de mon bonheur, d'avoir un fils si bien né. Enfin, pour le faire court, Chremes porté par cette bonne reputation, vint de luy-mesme m'offrir sa fille pour Pamphile, avec une grosse dot. Le parti me plut, j'accorday mon fils, & nous convinmes que le mariage se feroit aujourd'huy.

SOSIE.
Quel obstacle y a-t-il donc, & pourquoy ne se fait-il pas ?

SIMON.
Tu vas l'apprendre. Presque dans le mesme temps Chrysis cette voisine meurt.

SOSIE.
O la bonne affaire, & que vous me faites de plaisir ! J'avois grand peur de cette Chrysis.

SIMO.

ibi tum filius
80 *Cum illis, qui amabant Chrysidem, unà ad-*
    erat frequens:
Curabat unà funus tristis interim,
Nonnunquam conlacrumabat. Placuit tum id
    mihi:
Sic cogitabam: Hem, hic parvæ consuetudi-
    nis
Causa mortem hujus tam fert familiariter:
85 *Quid, si ipse amasset? quid mihi hic faciet*
    patri?
Hæc ego putabam esse omnia humani ingeni
Mansuetique animi officia. Quid multis mo-
    ror?
Egomet quoque ejus causa in funus prodeo,
Nil suspicans etiam mali.

SOSIA.
    hem, quid est?

SIMO.
                         scies.
90 *Effertur, imus. Interea inter mulieres,*
Quæ ibi aderant, forte unam adspicio adoles-
    centulam,
Formâ.

SOSIA.
    bonâ fortasse.

SIMO.
                    & voltu, Sosia,
Adeo modesto, adeò venusto ut nil supra.
Quia tum mihi lamentari præter ceteras
91 *Visa est, & quia erat forma præter ceteras*
Honesta, & liberali; accedo ad pedisequas;
Quæ sit, rogo. sororem esse aiunt Chrysidis.
Percussit illico animum. atat, hoc illud est,
Hinc illa lacruma, hac illa est misericordia.

SIMON.

Lors qu'elle fut morte, mon fils estoit toûjours là avec ceux qui l'avoient aimée: avec eux il prenoit soin de ses funerailles; il estoit quelquefois triste, quelquefois mesme il laissoit couler des larmes: cela me faisoit plaisir, & e disois en moy-mesme, quoy? pour si peu de temps qu'il a vû cette femme, il a tant de douleur de sa mort! que feroit-il donc s'il en eust esté amoureux? & que ne fera-t-il pas pour son pere Je prenois tout cela simplement pour les marques d'un bon naturel, & d'un esprit doux: en un mot, je voulus aussi assister à ces funerailles, pour l'amour de mon fils, ne soupçonnant encore rien de mal.

SOSIE.

Ha! qu'y a-t-il donc?

SIMON.

Tu le sçauras. L'on emporte le corps de Chrysis; nous marchons. Cependant entre les femmes qui estoient là, j'apperçois une fille d'une beauté, Sosie!

SOSIE.

Grande sans doute.

SIMON.

Et d'un air si modeste & si agreable, qu'il ne se peut rien voir de plus charmant; Et parce qu'elle me parut plus affligée que toutes les autres, qu'elle estoit plus belle, & qu'elle avoit l'air plus noble, je m'approchay des femmes qui la suivoient, & leur demanday qui elle estoit. Elles me dirent que c'estoit la sœur de Chrysis. Aussi-tost cela me frappa: Ho, ho, dis-je en moy-mesme, voilà d'où viennent nos larmes, voilà le sujet de nostre affliction.

B iij

ANDRIA.
SOSIA.
100 *Quam timeo, quorsum evadas?*
SIMO.
Funus interim
Procedit: sequimur: ad sepulcrum venimus:
In ignem imposita est. fletur. Interea hæc soror,
Quam dixi, ad flammam accessit imprudentius,
Sati' cum periclo. ibi tum exanimatus Pamphilus
105 *Bene dissimulatum amorem & celatum indicat:*
Accurrit: mediam mulierem complectitur:
Mea Glycerium, inquit, quid agis? cur te is perditum?
Tum illa, ut consuetum facile amorem cerneres,
Rejecit se in eum, flens, quam familiariter.
SOSIA.
110 *Quid ais!*
SIMO.
Redeo inde iratus, atque ægre ferens,
Nec satis ad objurgandum causæ diceret,
Quid feci? quid commerui, aut peccavi, pater?
Qua sese voluit in ignem injicere, prohibui,
Servavi; Honesta oratio est.

SOSIA.
recte putas:
115 *Nam, si illum objurges, vita qui auxilium tulit,*
Quid facias illi, qui dederit damnum, aut malum?

SOSIE.

Que j'apprehende la suite de tout cecy !

SIMON

Le Convoy s'avance cependant, nous suivons & nous arrivons au tombeau ; on met le corps sur le bucher, tout le monde luy donne des larmes, & la sœur dont je t'ay parlé, s'approcha de la flame un peu imprudemment, & mesme avec assez de danger. Ce fut alors que Pamphile demy mort découvrit une amour qu'il avoit toûjours si bien cachée ; Il accourt, & en embrassant cette fille, il s'écrie ; Ma chere Glycerion, que faites-vous ? & pourquoy vous allez-vous perdre ? Alors fondant en larmes, elle se laissa aller sur luy d'une maniere si pleine de tendresse, qu'il n'estoit que trop aisé de juger que ce n'estoit pas les premieres marques qu'elle luy donnoit de son amour.

SOSIE.

Que dites-vous là ?

SIMON.

Je m'en revins chez moy fort en colere, & ayant bien de la peine à me retenir ; mais il n'y avoit pas assez dequoy le gronder, car il m'auroit dit ; Qu'ay-je fait, mon pere ? quel crime ay-je commis, & en quoy suis-je coupable ? J'ay empesché une personne de se jetter dans le feu, je luy ay sauvé la vie. Que répondre à cela ? cette excuse est honneste.

SOSIE.

Vous avez raison, car si vous querellez un homme qui aura sauvé la vie à quelqu'un, que ferez-vous à celuy qui commettra des violences & des injustices ?

ANDRIA.

SIMO.

Venit Chremes postridie ad me, clamitans,
Indignum facinus, comperisse Pamphilum
Pro uxore habere hanc peregrinam. Ego illud
    sedulo
120 Negare factum. ille instat factum. Denique
Ita tum discedo ab illo, ut qui se filiam
Neget daturum.

SOSIA.

Non tu ibi gnatum?

SIMO.

                      ne hac quidem
Sati' vehemens causa ad objurgandum.

SOSIA.

                      qui cedo?

SIMO.

Tute ipse his rebus finem præscripsti, pater ;
125 Prope adest, cum alieno more vivendum est
    mihi :
Sine nunc meo me vivere intereà modo.

SOSIA.

Quis igitur relictus est objurgandi locus ?

SIMO.

Si propter amorem uxorem nolit ducere,
Ea primum ab illo animadvertenda injuria
    est :
130. Et nunc id operam do, ut per falsas nup-
    tias
Vera objurgandi causa sit, si deneget :
Simul, sceleratus Davus si quid consili

                              SIMON.

SIMON.

Le lendemain Chremes vint chez moy crier que c'estoit une chose bien indigne, qu'on avoit découvert que Pamphile avoit épousé cette Etrangere; je l'assure fortement qu'il n'en est rien, il me soûtient que cela est, & enfin je le laisse, voyant la forte resolution où il estoit de ne luy donner pas sa fille.

SOSIE.

Et bien, Monsieur, vous n'allâtes pas sur le champ quereller vostre fils?

SIMON.

Je ne trouvay pas encore que j'en eusse assez de sujet.

SOSIE.

Comment donc, je vous prie?

SIMON.

Il auroit pû me dire; Mon pere, vous avez vous-mesme marqué une fin à tous mes plaisirs, & voici le temps qu'il faudra que je vive à la fantaisie des autres, au nom de Dieu laissez-moy cependant vivre à la mienne.

SOSIE.

Quel sujet pourrez-vous donc avoir de lui laver la teste?

SIMON.

Si l'attachement qu'il a pour cette Etrangere, le porte à refuser de se marier, ce sera pour lors qu'il faudra que je me vange de l'injure qu'il m'aura faite, & presentement je travaille à le faire donner dans le panneau, en faisant semblant de le marier; s'il refuse, j'aurai un juste sujet de le quereler, & je ferai d'une pierre deux coups, car par là j'obligerai ce coquin de Davus à employer, maintenant

Tome I.   C

*Habet, ut consumat nunc, cum nihil obsint
    doli;*
*Quem ego credo manibus pedibusque obnixe
    omnia*
135 *Facturum, magis id adeo mihi ut incommo-
    det,*
Quam ut obsequatur gnato.

SOSIA.

quapropter?

SIMO.

rogas?
*Mala mens, malus animus. quem quidem ego
    si sensero.*
*Sed quid opu'est verbis? sin eveniat, quod
    volo,*
*In Pamphilo, ut nil sit moræ; restat Chre-
    mes,*
140 *Qui mihi exorandus est, & spero confore.*
*Nunc tuum est officium, has bene ut adsimu-
    les nuptias:*
Perterrefacias Davum, observes filium,
Quid agat, quid cum illo consili captet.

SOSIA.

Sat est:
Curabo eamus jam nunc intro.

SIMO.

I præ, sequor.

qu'il ne peut me nuire, tout ce qu'il a de ruses. Je croy qu'il ne s'y épargnera pas, & qu'il
n'y a rien qu'il ne mette en usage ; & cela
bien plus pour me faire de la peine, que pour
faire plaisir à mon fils.

SOSIE.

Pourquoy cela ?

SIMON.

Pourquoy ? parce que c'est un méchant esprit, qui a les inclinations maudites. Si
pourtant je m'aperçois qu'il fasse ...... !
mais à quoy bon tant de discours ? s'il arrive, comme je le souhaite, que je trouve Pamphile disposé à m'obeïr, il n'y aura plus qu'à
gagner Chrèmes, & j'espere que j'en vien-
drai à bout ; presentement tout ce que tu as
à faire, c'est de leur bien persuader que ce
mariage n'est pas raillerie, d'épouvanter Davus, d'observer exactement ce que fera mon
fils, & de découvrir tout ce qu'ils machineront
ensemble.

SOSIE.

C'est assez, Monsieur, j'en aurai soin. Allons
nous-en.

SIMON.

Ya, je te suy.

ACTUS PRIMUS.
SCENA II.

SIMO.

Non dubium est, quin uxorem nolit filius:
Ita Davum modo timere sensi, ubi nup-
 tias
Futuras esse audivit. sed ipse exit foras.

ACTUS PRIMUS.
SCENA III.

DAVUS, SIMO.

DAVUS.

Mirabar, hoc si sic abiret, & heri semper
 lenitas,
Verebar, quorsum evaderet.
Qui postquam audierat non datum iri filio
 uxorem suo,
Nunquam cuiquam nostrûm verbum fecit, neque id ægrè tulit.

SIMO.

5 At nunc faciet: neque, ut opinor, sine tuo
 magno malo.

ACTE PREMIER.
SCENE II.
SIMON.

JE ne fais point de doute que mon fils ne refuse de se marier, & ce qui me le persuade, c'est l'apprehension où j'ay vû Davus, lors qu'il m'a oüi dire que ce mariage se feroit ; mais le voilà qui sort du logis.

ACTE PREMIER.
SCENE III.
DAVUS, SIMON.
DAVUS.

JE m'étonnois bien que cela se passât ainsi, & j'ay toûjours apprehendé à quoy aboutiroit cette grande douceur qu'affectoit nôtre vieux maistre, qui aprés avoir sceu que Chremes ne vouloit plus de Pamphile pour gendre, n'en a pas dit un seul mot à aucun de nous, & n'en a pas témoigné le moindre chagrin.

SIMON.
Mais il le fera desormais, & je croy que ce ne sera pas sans que tu le sentes.

ANDRIA.

DAVUS.

Id voluit, nos sic nec-opinantes duci falso gaudio,
Sperantes jam amoto metu, interea oscitantes opprimi,
Ut ne esset spatium cogitandi ad disturbandas nuptias.
Astute!

SIMO.

Carnufex qua loquitur!

DAVUS.

Herus est, neque prævideram.

SIMO.

10. *Dave.*

DAVUS.

Hem, quid est?

SIMO.

Ehodum, ad me.

DAVUS.

Quid hic volt?

SIMO.

Quid ais?

DAVUS.

Qua de re?

SIMO.

Rogas?
Meum gnatum rumor est amare.

DAVUS.

Id populus curat scilicet.

SIMO.

Hoccine agis, an non?

DAVUS.

Il nous vouloit mener par le nez en nous laiſſant cette fauſſe joye, afin que pleins d'eſperance, & ne croyant plus avoir aucun ſujet de crainte, nous nous tinſſions là en bâillant, & que cependant il pût nous opprimer ſans nous donner le temps de penſer aux moyens d'empeſcher ce mariage. Qu'il eſt fin!

SIMON.

Le pendard, comme il parle!

DAVUS.

Ouf; voylà le bon homme, & je ne l'ay vois pas apperçû.

SIMON.

Hola, Davus.

DAVUS, *Il fait ſemblant de ne pas ſçavoir qui luy parle.*

Hé! qui eſt-ce?

SIMON.

Viens à moy.

DAVUS.

Que veut donc celuy-cy?

SIMON.

Que dis-tu?

DAVUS.

Sur quoy, Monſieur?

SIMON.

Comment? ſur quoy. Toute la ville dit que mon fils eſt amoureux.

DAVUS, *Il dit cela bas.*

C'eſt de quoy toute la ville ſe met fort en peine, ma foy.

SIMON.

Songes-tu à ce que je te dis, ou non?

C iiij

ANDRIA.

DAVUS.
Ego vero isthuc.

SIMO.
Sed nunc ea me exquirere,
Iniqui patris est. nam, quod antehac fecit, nihil ad me attinet.
35. Dum tempus ad eam rem tulit, sivi animum ut expleret suum.
Nunc hic dies aliam vitam adfert, alios mores postulat.
Dehinc postulo, sive aequum est, te oro, Dave, ut redeat jam in viam.

DAVUS.
Hoc quid sit?

SIMO.
omnes qui amant, graviter sibi dari uxorem ferunt.

DAVUS.
Ita aiunt.

SIMO.
Tum si quis magistrum cepit ad eam rem improbum,
40. Ipsum animum aegrotum ad deteriorem partem plerumque applicat.

DAVUS.
Non hercle intellego.

SIMO.
Non? hem!

DAVUS.
Non: Davus sum, non Oedipus.

L'ANDRIENE.

DAVUS.
Assurément, j'y songe.

SIMON.
Mais il n'est pas d'un pere raisonnable de s'informer presentement de ces choses ; car tout ce qu'il a fait jusqu'à present ne me regarde point ; pendant que le temps a pû permettre ces folies, j'ay souffert qu'il se satisfist ; ce temps-là n'est plus, celuy-cy demande une maniere de vivre fort differente, il veut d'autres mœurs ; c'est pourquoy je t'ordonne, ou, si je te dois parler ainsi, je te prie, Davus, de faire en sorte qu'il reprenne desormais le bon chemin.

DAVUS.
Qu'est-ce donc que tout cela signifie ?

SIMON.
Tous les jeunes gens qui ont quelque attachement, souffrent avec peine qu'on les marie.

DAVUS.
On le dit.

SIMON.
Sur tout s'il arrive qu'il y en ait qui se conduisent en cela par les conseils de quelque maistre fripon ; cet honneste homme-là ne manque presque jamais de porter leur esprit malade à prendre le méchant party.

DAVUS.
Par ma foy, Monsieur, je ne vous entends point.

SIMON.
Non ? hon.

DAVUS.
Non par ma foy, je ne suis pas Oedipe, moy, je suis Davus.

SIMO.
Nempe ergo aperte vis, quæ restant, me loqui.
DAVUS.
Sane quidem.
SIMO.

Si sensero hodie, quidquam in his te nuptiis
Fallacia conari, quo fiant minus,
Aut velle in ea re ostendi, quam sis callidus.
25. Verberibus cæsum te in pistrinum, Dave, dedam usque ad necem;
Ea lege atque omine, ut, si te inde exemerim,
ego pro te molam,
Quid, hoc intellextin' ? an nondum etiam ne
hoc quidem ?

DAVUS.
Imo callide :
Ita aperte ipsam rem modo locutus : nihil circuitione usus es.
SIMO.
Ubi vis facilius passus sim, quam in hac re, me
deludier.
DAVUS.
30. Bona verba quaso.
SIMO.
Irrides ? nihil me fallis.
Sed dico tibi,
Ne temere facias; neque tu haud dicas, tibi non
prædictum. Cave.

SIMON.

Tu veux donc que je dife ouvertement ce que j'ay encore à te dire ?

DAVUS.

Oüi sans doute, Monsieur.

SIMON.

Je te dis donc, que si d'orefenavant je m'apperçois que tu entreprennes de faire quelque fourberie pour empefcher que je ne marie mon fils, ou que tu veüilles faire voir en cette occafion combien tu es rufé, je te feray donner mille coups d'eftrivieres, & t'enverrai fur l'heure au moulin pour toute ta vie, à condition & avec ferment que fi je t'en retire j'iray moudre en ta place. Hé bien ? as-tu compris ce que je t'ay dit ? cela a-t-il encore befoin d'éclairciffement ?

DAVUS.

Point du tout ; je vous entends de refte. Vous avez dit les chofes clairement & fans détour.

SIMON.

Vois-tu bien, je fouffriray d'eftre trompé en toute autre chofe plûtoft qu'en celle-cy.

DAVUS.

Doucement, Monfieur, ne vous fafchez pas, je vous prie.

SIMON.

Tu te moques ; je le connois fort bien; mais je te confeille de ne rien faire à l'étourdie, & de ne me venir pas dire que l'on ne t'avoit pas averti. Prens-y garde.

ACTUS PRIMUS.

SCENA IV.

DAVUS.

ENimvero, Dave, nihil loci est segnitiæ neque socordiæ,
Quantum intellexi modo senis sententiam de nuptiis.
Quæ si non astu providentur, me aut herum pessundabunt.
Nec, quid agam, certum est, Pamphilumne adjutem, an auscultem seni.
5. Si illum relinquo, ejus vitæ timeo: sin opitulor, hujus minas;
Cui verba dare difficile est. Primum jam de amore hoc comperit:
Me infensus servat, ne quam faciam in nuptiis fallaciam.
Si senserit, perii; aut, si lubitum fuerit, causam ceperit,
Quâ jure, quâque injuria, præcipitem in pistrinum dabit.
10. Ad hæc mala hoc mi accedit etiam: hæc Andria,
Sive ista uxor, sive amica est, gravida è Pamphilo est,

ACTE PREMIER.
SCENE IV.
DAVUS.

A Ce que je voy, mon pauvre Davus, il n'eſt plus temps d'eſtre pareſſeux ny de s'endormir, autant que je l'ay pû comprendre par la diſpoſition où je viens de voir nôtre bon homme touchant ce mariage, qui va perdre entierement mon maiſtre ou moy, ſi l'on n'y pourvoit adroitement. Et par ma foy je ne ſçay à quoy me determiner, ſi je dois ſervir Pamphile, ou s'il faut que j'obeïſſe à ſon pere. Si je l'abandonne, je crains pour ſon repos, & ſi je le ſers, j'apprehende les menaces de ce vieux renard, à qui il eſt bien difficile d'en faire accroire. Premierement il a déja découvert l'amour de ſon fils, je luy ſuis ſuſpect, il a une dent contre moy & m'obſerve de prés, afin que je ne puiſſe luy joüer quelque tour de mon meſtier. S'il s'apperçoit le moins du monde que j'aye quelque deſſein de le tromper, je ſuis perdu ſans reſource; car ſans autre forme de procez, ſi la fantaiſie luy en prend, ſur le premier pretexte qui luy viendra dans l'eſprit, juſte ou non, il m'enverra pieds & points liez au moulin pour toute ma vie. A ces maux ſe joint encore celuy-cy ; c'eſt que cette Andriene, ſoit qu'elle ſoit femme de Pamphile, ou qu'elle ne ſoit que ſa maiſtreſſe, ſe trouve groſſe,

Audireque eorum est operæ pretium auda-
ciam:
Nam inceptio est amentium, haud aman-
tium:
Quidquid peperisset, decreverunt tollere:
15. *Et fingunt quandam inter se nunc falla-*
ciam,
Civem Atticam esse hanc: Fuit olim quidam
senex
Mercator: navem is fregit apud Andrum in-
sulam:
Is obiit mortem. ibi tum hanc ejectam Chry-
sidis
Patrem recepisse orbam, parvam. Fabulæ.
20 *Mihi quidem non hercle fit verisimile:*
Atqui ipsis commentum placet.
Sed Mysis ab ea egreditur. At ego hinc me ad
forum, ut
Conveniam Pamphilum, ne de hac re pater
imprudentem opprimat.

ACTUS PRIMUS.

SCENA V.

MYSIS, ARCHILLIS.

MYSIS.

Audivi, Archillis, jam dudum: Lesbiam ad-
duci jubes.
Sane pol illa temulenta est mulier, & temera-
ria,

& il faut voir leur hardieſſe, ma foy c'eſt une entrepriſe, je ne dis pas d'amoureux, mais d'enragez, ils ont reſolu d'élever ce qu'elle mettra au monde, *fille ou garçon*; & ils ont inventé entr'eux je ne ſçay quel conte, ils veulent perſuader qu'elle eſt Citoyenne d'Athenes. Il y eut autrefois, diſent-ils, un certain vieillard qui eſtoit Marchand, il fit naufrage prés de l'Iſle d'Andros, où il mourut *quelque temps aprés.* Lors qu'il fut mort, le pere de Chryſis prit chez luy ſa fille qui s'étoit ſauvée du naufrage, qui étoit fort petite, & qui ſe trouvoit ſans aucun parent. Fables! au moins cela ne me paroît-il pas vrayſemblable, pour eux, ils trouvent qu'il n'y a rien de mieux inventé, & ils ſont charmez de ce conte. Mais voila Myſis qui ſort de chez cette femme. Moy je m'en vais de ce pas à la place chercher Pamphile, pour l'avertir de ce qui ſe paſſe, afin que ſon pere ne puiſſe pas le ſurprendre.

ACTE PREMIER.

SCENE V.

MYSIS, ARQUILLIS.

MYSIS.

MOn Dieu, Arquillis, il y a mille ans que je vous entends; vous voulez que j'amene Lesbie; cependant il eſt certain qu'elle eſt ſujette à boire, qu'elle eſt imprudente,

ANDRIA.

Nec sati' digna, cui committas primo partu mulierem.

Tamen eam adducam. Importunitatem spectate aniculæ:

5. *Quia compotrix ejus est. Di, date facultatem, obsecro,*

Huic pariundi, atque illi in aliis potius peccandi locum.

Sed quidnam Pamphilum exanimatum video? vereor quid siet.

Opperiar, ut sciam, numquidnam hæc turba tristitia adferat.

ACTUS PRIMUS.

SCENA VI.

PAMPHILUS, MYSIS.

PAMPHILUS.

Hoccine est humanum factum aut inceptum? hoccine officium patris?

MYSIS.

Quid illud est?

PAMPHILUS.

Pro Deûm atque hominum, quid est, si non hæc contumelia est?

Uxorem decrerat dare sese mî hodie: Nonne oportuit

5. *Præscisse me ante? nonne prius communicatum oportuit?*

&

& qu'elle n'eſt pas ce qu'il faut pour qu'on puiſſe luy confier ſurement une femme à ſa premiere groſſeſſe ; je l'amenerai pourtant. Voyez un peu l'importunité de cette vieille : & tout cela parce qu'elles ont accoûtumé de boire enſemble. O Dieux, donnez, je vous prie, un heureux accouchement à ma Maîtreſſe, & faites que ſi la Sage-femme doit faire quelque faute, elle la faſſe plûtoſt ſur d'autres que ſur elle. Mais d'où vient que Pamphile eſt ſi troublé ? je crains fort ce que ce peut eſtre. Je vais attendre ici, pour ſavoir ſi le trouble où je le voy ne nous apporte point quelque ſujet de triſteſſe.

ACTE PREMIER.

SCENE VI.

PAMPHILE, MYSIS.

PAMPHILE.

Eſt-ce-là l'action, ou l'entrepriſe d'un homme ? Eſt-ce-là le procédé d'un pere ?

MYSIS.

Qu'eſt-ce que c'eſt ?

PAMPHILE.

Grands Dieux ! quel nom peut-on donner à ce traitement ? y a-t-il une indignité au monde ſi celle-là n'en eſt une ? s'il avoit reſolu de me marier aujourd'huy, ne faloit-il pas auparavant m'avoir communiqué ce deſſein ?

Tome I.   D

ANDRIA.

MYSIS.

Miseram me, quod verbum audio?

PAMPHILUS.

Quid Chremes? qui denegaverat,
Se commissurum mihi gnatam suam uxorem?
    mutavit id,
Quoniam me immutatum videt.
Itane obstinate operam dat, ut me à Glycerio
    miserum abstrahat?
10. Quod si fit, pereo funditus.
Adeon' hominem invenustum esse, aut infeli-
    cem quenquam, ut ego sum?
Pro deûm atque hominum, nullon' ego
Chremetis pacto affinitatem effugere potero?
    Quot modis
Contemptus, spretus? facta, transacta omnia,
    hem,
15. Repudiatus repetor. quamobrem? nisi si id est,
    quod suspicor:
Aliquid monstri alunt. ea quoniam nemini ob-
    trudi potest,
Itur ad me.

MYSIS.

Oratio hæc me miseram exanima-
    vit metu.

PAMPHILUS.

Nam quid ego dicam de patre? ah!
Tantamne rem tam neglegenter agere? præ-
    teriens modo
20 Mihi apud forum, uxor tibi ducenda est, Pam-
    phile, hodie, inquit, para:
Abi domum. Id mihi visus est dicere, Abi cito,
    & suspende te.
Obstupui. censen' ullum me verbum potuisse
    proloqui,

MYSIS.

Malheureuse que je suis ! qu'entens-je ?

PAMPHILE.

Et Chremes, qui s'estoit dédit, & qui ne vouloit plus me donner sa fille ; n'a-t-il pas changé de sentiment, parce qu'il voit que je n'en sçaurois changer ? Est-il donc possible qu'il s'opiniâtre si fort à me vouloir arracher de Glycerion ! s'il en vient à bout, je suis perdu sans resource ! Peut-il y avoir un homme aussi mal-heureux en amour que je le suis ! oh, Ciel ! ne pourrai-je donc jamais par quelque moyen éviter l'alliance de Chremes ? De combien de manieres m'a-t-on joüé ? combien de mépris, de rebuts ? le mariage estoit conclu, on estoit convenu de tout ; tout d'un coup on ne veut plus de moy, & presentement on me recherche. Pourquoy cela ? si ce n'est ce que je soupçonne, assurément il y a là-dessous quelque chose qu'on ne connoist point, parce qu'ils ne trouvent personne à qui faire prendre cette creature, l'on vient à moy.

MYSIS.

Ce discours me fait mourir de peur.

PAMPHILE.

Et que puis-je dire de mon pere ? quoy, faire une chose de cette importance si negligemment ! Tantost, comme il passoit à la Place, il m'a dit : Pamphile, il faut aujourd'huy vous marier ; allez-vous-en au logis, & vous preparez. Il m'a semblé qu'il m'a dit : Allez vous en vous pendre bien viste. Je suis demeuré immobile ; croyez-vous que j'aye pû luy répondre le moindre mot ? ou que j'aye eu quelque raison à luy alleguer, bonne ou

*Aut ullam causam ineptam saltem, falsam,
  iniquam? obmutui.*
*Quod si ego prius id rescissem: Quid facerem,
  si quis nunc me roget;*
25 *Aliquid facerem, ut hoc ne facerem. Sed nunc
  primum quid exequar?*
*Tot me impediunt curæ, quæ meum animum
  divorsim trahunt;*
*Amor, hujus misericordia, nuptiarum solli-
  citatio,*
*Tum patris pudor, qui me tam leni passus est
  animo usque adhuc,*
*Qua meo cunque animo lubitum est facere: ei
  ne ego ut advorser? hei mihi!*
30 *Incertum est quid agam.*

MYSIS.

*misera timeo, incertum hoc
  quorsum accidat.*
*Sed nunc peropu'est, aut hunc cum ipsa, aut
  me aliquid de illa advorsum hunc loqui.*
*Dum in dubio est animus, paulo momento huc
  illuc impellitur.*

PAMPHILUS.

Quis hic loquitur? Mysis, salve.

MYSIS.

ô salve, Pamphile.

PAMPHILUS.

Quid agit?

MYSIS

rogas?
*Laborat è dolore: atque ex hoc misera solicita
  est, diem*
35 *Quia olim in hunc sunt constituta nuptiæ; tum
  autem hoc timet,*
Ne deseras se.

L'ANDRIENÉ.

mauvaise ? Je suis demeuré muet : au lieu que si j'avois sceu ce qu'il avoit à me dire ? Mais si quelqu'un me demandoit ce que j'aurois fait quand je l'aurois sceu ? j'aurois fait quelque chose pour ne pas faire ce qu'on veut que je fasse. Presentement à quoy puis-je me determiner ? Je suis troublé par tant de chagrins qui partagent mon esprit ; d'un costé l'amour, la compassion, & l'inquietude que j'ay de ce mariage : d'un autre costé la consideration d'un pere qui m'a toûjours traité avec tant de douceur, & qui a eu pour moy toutes les condescendances qu'on peut avoir pour un fils. Faut-il, aprés cela, que je luy desobeïsse? Que je suis malheureux ! je ne say ce que je dois faire.

MYSIS.

Que je crains à quoy aboutira cette irresolution ! Mais il est absolument necessaire ou qu'il parle à ma Maistresse, ou que je luy parle d'elle : pendant que l'esprit est en balance la moindre chose le fait pencher d'un ou d'autre costé.

PAMPHILE.

Qui parle icy ? Ha, Mysis, bon jour.

MYSIS.

Bon jour, Monsieur.

PAMPHILE.

Que fait ta Maistresse ?

MYSIS.

Ce qu'elle fait ? Elle est en travail : & de plus, la pauvre femme est dans une grande inquietude, parce qu'elle sait qu'on a resolu de vous marier aujourd'huy ; elle apprehende que vous ne l'abandonniez.

ANDRIA
PAMPHILUS.

Hem, egone isthuc conari queam?
Ego propter me illam decipi miseram sinam?
Quæ mihi suum animum atque omnem vitam
  credidit,
Quam ego animo egregie caram pro uxore ha-
  buerim,
40 Bene & pudice ejus doctum atque eductum
  sinam,
Coactum egestate, ingenium immutarier?
Non faciam.

MYSIS.

haud vereor, si in te solo sit situm:
Sed vim ut queas ferre.

PAMPHILUS.

Adeon' me ignavum putas?
Adeon' porro ingratum, aut inhumanum, aut
  ferum,
45 Ut neque me consuetudo, neque amor, neque
  pudor
Commoveat, neque commoneat, ut servem
  fidem?

MYSIS.

Unum hoc scio, meritam esse, ut memor esses
  sui.

PAMPHILUS.

Memor essem? ò Mysis, Mysis, etiam nunc
  mihi
Scripta illa dicta sunt in animo, Chrysidis
50 De Glycerio. Jam ferme moriens me vocat:
Accessi: vos semota: nos soli: incipit:
Mi Pamphile, hujus formam atque ætatem
  vides:
Nec clam te est, quam illi utraque res nunc
  utiles

PAMPHILE.

Ah! pourrois-je avoir seulement cette pensée? Pourrois-je souffrir qu'elle fust trompée à cause de moy? Elle qui m'a confié son cœur, son honneur, & le repos de sa vie: Elle que j'ay toûjours aimée avec tant de tendresse, & que j'ay regardée comme ma femme? Souffrirois-je qu'ayant esté élevée avec tant de soin & d'honnesteté, la pauvreté la contraignist enfin de changer, & de faire des choses indignes d'elle? Je ne le feray jamais.

MYSIS.

Si cela dependoit de vous, je n'apprehenderois pas; mais je crains que vous ne puissiez pas resister aux violences qu'on voudra vous faire.

PAMPHILE.

Penses-tu donc que je sois assez lâche, assez ingrat, assez inhumain, ou assez barbare pour n'estre touché ni par une longue habitude, ni par l'amour, ni par l'honneur; & que toutes ces choses ne m'obligent pas à luy tenir la parole que je luy ay donnée?

MYSIS.

Je say au moins une chose, c'est qu'elle merite que vous ne l'oubliiez pas.

PAMPHILE.

Que je ne l'oublie pas? Ah, Mysis, Mysis, j'ay encore écrites dans mon cœur les dernieres paroles que me dit Chrysis sur le sujet de Glycerion. Elle estoit sur le point de rendre l'esprit lors qu'elle m'appella, je m'approchay, vous estiez éloignées: il n'y avoit auprés d'elle que Glycerion & moy, Mon cher Pamphile, me dit-elle, vous voyez la beauté & l'âge de cette pauvre fille, & vous n'ignorez pas combien ces deux choses luy sont inutiles & pour conserver

Et ad pudicitiam & tutandam ad rem sient.
55 *Quod ego per hanc te dextram oro, & inge-*
   nium tuum ;
Per tuam fidem, perque hujus solitudinem
Te obtestor, ne abs te hanc segreges, neu de-
   seras.
Si te in germani fratris dilexi loco,
Sive hac te solum semper fecit maxumi,
60 *Seu tibi morigera fuit in rebus omnibus,*
Te isti virum do, amicum, tutorem, patrem:
Bona nostra hac tibi committo, & tua mando
   fidei.
Hanc mi in manum dat: mors continuo ipsam
   occupat.
Accepi: acceptam servabo.

MYSIS.
Ita spero quidem.

PAMPHILUS.
Sed cur tu ab illa ?

MYSIS.
obstetricem arcesso.

PAMPHILUS.
propera:
Atque audin' ? verbum unum cave de nuptiis:
Ne ad morbum hoc etiam.

MYSIS.
teneo.

son honneur, & pour garder le peu de bien que je luy laisse : c'est pourquoy, si je vous ay toûjours aimé comme mon frere, si elle n'a jamais aimé que vous, & si elle a eu de la complaisance pour vous en toutes choses ; je vous conjure par cette main que vous me donnez, par vostre bon naturel, par la foy que vous luy avez promise, & par le malheur où elle va estre de demeurer seule & sans appuy, que vous ne vous separiez point d'elle, & que vous ne l'abandonniez jamais : je vous donne à elle pour mary, pour amy, pour tuteur, pour pere ; je vous mets tout nostre bien entre les mains, & je le confie à vostre bonne foy. Aprés cela elle mit la main de Glycerion dans la mienne, & elle mourut. Je l'ay receuë d'elle, je la garderay.

MYSIS.

Je l'espere ainsi.

PAMPHILE.

Mais pourquoy la quittes-tu ?

MYSIS.

Je vais chercher la Sage-femme.

PAMPHILE.

Haste-toy. Mais écoute, prens bien garde de ne luy rien dire de ce mariage, de peur que cela n'augmente son mal.

MYSIS.

J'entends.

ACTUS SECUNDUS.
SCENA I.

CHARINUS. BYRRHIA. PAMPHILUS.

CHARINUS.

Quid ais, Byrrhia?
Datur illa Pamphilo hodie nuptum?
BYRRHIA.
sic est.
CHARINUS.
qui scis, Byrrhia?
BYRRHIA
Apud forum modo de Davo audivi.
CHARINUS.
va, va misero mihi!
5 Ut animus in spe atque in timore usque antehac attentus fuit,
Ita, postquam adempta spes est, lassus, cura confectus stupet.

BYRRHIA.

Quaso adepol, Charine, quoniam id fieri, quod vis, non potest,
Velis id, quod possit.
CHARINUS.
Nihil aliud, nisi Philumenam, volo.

ACTE SECOND.
SCENE I.

CARINUS. BYRRIA. PAMPHILE.

CARINUS.

Que dis-tu, Byrria ? Il est donc vray qu'on la marie aujourd'huy avec Pamphile ?

BYRRIA.

Oüi, Monsieur.

CARINUS.

Comment le sais-tu ?

BYRRIA.

Tantost à la place je l'ai appris de Davus.

CARINUS.

Que je suis malheureux ! pendant tout le temps que mon esprit a esté flotant entre la crainte & l'esperance, *il s'est soûtenu malgré tous mes chagrins*, mais à cette heure que l'esperance lui est ostée, il n'a plus de courage, la tristesse s'en est emparée entierement, il est enseveli dans une profonde léthargie.

BYRRIA

Je vous prie, Monsieur, puisque ce que vous voulez, ne se peut faire, de vouloir ce qui se peut.

CARINUS.

Je veux Philumene; & je ne saurois vouloir autre chose.

ANDRIA.
BYRRHIA.
Ah, quanto satius est, id operam te dare,
10 *Istum, qui amorem ex animo amoveas, quam id loqui,*
Quo magis libido frustrà incendatur tua!
CHARINUS.
Facile omnes, cum valemus, recta consilia ægrotis damus.
Tu si hîc sis, aliter sentias.
BYRRHIA.
   age, age, ut lubet.
CHARINUS.
     sed Pamphilum
Video omnia experiri certum est prius, quam pereo.
BYRRHIA.
     Quid hic agit?
CHARINUS.
15 *Ipsum hunc orabo: huic supplicabo: amorem huic narrabo meum;*
Credo, impetrabo, ut aliquot saltem nuptiis prodat dies.
Interea fiet aliquid, spero.
BYRRHIA.
   id aliquid nihil est.
CHARINUS.
     Byrrhia,
Quid tibi videtur? adeon' ad eum?

BYRRHIA.
   quidni? si nihil impetres,
Ut te arbitretur sibi paratum mœchum, si illam duxerit
CHARINUS.
20 *Abin' hinc in malam rem cum suspicione isthac, scelus?*

L'ANDRIENE.
BYRRHIA.

Ha que vous feriez bien mieux de chasser cette amour de vostre cœur, que de vous amuser à dire des choses qui ne font que l'enflâmer davantage, & fort inutilement.

CARINUS.

Qu'il est facile, quand nous nous portons bien, de donner de bons conseils aux malades ! Si tu estois en ma place, tu aurois d'autres sentimens.

BYRRHIA.

Faites, faites, comme il vous plaira.

CARINUS.

Mais j'aperçois Pamphile. Je suis resolu de tenter toutes sortes de voyes avant que de perir.

BYRRHIA.

Que veut-il faire ?

CARINUS.

Je le prieray, je le supplieray, je luy diray l'amour que j'ay pour Philumene ; & je croy que j'obtiendray qu'au moins il differe son mariage de quelques jours, pendant lesquels j'espere qu'il arrivera quelque chose.

BYRRHIA.

Ce quelque chose n'est rien, croyez-moy.

CARINUS.

Qu'en crois-tu, Byrrhia, l'aborderay-je ?

BYRRHIA.

Pourquoy non ? afin que si vous ne pouvez rien obtenir, & qu'il l'épouse, il sache au moins que sa femme a en vous un galant tout prest.

CARINUS.

T'en iras-tu d'icy, scelerat, avec tes soupçons ?

ANDRIA.

PAMPHILUS.
Charinum video. salve.

CHARINUS.
ô salve, Pamphile:
Ad te advenio, spem, salutem, auxilium,
consilium expetens.

PAMPHILUS.
Neque pol consili locum habeo, neque auxili
copiam.
Sed isthuc quidnam est?

CHARINUS.
Hodie uxorem ducis?

PAMPHILUS.
aiunt.

CHARINUS.
Pamphile,
25 Si id facis, hodie postremum me vides.

PAMPHILUS.
quid ita?

CHARINUS.
hei mihi,
Vereor dicere: huic dic, quæso, Byrrhia.

BYRRHIA.
Ego dicam.

PAMPHILUS.
quid est?

BYRRHIA.
Sponsam hic tuam amat.

PAMPHILUS.
næ iste haud mecum sentit.
Ehodum dic mihi,
Nunquidnam amplius tibi cum illa fuit, Charine?

CHARINUS.
ah, Pamphile,
Nil.

L'ANDRIENE.
PAMPHILE.
Ha, je voy Carinus. Bon jour.

CARINUS.
Bon jour, Pamphile, je viens chercher auprés de vous de l'esperance, du repos, du secours, des conseils.

PAMPHILE.
En verité je ne suis en état de donner ni conseils, ni secours. Mais dequoy s'agit-il ?

CARINUS.
Vous vous mariez donc aujourd'huy ?

PAMPHILE.
On le dit.

CARINUS.
Pamphile, si cela est, voicy la derniere fois que vous me voyez.

PAMPHILE.
Pourquoy cela ?

CARINUS.
Ah, je n'ose le dire ; Byrrhia, dy-le luy, je te prie.

BYRRHIA.
Ouy dea, je luy diray, moy.

PAMPHILE.
Qu'est-ce que c'est ?

BYRRHIA.
C'est que mon Maistre est amoureux de la fille que vous allez épouser.

PAMPHILE.
En verité, nous ne sommes pas de mesme goust. Mais dites-moy, je vous prie, Carinus, n'y a-t-il aucun engagement entre vous & elle ?

CARINUS.
Ah, Pamphile, il n'y en a aucun.

E iiij

ANDRIA.

PAMPHILUS.
quam vellem!

CHARINUS.
nunc te per amicitiam
& per amorem obsecro,
30 Principio, ut ne ducas.

PAMPHILUS.
dabo equidem operam.

CHARINUS.
sed si id non potes,
Aut tibi nuptiæ hæ sunt cordi

PAMPHILUS.
cordi?

CHARINUS.
saltem aliquot dies
Profer, dum proficiscor aliquo, ne videam.

PAMPHILUS.
Audi nunc jam:
Ego, Charine, neutiquam officium liberi esse hominis puto,
Cum is nil promereat, postulare id gratiæ apponi sibi:
35 Nuptias effugere ego istas malo, quam tu adipiscier.

CHARINUS.
Reddidisti animum.

PAMPHILUS.
nunc si quid potes aut tu, aut
hic Byrrhia.
Facite, fingite, invenite, efficite, qui detur tibi.
Ego id agam, mihi qui ne detur.

CHARINUS.
sat habeo.

L'ANDRIENE.
PAMPHILE.
Pluſt à Dieu qu'il y en euſt.
CARINUS.
Je vous conjure donc par l'amitié & par l'amour, premierement, que vous n'épouſiez pas Philumene.
PAMPHILE.
Je feray aſſurément tout ce que je pourray pour cela.
CARINUS.
Mais ſi vous ne pouvez l'éviter, ou que ce mariage vous plaiſe....
PAMPHILE.
Que ce mariage me plaiſe?
CARINUS.
Differez-le au moins de quelques jours, pendant leſquels je m'en iray quelque part, afin de n'avoir pas la douleur de le voir.
PAMPHILE.
Ecoutez donc enfin, Carinus, je trouve qu'il n'eſt nullement d'un honneſte homme de vouloir qu'on luy ait de l'obligation lors qu'il n'a rien fait qui le merite : *je vous parleray franchement.* J'ay plus d'envie de n'épouſer pas Philumene, que vous n'en avez de l'épouſer.
CARINUS.
Vous me rendez la vie.
PAMPHILE.
Maintenant donc, ſi vous & Byrrhia pouvez quelque choſe, imaginez, inventez, trouvez quelque moyen, & faites qu'on vous la donne, de mon coſté je n'oublieray rien pour faire qu'on ne me la donne pas.
CARINUS.
Cela me ſuffit.

ANDRIA.
PAMPHILUS.
Davum optime
Video. hujus consilio fretu' sum.
CHARINUS.
at tu hercle haud quidquam mihi,
40 *Nisi ea, qua nihil opu' sunt sciri. fugin' hinc!*
BYRRHIA.
ego verò, ac lubens.

ACTUS SECUNDUS.
SCENA II.

DAVUS. CHARINUS. PAMPHILUS.

DAVUS.

DI *boni, boni quid porto! sed ubi inveniam*
    Pamphilum,
Ut metum, in quo nunc est, adimam, atque expleam animum gaudio?
CHARINUS.
Lætus est, nescio quid.
PAMPHILUS.
nihil est. nondum hæc rescivit mala.
DAVUS.
Quem ego nunc credo, si jam audierit sibi paratas nuptias.
CHARINUS.
Audin' tu illum?
DAVUS.
toto me oppido exanimatum quærere

L'ANDRIENE.

PAMPHILE.

Je voy Davus fort à propos; car c'est sur ses conseils que je m'appuye.

CARINUS.

Pour toy, tu ne me sers jamais de rien, si ce n'est pour m'apprendre ce que je me passerois fort bien de sçavoir. T'en iras-tu d'icy?

BYRRHIA.

Oüy dea, Monsieur, & avec bien de la joye.

ACTE SECOND.

SCENE II.

DAVUS. CARINUS. PAMPHILE.

DAVUS.

O Bons Dieux que je porte de biens! Mais où pourray-je trouver Pamphile? pour le tirer de la crainte où il est, & pour remplir son cœur de joye?

CARINUS.

Il est fort guay, je ne sçay de quoy.

PAMPHILE.

Ce n'est rien; il n'a pas encore appris mes chagrins.

DAVUS.

Je m'imagine que s'il a sceu qu'on luy prepare des noces...

CARINUS.

L'entendez-vous?

DAVUS.

Il me cherche à l'heure qu'il est, demy mort

ANDRIA.
Sed ubi quaram? quo nunc primum intendam?

CHARINUS.
Cessas alloqui?

DAVUS.
Abeo.

PAMPHILUS.
Dave, ades, resiste.

DAVUS.
quis homo est, qui me? ô Pamphile,
Te ipsum quæro euge ô Charine! ambo opportune : vos volo.

PAMPHILUS.
Dave, perii.

DAVUS.
quin tu hoc audi.

PAMPHILUS.
interii.

DAVUS.
quid timeas, scio.

CHARINUS.
10 *Mea quidem hercle certe in dubio vita est.*

DAVUS.
& quid tu, scio.

PAMPHILUS.
Nuptiæ mihi....

DAVUS.
& id scio.

PAMPHILUS.
hodie.

DAVUS.
obtundis, tametsi intellego.
Id paves, ne ducas tu illam : tu autem, ut ducas.

L'ANDRIENE.

de peur. Mais où le pourrois-je bien trouver ?
& de quel costé iray-je.

CARINUS.

Que ne lui parlez-vous ?

DAVUS.

Je m'en vais.

PAMPHILE.

Hola, Davus, arreste.

DAVUS.

Quel homme est-ce qui me...? ha, Monsieur, c'est vous-mesme que je cherche. Bon, Carinus, je vous trouve ici tous deux fort à propos. J'ai affaire à vous.

PAMPHILE.

Davus, je suis perdu !

DAVUS.

Mon Dieu, écoutez ce que j'ai à vous dire.

PAMPHILE.

Je suis mort !

DAVUS.

Je sai ce que vous craignez.

CARINUS.

Pour moy je suis en danger de perdre tout le repos de ma vie.

DAVUS.

Je connois aussi vostre peur.

PAMPHILE.

L'on me marie.

DAVUS.

Je le sai, vous dis-je.

PAMPHILE.

Dés aujourd'hui.

DAVUS.

Ha, vous me rompez la teste, je vous dis que je sai tout. Vous, mon maistre, vous crai-

ANDRIA.

CHARINUS.

rem tenes.

PAMPHILUS.

Isthuc ipsum.

DAVUS.

atqui isthuc ipsum nil pericli est:
me vide.

PAMPHILUS.

Obsecro te, quamprimum hoc me libera miserum metu.

DAVUS.

hem,
15 Libero, uxorem tibi jam non dat Chremes.

PAMHILUS.

qui scis?

DAVUS.

scio.
Tuus pater modo me prehendit: ait, tibi uxo-
rem dare
Hodie; item alia multa, quæ nunc non est
narrandi locus.
Continuo ad te properans, percurro ad forum,
ut dicam tibi hæc.
Ubi te non invenio, ibi ascendo in quendam
excelsum locum:
20 Circumspicio: nusquam. Forte ibi hujus video
Byrrhiam:
Rogo: negat vidisse. mihi molestum. quid
agam, cogito.
Redeunti interea ex ipsa re mî incidit suspi-
cio. Hem,
Paululum opsoni, ipsus tristis, de improviso
nuptiæ:
Non cohærent.

gnez d'époufer Philumene, & vous, Charinus, de ne pas l'époufer.

CARINUS.
T'y voyla.

PAMPHILE.
C'eſt cela meſme.

DAVUS.
Mais cela meſme n'eſt rien, croyez-moy.

PAMPHILE.
Je te conjure de me tirer bien vîte de cette crainte.

DAVUS.
Je le veux ; tout à l'heure. Premierement Chremes ne veut plus vous donner ſa fille.

PAMPHILE.
Comment le ſais-tu ?

DAVUS.
Je le ſai très-bien. Tantoſt voſtre pere m'a tiré à part, & m'a dit qu'il vouloit vous marier aujourd'hui, & mille autres choſes qu'il ſeroit hors de ſaiſon de vous conter preſentement En meſme temps j'ai couru de toute ma force à la place, pour vous apprendre ce qu'il m'avoit dit. Comme je ne vous ay point trouvé, je ſuis monté ſur un certain lieu élevé ; de là, j'ai regardé de tous coſtez, je ne vous ay vû nulle part. Par hazard, je trouve Byrria, le valet de Monſieur, je lui demande s'il ne vous auroit point vû, il me dit que non. Cela m'a fort fâché. J'ai penſé en moy-même ce que je devois faire cependant. Comme je m'en revenois, j'ai fait cette reflexion ſur ce que j'ai vû. Quoi ! l'on n'a preſque rien acheté pour le ſoupé, noſtre bon-homme eſt triſte, tout d'un coup l'on parle de faire des noces, cela ne s'accorde pas.

ANDRIA.

PAMPHILUS.

Quorsumnam isthuc?

DAVUS.

Ego me continuo ad Chremen.
Cum illò advenio, solitudo ante ostium. jam id
gaudeo.

CHARINUS.

Recte dicis.

PAMPHILUS.

perge.

DAVUS.

maneo. interea
introire neminem
Video, exire neminem, matronam nullam, in
aedibus
Nil ornati, nil tumulti. accessi, introspexi.

PAMPHILUS.

Scio:
Magnum signum.

DAVUS.

num videntur convenire
hac nuptiis?

PAMPHILUS.

30 Non opinor, Dave.

DAVUS.

opinor, narras? non recte accipis,
Certa res est. etiam puerum inde abiens conveni Chremi
Olera & pisciculos minutos ferre obolo in cœnam seni.

CHARINUS.

Liberatus sum, Dave, hodie tua opera.

PAM-

L'ANDRIENE.

PAMPHILE.

Et bien, à quoy aboutit tout cela ?

DAVUS.

En mesme temps je m'en vais chez Chremes ; quand j'arrive-là, je ne trouve personne devant la porte. Cela commence à me réjoüir.

CARINUS.

C'est bien dit.

PAMPHILE.

Continuë.

DAVUS.

Je demeure-là ; je ne voy entrer ni sortir presonne. Point de femmes. Nul meuble extraordinaire dans la maison. Aucun bruit. J'approche, j'entre, je regarde. *Je ne voy rien.*

PAMPHILE.

J'entends. C'est là une bonne marque.

DAVUS.

Trouvez-vous que cela convienne à des noces ?

PAMPHILE.

Je ne le pense pas, Davus.

DAVUS.

Que voulez-vous dire ? *je ne le pense pas* ; vous n'y entendez rien, je vous dis que la chose est sure De plus en m'en retournant j'ay rencontré le valet de Chremes, qui ne portoit pour le soupé de ce bon-homme, tout au plus que pour huit deniers d'herbes & de petits poissons.

CARINUS.

Mon cher Davus, tu m'as aujourd'hui redonné la vie.

Tome I. F

ANDRIA.
DAVUS.

at nul-
lus quidem.

CHARINUS.

Quid ita? nempe huic prorsus illam non dat.

DAVUS.

ridiculum caput!
35 *Quasi necesse sit, si huic non dat, te illam uxorem ducere.*
Nisi vides, nisi senis amicos oras, ambis.

CHARINUS.

bene mones.
Ibo: etsi hercle sæpe jam me spes hac frustrata est. Vale.

ACTUS SECUNDUS.

SCENA III.

PAMPHILUS. DAVUS.

PAMPHILUS.

QUId igitur sibi volt pater? cur simulat?
DAVUS.
ego dicam tibi.
Si id succenseat nunc, quia non dat tibi uxorem Chremes,
Ipsu' sibi esse injurius videatur; neque id injuria;
Prius, quàm tuum, ut sese habeat, animum ad nuptias perspexerit.

DAVUS.

Vous vous trompez, cela ne vous regarde nullement.

CARINUS.

Pourquoy donc ? enfin il est constant que Chremes ne donne pas sa fille à Pamphile.

DAVUS.

Que vous estes bon ! comme si parce qu'il ne la lui donne pas, c'estoit une necessité qu'il vous la donnât ? Si vous n'y prenez garde, si vous ne priez les amis de ce bon-homme, si vous ne leur faites la cour, vous ne tenez rien.

CARINUS.

Le conseil est bon ; je le suivrai, quoy qu'en verité j'aye souvent tenté cette voye inutilement. Adieu.

ACTE SECOND.

SCENE III.

PAMPHILE. DAVUS.

PAMPHILE.

Que veut donc dire mon pere ? pourquoy fait-il semblant de me marier ?

DAVUS.

Je vais vous le dire. S'il se fâchoit presentement contre vous de ce que Chremes ne veut pas vous donner sa fille, il croiroit estre injuste, & avec raison, n'ayant pas encore vû de quelle maniere vous recevrez ce mariage.

ANDRIA.

Sed si tu negaris ducere, ibi culpam in te trans-
feret:
Tum illa turba fient.

PAMPHILUS.
quid vis? patiar?

DAVUS.
pater est, Pamphile:
Difficile est: tum hæc sola est mulier. dictum
ac factum, invenerit
Aliquam causam, quamobrem ejiciat oppido.

PAMPHILUS.
ejiciat?

DAVUS.
cito.

PAMPHILUS.
Cedo igitur, quid faciam, Dave?

DAVUS.
dic te ducturum.

PAMPHILUS.
hem.

DAVUS.
quid est?

PAMPHILUS.
Ego dicam?

DAVUS.
cur non?

PAMPHILUS.
nunquam faciam.

DAVUS.
ne nega.

PAMPHILUS.
suadere noli.

L'ANDRIENE.

Mais si vous refusez la proposition qu'il a dessein de vous en faire ; ce sera pour lors qu'il se prendra à vous de ce que Chremes s'est dédit, & qu'il fera un bruit épouventable.

PAMPHILE.

Que veux-tu donc que je fasse ? souffrirai-je qu'il..?

DAVUS.

C'est vostre pere, Monsieur, il est difficile de lui resister ; D'ailleurs vostre maistresse est sans apptii, la premiere fantaisie qui le prendra, il aura bien-tost trouvé quelque pretexte pour la chasser de la ville.

PAMPHILE.

Pour la chasser de la ville?

DAVUS.

Et bien vite encore.

PAMPHILE.

Que ferai-je donc, Davus, dis-le moy ?

DAVUS.

Dites-lui que vous estes prest d'épouser Philumene.

PAMPHILE.

Oh !

DAVUS.

Qu'avez-vous ?

PAMPHILE.

Que je dise que je suis prest de l'épouser ?

DAVUS.

Pourquoy non ?

PAMPHILE.

Je ne le feray jamais.

DAVUS.

Ne dites pas cela.

PAMPHILE.

Ne me le conseille pas.

ANDRIA.

DAVUS.

ex ea re quid fiat, vide.

PAMPHILUS.

Ut ab illa excludar, huc concludar.

DAVUS.

non ita eſt,
Nempe hoc ſic eſſe opinor dicturum patrem:
Duces volo hodie uxorem. tu, Ducam, in-
quies:
15. *Cedo, quid jurgabit tecum? hic reddes om-*
nia,
Quæ nunc ſunt certa ei conſilia, incerta ut
fient,
Sine omni periclo: nam hocce haud dubium eſt,
quin Chremes
Tibi non det gnatam: nec tu ea cauſa minue-
ris
Hac quæ facis, ne is ſuam mutet ſententiam.
20. *Patri dic velle: ut, cum velit tibi jure iraſci,*
non queat.
Nam quod tu ſperes, Propulſabo facile: uxo-
rem, his moribus,
Dabit nemo: inopem inveniet potius, quam te
corrumpi ſinat:
Sed ſi te æquo animo ferre accipiet, neglegen-
tem feceris:
Aliam otioſus quæret. interea aliquid acciderit
boni.

L'ANDRIENE.
DAVUS.

Voyez ce qui vous arrivera, si vous suivez mon conseil.

PAMPHILE.

Il arrivera que je seray privé de Glycerion pour toûjours, & que je seray empeftré de l'autre.

DAVUS.

Non, cela ne sera pas ainsi, & voici la maniere dont je croy que voftre pere vous parlera. Je veux, vous dira-t-il, que vous vous mariez aujourd'hui. Vous lui répondrez, je suis tout preft, mon pere. Dites-moy, quel sujet aura-t-il de se fâcher contre vous? par ce moyen vous ferez que toutes les resolutions qu'il a prises, s'en iront en fumée ; & cela sans aucun peril pour vous ; car que Chremes ne veüille pas vous donner sa fille, cela eft hors de doute. Gardez-vous donc bien que la crainte qu'il ne change de sentiment, & ne veüille que vous soyez son gendre, ne vous fasse changer quelque chose au conseil que je vous ay donné ; dites hardiment à voftre pere que vous eftes preft de faire ce qu'il voudra, afin qu'il n'ait aucun sujet legitime de vous quereler. Car pour la pensée que vous pourriez avoir, en disant en vous-mesme, je rompray toûjours facilement toutes ses mesures, & je vivrai de maniere qu'il n'y aura point de pere assez hardi pour me donner sa fille ; ne vous y fiez pas, voftre pere en prendra une sans bien, plûtoft que de souffrir que vous vous débauchiez. Au lieu que s'il voit que vous n'ayez point de peine à lui obeïr, il se ralentira, & en cherchera une à loisir. Cependant il arrivera quelque chose qui vous tirera d'embarras.

ANDRIA.
PAMPHILUS.
25 *Itan' credis?*

DAVUS.
haud dubium id quidem est.

PAMPHILUS.
vide quo inducas.

DAVUS.
quin taces?

PAMPHILUS.
*Dicam. Puerum autem ne resciscat mihi esse
ex illa, cautio est:
Nam pollicitus sum suscepturum.*

DAVUS.
ô facinus audax!

PAMPHILUS.
*hanc fidem
Sibi me obsecravit, qui se sciret non deserturum, ut darem.*

DAVUS.
*Curabitur. sed pater adest. cave te esse tristem
sentiat.*

ACTUS SECUNDUS.
SCENA IV.

SIMO. DAVUS. PAMPHILUS.

SIMO.

Revisó *quid agant, aut quid captent consili.*

PAMPHILE.

PAMPHILE.
Le crois-tu ainſi ?

DAVUS.
Cela eſt hors de doute.

PAMPHILE.
Songe à quoy tu m'engages.

DAVUS.
Mon Dieu, taiſez-vous ſeulement.

PAMPHILE.
Et bien je luy diray donc ce que tu me conſeilles. Au reſte il faut bien prendre garde qu'il ne ſache rien de l'enfant, car j'ay promis de l'élever.

DAVUS.
Ah, quelle folie !

PAMPHILE.
Elle m'a conjuré de le luy promettre, afin que par là elle fuſt aſſurée que je ne la quitteray jamais.

DAVUS.
L'on en aura ſoin. Mais voila voſtre pere, prenez bien garde qu'il ne s'apperçoive que vous eſtes triſte.

ACTE SECOND.

SCENE IV.

SIMON, DAVUS, PAMPHILE.

SIMON.
JE viens faire encore un tour icy, pour tâcher de découvrir ce qu'ils font, & quelles meſures ils prennent.

DAVUS

Hic nunc non dubitat quin te ducturum neges.
Venit meditatus alicunde ex solo loco:
Orationem sperat invenisse se,
Qui differat te: proin tu face, apud te ut sies.

PAMPHILUS.

Modo ut possim, Dave.

DAVUS

crede hoc mihi, inquam, Pamphile,
Nunquam hodie tecum commutaturum patrem
Unum esse verbum, si te dices ducere.

ACTUS SECUNDUS.

SCENA V.

BYRRHIA, SIMO, DAVUS,

PAMPHILUS.

BYRRHIA.

Heru' me, relictis rebus, jussit Pamphilum
Hodie observare, ut, quid ageret de nuptiis,
Scirem. id propterea nunc hunc venientem sequor.
Ipsum adeo præsto video cum Davo. hoc agam.

SIMO.

Utrumque adesse video.

L'ANDRIENE.

DAVUS.

Noſtre homme ne doute pas que vous ne refuſiez de vous marier. Il vient ſans doute de mediter en quelque lieu écarté, & il eſpere bien avoir preparé un diſcours ſi eloquent & ſi pathetique, que vous ne ſaurez que dire, tenez-vous donc ſur vos gardes.

PAMPHILE.

Pourvû que je le puiſſe, Davus.

DAVUS.

Croyez-moy, vous dis-je, & ſoyez ſur qu'il n'aura pas le moindre mot à vous répondre, ſi vous luy dites que vous voulez bien vous marier.

ACTE SECOND.

SCENE V.

BYRRHIA, SIMON, DAVUS, PAMPHILE.

BYRRHIA.

Mon Maiſtre m'a commandé de tout quitter, & d'obſerver aujourd'huy Pamphile, afin de découvrir ce qu'il fait ſur ſon mariage : & c'eſt pour cela qu'ayant vû ſon pere prendre ce chemin, je l'ay ſuivi. Mais je voy auſſi Pamphile avec Davus, voila mon affaire, écoutons.

SIMON.

Ha, les voicy tous deux.

ANDRIA,
DAVUS.
hem, serva.
SIMO.
Pamphile.
DAVUS.
Quasi de improviso respice ad eum.
PAMPHILUS.
hem, pater.
DAVUS.
Probe.
SIMO.
hodie uxorem ducas, ut dixi, volo.

BYRRHIA.
Nunc nostrae parti timeo, quid hic respondeat.

PAMPHILUS.
Neque isthic, neque alibi tibi usquam erit in me mora.
BYRRHIA.
hem!
DAVUS.
10 Obmutuit.
BYRRHIA.
quid dixit!
SIMO.
facis ut te decet,
Cum isthuc, quod postulo, impetro cum gratia.
DAVUS.
Sum verus?
BYRRHIA.
herus, quantum audio, uxore excidit.

L'ANDRIENE.

DAVUS.

St, Monsieur, Songez à vous.

SIMON.

Pamphile.

DAVUS.

Regardez de son costé, comme si vous ne l'aviez pas encore aperceu.

PAMPHILE.

Ha, mon pere !

DAVUS.

Fort bien.

SIMON.

Je veux, comme je vous l'ay déja dit, que vous vous mariez aujourd'huy.

BYRRHIA.

Je tremble presentement pour nos affaires, & j'apprehende fort sa réponse.

PAMPHILE.

Et en cette occasion, mon pere, & en toute autre, vous me trouverez toûjours prest à vous obeïr.

BYRRHIA.

Ah, cela se peut-il !

DAVUS.

Le voila muet.

BYRRHIA.

Quelle réponse !

SIMON.

Vous faites vostre devoir, mon fils, de m'accorder de bonne grace ce que je vous demande.

DAVUS à *Pamphile*.

Ay-je dit vray ?

BYRRHIA.

A ce que je puis comprendre, mon Maistre en est revenu, il n'a qu'à chercher femme ailleurs.

G iij

SIMO.

I jam nunc intro, ne in mora cum opu' sit, sies.

PAMPHILUS.
Eo.

BYRRHIA.

nulla-ne in re esse homini cuiquam fidem?
15 Verum illud verbum est, volgo quod dici solet,
Omnes sibi malle melius esse, quam alteri.
Ego illam vidi virginem: forma bona
Memini videre. quo aequior sum Pamphilo,
Si se illam in somnis, quam illum, amplecti maluit.
20 Renuntiabo, ut pro hoc malo mihi det malum.

ACTUS SECUNDUS.
SCENA VI.
DAVUS, SIMO.

DAVUS.

Hic nunc me credit aliquam fallaciam
Portare, & ea me hic restitisse gratia.

SIMO.
Quid Davus narrat?

SIMON.

Allez, mon fils, entrez, afin que lors qu'on aura besoin de vous, vous ne fassiez pas attendre.

PAMPHILE.

Je m'en vais.

BYRRHIA.

Est-il possible qu'on ne trouve personne à qui l'on se puisse fier de quoy que ce soit ! Il est vray que, comme dit le Proverbe, *l'on est plus obligé à sa peau qu'à sa chemise.* Je me souviens d'avoir vû cette fille, en verité elle est fort belle ; c'est pourquoy je pardonne plus facilement à Pamphile, d'aimer mieux l'avoir prés de luy, que de la sçavoir entre les bras d'un autre. Je vais dire à mon Maistre tout ce qui se passe, afin qu'il me donne une recompense proportionnée à la bonne nouvelle que je luy porte.

ACTE SECOND,
SCENE VI.

DAVUS, SIMON.

DAVUS.

Voicy un homme qui croit que je luy vais servir un plat de mon métier, & que c'est pour cela que je suis demeuré icy.

SIMON.

Que dit Davus ?

ANDRIA.
DAVUS
æque quidquam nunc quidem.
SIMO.
Nihilne ? hem.
DAVUS.
nihil prorsus.
SIMO.
atqui expectabam quidem.
DAVUS.
5 Præter spem evenit, sentio: hoc male habet virum.
SIMO.
Potin' es mihi verum dicere ?
DAVUS.
nihil facilius.
SIMO.
Num illi molestæ quidpiam hæ sunt nuptiæ,
Hujusce propter consuetudinem hospitæ ?
DAVUS.
Nihil hercle: aut si adeo, bidui est aut tridui
10 Hæc sollicitudo, nostin' ? deinde desinet
Etenim eam secum rem recta reputavit via.
SIMO.
Laudo.
DAVUS.
dum licitum est illi, dumque ætas tulit,
Amavit: tum id clam cavit ne unquam infamiæ
Ea res sibi esset, ut virum fortem decet:

L'ANDRIENE.
DAVUS.
Ma foy, Monsieur, rien pour l'heure.
SIMON.
Quoy, rien? hon.
DAVUS.
Rien du tout.
SIMON.
Je m'attendois bien pourtant que tu dirois quelque chose.
DAVUS.
Il a esté trompé, je le voy bien; & cela le fait enrager.
SIMON.
Peux-tu me dire la verité?
DAVUS.
Rien n'est plus facile.
SIMON.
Ce mariage ne fait-il point de peine à mon fils, à cause du commerce qu'il a avec cette Etrangere?
DAVUS.
Non en verité; ou s'il en a quelque petit chagrin, cela ne durera que deux ou trois jours, vous entendez bien: aprés quoy il n'y pensera plus: car vous voyez qu'il a pris la chose comme il faloit, & de bonne grace.

SIMON.
J'en suis fort content.
DAVUS.
Pendant qu'il luy a esté permis de faire l'amour, & que l'âge l'a souffert, il a aimé, mais ç'a toûjours esté sans éclat, & en honneste homme; il a toûjours pris grand soin que son amour ne fist point de tort à sa re-

15 *Nunc uxore opus est: animum ad uxorem appulit.*

SIMO.

Subtristis visu' est esse aliquantulum mihi.

DAVUS.

Nihil propter hanc rem: sed est quod succenset tibi.

SIMO.

Quidnam est?

DAVUS.

puerile est?

SIMO.

quid est?

DAVUS.

nihil.

SIMO.

quin dic quid est.

DAVUS.

Ait nimium parce facere sumptum.

SIMO.

mene?

DAVUS.

Te.
20 *Vix, inquit, drachmis opsonatus est decem:*
Num filio videtur uxorem dare?
Quem, inquit, vocabo ad coenam meorum æqualium
Potissimum nunc? &, quod dicendum hic siet,
Tu quoque perparce nimium. non laudo.

SIMO.

tace.

DAVUS.

Commovi.

putation. Presentement il faut se marier, vous voyez comme il a fixé son esprit au mariage.

SIMON.

Il m'a pourtant paru un peu triste.

DAVUS.

Ho, ce n'est pas de cela qu'il est triste, & il y a une chose où il se plaint un peu de vous.

SIMON.

Qu'est-ce donc?

DAVUS.

C'est une badinerie d'enfant.

SIMON.

Quoy?

DAVUS.

Un rien.

SIMON.

Mon Dieu, dy-moy ce que c'est.

DAVUS.

Il dit que dans une occasion comme celle cy vous faites trop peu de dépense.

SIMON.

Moy?

DAVUS.

Vous-mesme. A peine, dit-il, mon pere a-t-il dépensé quarante sols pour le souper; diroit-on qu'il marie son fils? Qui de mes amis pourray-je prier à souper, un jour comme aujourd'huy? Et ma foy aussi, entre nous, vous faites les choses avec trop de lésine, je n'approuve pas cela.

SIMON.

Je te prie de te taire.

DAVUS.

Je luy ay fait dépit.

ANDRIA

SIMO.

ego isthæc rectè ut fiant videro.
25 Quidnam hoc rei est? quidnam hic volt ve-
terator sibi?
Nam si hic mali est quidquam, hem illic est
huic rei caput.

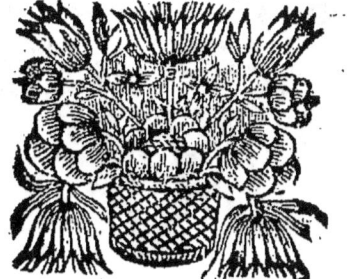

L'ANDRIENE.

SIMON.

J'auray foin que tout aille comme il faut. Que fignifie tout ce dialogue ? & que veut dire ce vieux routier ? S'il arrive quelque defordre en cette affaire, il ne faudra pas en aller chercher l'auteur ailleurs.

ACTUS TERTIUS.
SCENA I.

MYSIS, SIMO, DAVUS, LESBIA,
GLYCERIUM. post scenam.

MYSIS.

Ita pol quidem res est, ut dixti, Lesbia:
Fidelem haud ferme mulieri invenias virum.

SIMO.
Ab Andria est ancilla hæc. quid narras?
DAVUS.
   ita est.
MYSIS.
Sed hic Pamphilus.
SIMO.
   quid dicit?
MYSIS.
   firmavit fidem.
SIMO.
   hem.
DAVUS.
Utinam aut hic surdus, aut hæc muta facta
sit.
MYSIS.
Nam quod peperisset, jussit tolli.

ACTE TROISIE'ME.

SCENE I.

MYSIS, SIMON, DAVUS, LESBIA,
GLYCERION *derriere le Theatre.*

MYSIS.

EN verité ce que vous me dites est tres-vray, Lesbia, l'on ne trouve presque point d'Amant fidele.

SIMON.

Cette Servante est de chez cette Andriene, qu'en dis-tu?

DAVUS.

Oüy, Monsieur, elle en est.

MYSIS.

Mais pour ce qui est de Pamphile...

SIMON.

Que dit-elle?

MYSIS.

Il a tenu la parole qu'il avoit donnée à ma Maistresse.

SIMON.

Oh!

DAVUS.

Plust à Dieu que ce bon homme fust sourd, ou que cette causeuse fust muette.

MYSIS.

Car il a commandé qu'on éleve l'enfant dont elle accouchera.

ANDRIA.

SIMO.
ô Jupiter,
Quid ego audio! actum est, siquidem haec vera
 praedicat.

LESBIA.
Bonum ingenium narras adolescentis.

MYSIS.
optimum.
Sed sequere me intro, ne in mora illi sis.

LESBIA.
sequor.

DAVUS.
10 Quod remedium nunc huic malo inveniam?

SIMO.
quid hoc?
Adeon' est demens? ex peregrina? jam scio.
 ah!
Vix tandem sensi stolidus.

DAVUS.
quid hic sensisse ait?

SIMO.
Haec primum adfertur jam mihi ab hoc fallacia.
Hanc simulant parere, quo Chremetem abs-
 terreant.

GLYCERIUM.
15 Juno Lucina, fer opem. serva me, obsecro.

SIMO.
Hui, tam cito? ridiculum. postquam ante
 ostium
Me audivit stare, approperat. non sat com-
 mode
Divisa sunt temporibus tibi, Dave, haec.

DAVUS.
mihin'?
SIMON.

SIMON.

Oh, Jupiter! que viens-je d'entendre? Je suis perdu, si ce qu'elle dit est veritable.

LESBIA.

Vous me parlez là d'un jeune homme de bon naturel!

MYSIS.

Tres-bon; mais suivez-moy au logis, de peur que vous ne tardiez trop pour ma Maîtresse.

LESBIA.

Allons.

DAVUS.

Quel remede vais-je trouver à cet accident?

SIMON.

Qu'est-ce que cela? est-il donc si fou? quoy d'une Etrangere? Oh, je say enfin ce que c'est. Que je suis sot! à peine enfin l'ay-je senti.

DAVUS.

Qu'est-ce qu'il dit donc qu'il a senti?

SIMON.

Premierement c'est de ce coquin que vient la friponnerie. Ils font semblant qu'elle accouche, afin de faire peur à Chremes.

GLYCERION.

Junon Lucine, secourez-moy, je vous prie.

SIMON.

Ho, ho, si vîte! Cela est ridicule. Si-tost qu'elle a sceu que j'estois devant sa porte, elle s'est hastée de crier: Davus, tu as mal pris tes mesures, tu as mal partagé les temps de ta Piece.

DAVUS.

Moy, Monsieur?

Tome I.

ANDRIA.

SIMO.
Num immemores discipuli?

DAVUS.
ego, quid narres, nescio.

SIMO.

Hiccine si me imparatum in veris nuptiis
Adortus esset, quos mihi ludos redderet!
Nunc hujus periclo fit ego in portu navigo.

ACTUS TERTIUS.

SCENA II.

LESBIA. SIMO. DAVUS.

LESBIA.

Adhuc, Archillis, quæ adsolent, quæque oportent
Signa ad salutem esse, omnia huic esse video.
Nunc primum fac, isthæc ut lavet: post deinde,
Quod jussi, ei date bibere, & quantum imperavi
5 Date: mox ego huc revertor.
Per, castor, scitu' puer natus est Pamphilo:
Deos quæso, ut sit superstes: quandoquidem ipse est ingenio bono.
Cumque huic veritus est optuma adolescenti facere injuriam.

SIMON.

Tes Acteurs oublient-ils ainsi leur rôle ?
DAVUS.
Je ne say ce que vous voulez dire.
SIMON.

Si j'avois eu dessein tout de bon de marier mon fils, & que ce maraud m'eust attaqué sans que j'eusse esté bien preparé, il m'auroit fait voir bien du païs : mais maintenant je suis à couvert de ses ruses, & desormais toutes celles qu'il fera retomberont sur luy.

ACTE TROISIESME.

SCENE II.

LESBIA. SIMON. DAVUS.

LESBIA.

JUsqu'à present, Arquillis, Glycerion a tous les bons signes que doit avoir une nouvelle accouchée. Presentement donc la premiere chose que vous devez faire, c'est de la baigner, après quoy, vous lui donnerez à boire ce que j'ai dit, & la quantité que j'ai ordonnée. Je reviens ici dans un moment. En verité il est né aujourd'hui un joli enfant à Pamphile, je prie les Dieux de le lui conserver, puis que ce jeune homme est d'un si bon naturel, & qu'il n'a pas voulu faire l'injustice à cette jeune personne de l'abandonner.

ANDRIA.
SIMO.

Vel hoc quis non credat, qui norit te, abs te
esse ortum?

DAVUS.
quidnam id est?

SIMO.
Non imperabat coram, quid opus facto esset
puerperæ:
Sed, postquam egressa est, illis, quæ sunt intus,
clamat de via:
O Dave, itan' contemnor abs te? aut itane
tandem idoneus
Tibi videor esse, quem tam aperte fallere inci-
pias dolis?
Saltem accurate, ut metui videar certe, si re-
sciverim.

DAVUS.

Certe hercle nunc hic se ipsus fallit, haud ego.

SIMO.

edixin' tibi?
Interminatus sum ne faceres? num veritus?
quid rettulit?
Credon' tibi hoc nunc, peperisse hanc è Pamphilo?

DAVUS.

Teneo quid erret: quid ego agam, habeo.

SIMO.

quid taces?

L'ANDRIENE.
SIMON.

Qui te connoîtra, doutera-t-il que tu ne sois encore l'auteur de ce que nous venons d'entendre?

DAVUS.

De quoy donc l'auteur, & qu'est-ce que c'est?

SIMON.

Elle s'est bien gardé de dire dans le logis ce qu'il faloit à l'accouchée, mais quand elle a esté sortie, elle s'est mise à crier du milieu de la ruë aux gens qui sont dans la maison. Oh, Davus, me méprises-tu donc de la sorte, ou me trouves-tu si propre à estre joüé, que tu le fasses si ouvertement, & d'une maniere si grossiere. Tu devois le faire adroitement, afin que si je venois à le découvrir, il parut au moins que l'on me craint.

DAVUS.

Par ma foy, pour l'heure, ce n'est pas moy qui le trompe, c'est bien lui-mesme.

SIMON.

Ne t'avois-je pas averti de ne point mettre tes rufes en usage? ne t'avois-je pas fait des menaces, en cas que tu le fisses? qu'a servi tout cela? t'en es-tu soucié le moins du monde? t'imagines-tu que je donne dans ce panneau, & que je croye que cette femme soit accouchée?

DAVUS.

Je connois son erreur, & j'ai ma réponse toute preste.

SIMON.

D'où vient donc que tu ne répons rien?

H iij

ANDRIA.
DAVUS.
20 *Quid, Credas? quasi non tibi renuntiata sint hæc sic fore.*

SIMO.
Mihin' quisquam?

DAVUS.
eho, an tute intellexti hoc adsimulari?

SIMO.
irrideor.

DAVUS.
Renuntiatum est: nam quî isthæc tibi incidit suspicio?

SIMO.
Qui? quia te noram,

DAVUS.
quasi tu dicas factum id consilio meo.

SIMO.
Certe enim scio.

DAVUS.
non satis me pernosti etiam qualis sim, Simo.

SIMO.
25 *Egone te?*

DAVUS.
sed, si quid narrare occœpi, continuo dari tibi verba censes.

SIMO.
falso.

DAVUS.
itaque hercle nihil jam mutire audeo.

L'ANDRIENE.
DAVUS.

Comment? que vous croyez? Comme si l'on ne vous avoit pas averti que tout cela seroit ainsi.

SIMON.

Moy? quelqu'un m'a averti?

DAVUS.

Quoy, Monsieur, vous auriez deviné de vous-mesme, que tout cela n'est que jeu? à d'autres.

SIMON.

On se moque de moy.

DAVUS.

On vous l'a dit. Autrement, comment auriez-vous jamais pû avoir ce soupçon?

SIMON.

Comment? parce que je te connois.

DAVUS.

Vous voudriez presque dire que cela s'est fait par mon conseil.

SIMON.

Sans doute, & je le sai tres-bien.

DAVUS.

Vous ne connoissez pas bien encore qui je suis, Monsieur.

SIMON.

Moy? je ne te connnois pas?

DAVUS.

Mais voila ce que c'est; je n'ai pas plûtost commencé à vous dire quelque chose, qu'aussitost vous croyez que je vous trompe.

SIMON.

J'ai grand tort.

DAVUS.

Aussi, par ma foy, je n'ose plus ouvrir la bouche devant vous.

ANDRIA.
SIMO.

Hoc ego scio unum, neminem peperisse hîc.

DAVUS.

intellextin'?
Sed nihilo secius mox deferent puerum huc ante ostium.
Id ego jam nunc tibi renuntio, here, futurum,
  ut sis sciens:
30 Ne tu hoc mihi posterius dicas, Davi factum
  consilio, aut dolis.
Prorsus à me opinionem hanc tuam esse ego
  amotam volo.

SIMO.

Unde id scis?

DAVUS.

audivi, & credo. multa
  concurrunt simul.
Quî conjecturam hanc nunc facio. jam primum hæc se è Pamphilo
Gravidam dixit esse. inventum est falsum.
  nunc, postquam videt
Nuptias domi apparari, missa est ancilla illico
Obstetricem arcessitum ad eam, & puerum ut
  adferret simul.
Hoc nisi sit, puerum ut tu videas, nil moventur
  nuptiæ.

SIMO.

Quid ais! cum intellexeras
Id consilii capere, cur non dixti extemplo Pamphilo?

DAVUS.

Quis igitur eum ab illa abstraxit, nisi ego?
  nam omnes nos quidem

SIMON

SIMON.

Au moins fai-je bien certainement une chose, c'eſt que perſonne n'a accouché dans cette maiſon.

DAVUS.

Vous dites vrai; mais pourtant, ils ne laiſſeront pas d'apporter bien-toſt un enfant devant cette porte; au moins, mon Maiſtre, je vous dis que cela arrivera, afin que vous n'en pretendiez cauſe d'ignorance, & que vous ne veniez pas dire que c'eſt par le conſeil de Davus que cela s'eſt fait, & que c'eſt une ruſe de ſa façon. Je veux vous oſter entierement tout le ſoupçon que vous avez de moy.

SIMON.

D'où le ſais-tu?

DAVUS.

Je l'ai oüi dire, & j'en ſuis perſuadé; mille choſes concourent à me faire faire preſentement cette conjecture. Premierement cette femme a dit qu'elle eſtoit groſſe de Pamphile; cela s'eſt trouvé faux; à preſent donc qu'elle ſait qu'on ſe prepare chez nous à faire des noces, elle envoye chercher la Sage-femme, & lui fait dire qu'en venant elle apporte un enfant, croyant qu'à moins que vous n'en voyez un, il n'y a pas moyen de reculer le mariage de voſtre fils.

SIMON.

Que me dis-tu là? puis que tu ſavois qu'elles prenoient cette reſolution, pourquoy n'en avertiſſois-tu pas d'abord Pamphile?

DAVUS.

Eh, Monſieur, qui eſt-ce donc qui l'a arraché de chez cette creature, ſi ce n'eſt moy?

40 Scimus quam misere hanc amarit: nunc sibi
  uxorem expetit.
  Postremo id mihi da negoti tu tamen idem has
  nuptias
  Perge facere ita ut facis, & id spero adjutu-
  ros deos.

SIMO.

  Imo abi intro, ibi me opperire, & quod parato
  opus est, para.
  Non impulit me, hæc nunc omnino ut crederem:
45 Atque haud scio an, quæ dixit, sint vera omnia:
  Sed parvi pendo. illud mihi multo maxumum
  est,
  Quod mihi pollicitu' est ipsus gnatus. Nunc
  Chremen
  Conveniam: orabo gnato uxorem. id si impetro,
  Quid alias malim, quam hodie has fieri nu-
  ptias?
50 Nam gnatus quod pollicitu' est, haud dubium
  est mihi,
  Si nolit, quin eum merito possim cogere.
  Atque adeo in tempore eccum ipsum obviam
  Chremen.

ACTUS TERTIUS.

SCENA III.

SIMO. CHREMES.

SIMO.

Jubeo Chremetem.
CHREMES.
  oh, te ipsum quærebam.

car nous savons tous avec quelle passion il l'aimoit ; & presentement il souhaite que vous lui donniez une femme. Enfin, Monsieur, laissez-moy conduire cette affaire. Cependant ne laissez pas de travailler à ce mariage comme vous avez commencé, & j'espere que les Dieux favoriseront nostre dessein.

SIMON.

Va-t-en seulement au logis, attends-moy là, & prepare tout ce qui est necessaire. Il ne m'a pas persuadé entierement, & je ne sai si tout ce qu'il m'a dit est veritable, mais je ne m'en mets guere en peine. Le principal est que Pamphile m'a donné sa parole. Maintenant donc je m'en vais trouver Chremes, pour le prier de luy donner sa fille ; si j'obtiens cette grace, pourquoy ne conclurois-je pas ce mariage plûtost aujourd'hui que demain ? car il n'y a point de doute que je ne sois en droit de contraindre mon fils, s'il ne vouloit plus se marier. Mais je voy Chremes qui vient ici tout à propos.

ACTE TROISIESME.

SCENE III.

SIMON, CHREMES.

SIMON.

JE donne le bonjour à Chremes.
CHREMES
Ha, c'est justement vous que je cherchois,

ANDRIA.
SIMO.
& ego te.
CHREMES.
optato advenis.
Aliquot me adiere, ex te auditum qui aiebant,
hsdie filiam
Meam nubere tuo gnato. id viso, tune, an illi
insaniant.
SIMO.
5 Ausculta pauca : & quid ego te velim, & tu
quod quaris, scies.

CHREMES.
Ausculto : loquere, quid velis.

SIMO.

Per te Deos oro & nostram amicitiam, Chreme.
Quæ incepta à parvis cum ætate accrevit si-
mul.
Perque unicam gnatam tuam , & gnatum
meum,
10 Cujus tibi potestas summa servandi datur:
Ut me adjuves in hac re, atque ita uti nuptiæ
Fuerant futuræ, fiant,

CHREMES.

ah, ne me obsecra :
Quasi hoc te orando à me impetrare oporteat.
Alium esse censes nunc me, atque olim, cum da-
bam ?
15 Si in rem est utrique, ut fiant, arcessi jube.
Sed si ex ea re plus mali est, quam commodi
Utrique ; id oro te, in commune ut consulas,
Quasi illa tua sit, Pamphiliique ego sim pater.

L'ANDRIENE.
SIMON.

Je vous cherchois aussi.

CHREMES.

Vous venez bien à propos. Quelques personnes me sont venu trouver, pour m'avertir qu'on vous avoit oüi dire, qu'aujourd'hui ma fille se marie avec vostre fils ; je viens voir si ces gens-là rêvent, ou si c'est vous qui avez rêvé.

SIMON.

Ecoutez, je vous prie, un moment, vous saurez ce que je souhaite de vous, & ce que vous voulez savoir.

CHREMES.

Et bien j'écoute, dites ce que vous voulez.

SIMON.

Au nom des Dieux, Chremes, & par l'amitié qui est entre nous depuis nostre enfance, & qui a cru avec l'âge ; par vostre fille unique & par mon fils, de qui le salut est entre vos mains, je vous conjure aidez-moy en cette rencontre, & que ce mariage se fasse comme nous l'avions arresté autrefois.

CHREMES.

Ah ne me priez point ; est-ce qu'il est besoin de prieres pour obtenir cela de moy ? croyez-vous que je ne sois pas aujourd'hui le mesme, que j'estois quand je voulois marier ma fille avec vostre fils ? si ce mariage leur est avantageux, faites-les venir, & qu'ils se marient tout à l'heure ; mais s'il peut leur en arriver plus de mal que de bien, je vous prie d'examiner les choses en commun, tant pour l'un que pour l'autre, & de faire comme si ma fille estoit à vous, & que je fusse le pere de Pamphile.

ANDRIA.

SIMO.

Imò ita volo, itáque postulo ut fiat, Chreme.
20 Neque postulem abs te, nisi ipsa res moneat.

CHREMES.

quid est?

SIMO.

Iræ sunt inter Glycerium & gnatum.

CHREMES.

audio.

SIMO.

Ita magna, ut sperem posse avelli.

CHREMES.

fabulæ.

SIMO.

Profecto sic est.

CHREMES.

sic hercle, ut dicam tibi:
Amantium iræ, amoris integratio est.

SIMO.

25 Hem, id te oro, ut ante eamus, dum tempus
  datur,
Dumque ejus lubido occlusa est contumeliis,
Prius quam harum scelera & lacrumæ conficta
  dolis
Reducunt animum ægrotum ad misericordiam,
Uxorem demus. spero, consuetudine, &
30 Conjugio liberali devinctum, Chreme,
Dehinc facile ex illis sese emersurum ma-
  lis.

SIMON.

C'est parce que c'est l'avantage de l'un & de l'autre que je desire ce mariage, & que je vous demande qu'il se fasse ; si la chose ne parloit d'elle-mesme, je ne vous le demanderois pas.

CHREMES.

Qu'y a-t-il donc?

SIMON.

Glycerion & mon fils sont broüillez.

CHREMES.

Fort bien.

SIMON.

Mais si broüillez que j'espere pouvoir arracher Pamphile de là.

CHREMES.

Fables.

SIMON.

Cela est en verité.

CHREMES.

Oüi, mais de la maniere que je vais vous dire : *Les querelles des amans ne font que renouveler leur amour.*

SIMON.

Ah, Chremes, je vous en conjure, allons au devant pendant que nous le pouvons, & que sa passion est rallentie par les mauvais traitemens de ces creatures, donnons-lui une femme avant que leurs ruses & leurs larmes feintes ratendrissent cet esprit malade. J'espere que dans une union si belle, & avec une personne d'un commerce si doux, il trouvera bien-tost des forces pour se tirer de cet abysme de maux.

ANDRIA.

CHREMES.

Tibi ita hoc videtur, at ego non posse arbitror
Neque illum hanc perpetuo habere, neque me perpeti.

SIMO.

Qui scis ergo isthuc, nisi periculum feceris?

CHREMES.

At isthuc periclum in filia fieri, grave est.

SIMO.

Nempe incommoditas denique huc omnis redit:
Si eveniat, quod di prohibeant, discessio.
At si corrigitur, quot commoditates! vide.
Principio amico filium restitueris.
Tibi generum firmum & filia invenies virum.

CHREMES.

Quid isthic? si ita isthuc animum induxti esse utile,
Nolo tibi ullum commodum in me claudier.

SIMO.

Merito te semper maxumum feci, Chreme.

CHREMES.

Sed quid ais?

SIMO.

quid!

CHREMES.

qui scis eos nunc discordare inter se?

L'ANDRIENE.

CHREMES.

Vous le croyez ainsi, mais moy je suis persuadé qu'il ne pourra vivre toûjours avec ma fille, & que je ne pourrois mesme le souffrir.

SIMON.

Comment pouvez-vous le savoir que vous ne l'ayez éprouvé ?

CHREMES.

Mais il est fâcheux que cette épreuve se fasse aux dépens de ma fille.

SIMON.

Enfin tout le mal qui en peut arriver, c'est que, s'il ne vid pas bien avec elle, ce que les Dieux veüillent empescher, ils se separeront; mais s'il se corrige, voyez combien d'agrémens vous allez trouver dans cette affaire ! premierement vous redonnerez un fils à vostre ami, vous aurez un honneste homme pour gendre, & vostre fille aura un fort bon mari.

CHREMES.

N'en parlons plus; si vous estes persuadé que ce soit l'avantage de vostre fils, je ne veux pas que vous trouviez en moy le moindre obstacle à vostre satisfaction.

SIMON.

C'est avec justice, mon cher Chremes, que toute ma vie je vous ay parfaitement aimé.

CHREMES.

Mais à propos.

SIMON.

Quoy ?

CHREMES.

Comment savez-vous qu'ils sont broüillez ?

SIMO.

45 Ipsu' mihi Davus, qui intimu' est eorum consiliis, dixit:
   Et is mihi suadet, nuptias, quantum queam,
   ut maturem.
   Num, censes, faceret, filium nisi sciret eadem
   hac velle?
   Tute adeo jam ejus audies verba. heus, evocate
   huc Davum.
   Sed eccum, video ipsum foras exire.

ACTUS TERTIUS.

SCENA IV.

DAVUS. SIMO. CHREMES.

DAVUS.

—— Ad te ibam.
SIMO.
   quidnam est?
DAVUS.
Cur non arcessitur? jam advesperascit.
SIMO.
   audin' tu illum?
Ego dudum non nil veritus sum, Dave abs te,
   ne faceres idem.
5 Quod volgus servorum solet, dolis ut me de-
   luderes,
Propterea quod amat filius.
DAVUS.
   egon' isthuc facerem?

SIMON.

Davus, qui est le confident de tous leurs secrets, me l'a dit, & il me conseille de presser ce mariage autant qu'il me sera possible. Croyez-vous qu'il le feroit, s'il n'estoit bien assuré que mon fils le veut ? vous l'allez entendre vous-mesme ; hola, faites venir Davus, mais le voila, je le voy qui sort.

ACTE TROISIE'ME.

SCENE IV.

DAVUS, SIMON, CHREMES.

DAVUS.

JE venois vous trouver.

SIMON.

Qu'y a-t-il ?

DAVUS.

D'où vient que vous ne faites pas venir nos fiancez ? il se fait dé-ja tard.

SIMON.

L'entendez-vous ? j'avois autrefois apprehendé quelque chose de toy, Davus ; je craignois qu'à l'exemple de la pluspart des valets tu ne me joüasses quelque mauvais tour, à cause de l'amour de mon fils.

DAVUS.

Moy, Monsieur, je ferois une action comme celle-là ?

SIMO.

credidi?
Idque adeo metuens, vos celavi quod nunc dicam?

DAVUS.
quid?

SIMO.
scies?
Nam propemodum habeo tibi jam fidem.

DAVUS.
tandem agnosti qui siem.

SIMO.
Non fuerant nuptiæ futuræ.

DAVUS.
quid? Non?

SIMO.
sed ea gratia
10 *Simulavi, vos ut pertentarem.*

DAVUS.
quid ais?

SIMO.
sic res est.

DAVUS.
vide,
Nunquam quivi ego isthuc intelligere. vah, consilium callidum!

SIMO.
Hoc audi. ut hinc te jussi introire, opportune hic fit mihi obviam.

DAVUS.
Hem, numnam periimus?

SIMO.
narro huic, quæ tu dudum narrasti mihi.

DAVUS.
Quidnam audio!

L'ANDRIENE.

SIMON.

Je le croyois. C'est pourquoy je vous ay caché jusqu'à cette heure ce que je vais te dire.

DAVUS.

Quoy donc, s'il vous plaist ?

SIMON.

Tu le vas sçavoir, car je commence presque à avoir confiance en toy.

DAVUS.

Enfin vous connoissez qui je suis !

SIMON.

Ce que je disois du mariage de mon fils n'étoit qu'une feinte.

DAVUS.

Comment ? ce n'estoit qu'une feinte ?

SIMON.

Je ne le faisois que pour vous sonder.

DAVUS.

Que dites-vous là ?

SIMON.

Cela est comme je le dis.

DAVUS.

Voyez ! je n'ai jamais pû penetrer ce mystere. Quelle finesse !

SIMON.

Je vais te dire tout, écoute. Tantost quand je t'ai commandé d'entrer, j'ay heureusement trouvé Chremes qui venoit ici.

DAVUS. *bas.*

Ah ! ne sommes-nous point perdus !

SIMON.

Je lui ai conté ce que tu venois de me dire.

DAVUS. *bas.*

Qu'entens-je !

ANDRIA.

SIMO,
gnatam ut det oro, vixque id exoro.

DAVUS.
occidi.

SIMO.
15 Hem, quid dixti?

DAVUS.
optume, inquam, factum.

SIMO.
nunc per hunc nulla est mora.

CHREMES.
Domum modo ibo: ut apparentur, dicam: atque huc renuntio.

SIMO.
Nunc te oro, Dave, quoniam solus mihi effecisti has nuptias

DAVUS.
Ego vero solus.

SIMO.
corrigere mihi gnatum porro enitere.

DAVUS.
Faciam hercle sedulo.

SIMO.
potes nunc, dum animus irritatus est.

DAVUS.
20 Quiescas.

SIMO.
age igitur; ubi nunc est ipsus?

DAVUS.
mirum ni domi est.

L'ANDRIENE.

SIMON.

Je l'ay prié de donner sa fille à mon fils, & enfin je l'ay obtenu avec bien de la peine.

DAVUS. *bas.*

Je suis mort!

SIMON.

Hé, que viens-tu de dire?

DAVUS.

Que cela va tres bien.

SIMON.

Du costé de Chremes il n'y a presentement nul obstacle.

CHREMES.

Je vais seulement jusques chez nous, pour dire qu'on ait soin de tenir tout prest ; aprés quoy je reviens vous rendre compte de ce que j'auray fait.

SIMON.

Presentement, Davus, puisque c'est toy seul qui m'as fait ce mariage...

DAVUS.

Ouy sans doute c'est moy seul.

SIMON.

Je te prie de faire tout ton possible pour corriger mon fils.

DAVUS.

J'y feray de mon mieux.

SIMON.

Il te sera facile à cette heure qu'il est en colere contre cette femme.

DAVUS.

Reposez-vous sur moy.

SIMON.

Travailles y donc. Où est-il maintenant?

DAVUS.

C'est un grand hazard s'il n'est au logis,

SIMO.

Ibo ad eum, atque eadem hæc, quæ tibi dixi,
  dicam itidem illi.

DAVUS

  nullus sum.

Quid causa est, quin hinc in pistrinum recta
  proficiscar via ?
Nihil est preci loci relictum : jam perturbavi
  omnia :
Herum fefelli : in nuptias conjeci herilem fi-
  lium :
25 *Feci hodie ut fierent, insperante hoc, atque*
  invito Pamphilo.
Hem astutia ! quod si quiessem, nihil evenis-
  set mali.
Sed eccum : ipsum video. occidi :
Utinam mihi esset aliquid hic, quo nunc me
  præcipitem darem.

ACTUS TERTIUS.

SCENA V.

PAMPHILUS, DAVUS.

PAMPHILUS.

Ubi illic scelus est, qui me perdidit ?
DAVUS.
  perii.
PAMPHILUS.
  atque hoc
confiteor,
Jure obtigisse : quandoquidem tam iners, tam
  nulli consili

SIMON.

Je vais l'y trouver, & luy dire tout ce que tu viens d'entendre.

DAVUS.

Me voila perdu. Que ne vais-je de ce pas droit au moulin? deformais les prieres font inutiles; j'ay tout gasté, j'ay trompé mon Maistre, j'ay jetté son fils dans un mariage qu'il deteste, & j'ay fait ce beau coup aujourd'huy que ce bon homme l'esperoit le moins, & malgré toute la repugnance de Pamphile. L'habile homme que je suis! Si je me fusse tenu en repos, il ne seroit arrivé aucun mal. Mais voila Pamphile, justement; je suis mort! plust à Dieu qu'il y eust icy quelque precipice où je pusse me jetter.

ACTE TROISIE'ME.

SCENE V.

PAMPHILE, DAVUS.

PAMPHILE.

OU est ce scelerat qui m'a perdu?

DAVUS.

Je suis mort!

PAMPHILE.

J'avoue que cela m'est bien dû, puisque j'ay esté si sot & si imprudent. Devois-je confier à

ANDRIA.

*Sim. servon' fortunas meas commisisse fu-
tili?*

*Ergo pretium ob stultitiam fero: sed inultum
id nunquam à me auferet.*

DAVUS.

5 *Posthac incolumem sat scio fore me, nunc si
evito hoc malum.*

PAMPHILUS.

*Nam quid ego nunc dicam patri? negabon'
velle me, modo*

*Qui sum pollicitus ducere? qua fiducia id fa-
cere audeam?*

Nec, quid me nunc faciam, scio.

DAVUS.

      *nec de me equi-
dem, atque id ago sedulo.*

*Dicam, aliquid jam inventurum, ut huic
malo aliquam producam moram.*

PAMPHILUS.

       oh.

DAVUS.

10 *Visus sum.*

PAMPHILUS.

   *ehodum, bone vir, quid ais?
viden' me consiliis tuis
Miserum impeditum esse?*

DAVUS.

   at jam expediam.

PAMPHILUS.

     expedies?

DAVUS.

    certe, Pamphile.

PAMPHILUS.

Nempe ut modo.

DAVUS.

   imo melius spero.

un coquin de valet tout le bonheur de ma vie?
Me voila donc payé de ma sottise, mais il ne
le portera pas loin.

DAVUS.

Si j'échape de ce mauvais pas, de ma vie je
ne dois craindre aucun danger.

PAMPHILE.

Car que puis-je dire à mon pere? luy diray-
je que je ne veux pas me marier, moy qui
luy ay promis il n'y a qu'un moment? De
quel front pourrois-je luy tenir ce discours?
je ne say que faire.

DAVUS.

Ni moy par ma foy, & si j'y pense tout de
bon. Mais afin d'éloigner tant soit peu le mal
qui me menace, il faut que je luy dise que je
trouveray tout à l'heure quelque chose pour
le tirer de cet embarras.

PAMPHILE.

Oh, vous voila.

DAVUS.

Il m'a vû.

PAMPHILE.

Approchez, l'honneste homme; eh bien
que dites-vous? voyez-vous bien l'état où vos
bons conseils m'ont reduit?

DAVUS.

Mais je vous en tireray bien-tost.

PAMPHILE.

Vous m'en tirerez?

DAVUS.

Oüy assurément, Monsieur.

PAMPHILE.

Comme tantost, sans doute.

DAVUS.

Non, j'espere que je seray plus heureux.

ANDRIA.
PAMPHILUS.
oh, tibi ego ut credam, furcifer?
Tu rem impeditam & perditam restituas?
hem, quo fretu' sum,
Qui me hodie ex tranquillissima re conjecisti
in nuptias.
15. Annon dixi hoc esse futurum?
DAVUS.
dixti.
PAMPHILUS.
quid meritus?
DAVUS.
crucem.
Sed paululum sine ad me ut redeam: jam aliquid dispiciam.
PAMPHILUS.
hei mihi,
Cum non habeo spatium ut de te sumam supplicium, uti volo:
Namque hocce tempus, præcavere mihi me,
haud te ulcisci, sinit.

PAMPHILE.

Eh, pendard, t'imagines-tu que je te croye? Tu pourrois rétablir une affaire entierement perduë & desesperée? Ah! à quel maraud me suis-je fié, qui d'un état doux & tranquille, m'a jetté dans un mariage que j'apprehendois plus que la mort. Ne t'avois-je pas dit que cela arriveroit?

DAVUS.

Il est vray.

PAMPHILE.

Que merites-tu donc?

DAVUS.

La mort. Mais je vous prie, laissez-moy un peu revenir à moy, je vais tout à l'heure trouver quelque remede.

PAMPHILE.

Ah, pourquoy n'ay-je pas le loisir de te traiter comme je le souhaite? Mais le temps qui presse, veut que je songe à moy, & ne me permet pas de m'arrester à te punir.

ACTUS QUARTUS.
SCENA I.

CHARINUS, PAMPHILUS, DAVUS.

CHARINUS.

Hoccine credibile est, aut memorabile,
Tanta vecordia innata cuiquam ut siet,
Ut malis gaudeat alienis, atque ex incommo-
  dis
Alterius, sua ut comparet commoda? ah,
5 Idne est verum? Imo id genus est hominum
  pessimum,
In denegando modo queis pudor est paululum:
Post, ubi jam tempus est promissa perfici,
Tum coacti necessario se aperiunt, & timent,
Et tamen res cogit eos denegare. Ibi
10 Tum impudentissima eorum oratio est:
Quis tu es? quis mihi es? cur meam tibi?
  heus,
Proximus sum egomet mihi. attamen, ubi fi-
  des?
Si roges, nihil pudet. Hic, ubi opus est,
Non verentur: illic, ubi nihil opus est, ibi
  verentur.
15 Sed quid agam? adeamne ad eum, & cum eo
  injuriam hanc expostulem?

ACTE QUATRIEME.
SCENE I.
CARINUS, PAMPHILE, DAVUS.

CARINUS.

CEla est-il croyable, & a-t-on jamais oüi dire que des hommes puissent avoir la lâcheté de se réjoüir du mal des autres, & de tirer avantage de leurs malheurs ? Ah, cela peut-il estre? Ouy, l'on voit tous les jours de ces scelerats, qui d'abord ont honte de vous refuser ; & lorsque le temps est venu d'accomplir leurs promesses, se voyant pressez, il faut de necessité qu'ils fassent voir ce qu'ils sont ; craignent d'abord de le faire, mais enfin leur interest les y oblige, & il faut entendre les impertinens discours qu'ils tiennent alors. Qui estes-vous? disent-ils; à quel degré m'estes-vous parent ? pourquoy vous donnerois-je une chose qui est à moy? mes interests me sont plus chers que les vostres. Si vous leur demandez où est la bonne foy ? ils ne s'en mettent pas en peine, ils n'ont point de honte quand ils en devroient avoir ; & ils en ont quand elle n'est point necessaire. Mais que feray-je ? iray-je le trouver? iray-je luy demander raison de cette injustice?

Mala ingeram multa. atque aliquis dicat,
  Nihil promoveris.
Multum. molestus certe ei fuero, atque ani-
  mo morem gessero.

PAMPHILUS.
Charine, & me & te imprudens, nisi quid
  dii respiciunt, perdidi.

CHARINUS.
Itane, Imprudens? tandem inventa est causa:
  solvisti fidem.

PAMPHILUS.
20 *Qui tandem?*

CHARINUS.
          etiam nunc me ducere istis dic-
  tis postulas?

PAMPHILUS.
Quid isthuc est?

CHARINUS.
          postquam me amare dixi, com-
  placita est tibi.
Heu me miserum, quum tuum animum ex
  animo spectavi meo!

PAMPHILUS.
Falsu' es.

CHARINUS.
          non tibi satis esse hoc visum soli-
  dum est gaudium,
Nisi me lactasses amantem, & falsa spe pro-
  duceres?
25 *Habeas.*

PAMPHILUS.
          habeam? ah nescis quantis in malis
  verser miser.
Quantasque hic suis consiliis mihi confecit so-
  licitudines,
Meus carnufex.

& luy dire mille injures ? L'on me dira : cela ne vous servira de rien : De beaucoup ; je luy feray de la peine, & je me satisferay.

PAMPHILE.

Carinus, je me suis perdu sans y penser, & je vous ay perdu avec moy, à moins que les Dieux n'ayent pitié de l'un & de l'autre.

CARINUS.

Comment, sans y penser ? Enfin vous avez trouvé un pretexte, vous manquez à vostre parole.

PAMPHILE.

Que voulez-vous dire avec vostre enfin ?

CARINUS.

Vous pretendez encore m'amuser par ces beaux discours.

PAMPHILE.

Qu'est-ce donc que cela signifie ?

CARINUS.

Je ne vous ay pas eu plûtost dit que j'estois amoureux de Philumene, qu'elle vous a plû; que je suis malheureux d'avoir jugé de vostre cœur par le mien !

PAMPHILE.

Vous vous trompez, Carinus.

CARINUS.

Est-ce que vostre joye ne vous paroissoit pas assez entiere, si vous n'abusiez un pauvre Amant, & si vous ne l'amusiez par de fausses esperances ? Epousez-la.

PAMPHILE.

Que je l'épouse ? ah, vous ne savez pas l'état pitoyable où mon pendart m'a mis par ses pernicieux conseils.

Tome I. L.

ANDRIA.
CHARINUS.
quid isthuc tam mirum, si de te exemplum capit?

PAMPHILUS.
Haud isthuc dicas, si cognoris vel me, vel amorem meum.

CHARINUS.
Scio, cum patre altercasti dudum, & is nunc propterea tibi
30 Succenset, nec te quivit hodie cogere, illam ut duceres.

PAMPHILUS.
Imo etiam, quo tu minus scis ærumnas meas,
Hæ nuptiæ non apparabantur mihi,
Nec postulabat nunc quisquam uxorem dare.

CHARINUS.
Scio; tu coactus tua voluntate es.

PAMPHILUS.
mane,
35 Nondum etiam scis.

CHARINUS.
scio equidem illam ducturum esse te.

PAMPHILUS.
Cur me enicas? hoc audi. nunquam destitit
Instare, ut dicerem esse ducturum patri.
Suadere, orare, usque adeo donec perpulit.

CHARINUS.
Quis homo isthuc?

PAMPHILUS.
Davos.

CARINUS.

Cela est-il fort étonnant qu'il suive vostre exemple?

PAMPHILE.

Vous ne parleriez pas de la sorte, si vous me connoissiez, ou si vous saviez mon amour.

CARINUS.

J'entends ; vous avez long-temps combatu avec vostre pere, c'est pourquoy il est maintenant si fort en colere contre vous ; il n'a pû d'aujourd'huy vous obliger à luy promettre d'épouser Philumene.

PAMPHILE.

Mon Dieu, pour vous faire voir que vous ne savez pas mon malheur, c'est que ce mariage n'estoit qu'un jeu, & que personne ne songeoit à me donner une femme.

CARINUS.

Fort bien, c'est vous-mesme qui vous estes fait violence.

PAMPHILE.

Attendez, vous ne comprenez pas encore ce que je vous dis.

CARINUS.

Je comprens tres-bien que vous estes sur le point de l'épouser.

PAMPHILE.

Pourquoy me chagrinez-vous? Ecoutez cecy. Il n'a jamais cessé de me presser de dire à mon pere que j'estois prest de luy obeïr ; il m'a conseillé, il m'a prié, jusqu'à ce qu'enfin il m'a obligé de le luy promettre.

CARINUS.

Quel homme est-ce qui a fait cela?

PAMPHILE.

Davus.

CHARINUS.
Davos?
PAMPHILUS.
Davos omnia.
CHARINUS.
40 Quamobrem?
PAMPHILUS.
nescio, nisi mihi deos satis
Scio fuisse iratos, qui auscultaverim.

CHARINUS.
Factum hoc est, Dave?
DAVUS.
factum est.
CHARINUS.
hem, quid ais, scelus?
At tibi dii dignum factis exitium duint.
Eho, dic mihi, si omnes hunc conjectum in nuptias
45 Inimici vellent, quod, ni hoc, consilium darent?
DAVUS.
Deceptus sum, at non defatigatus.
CHARINUS.
scio.
DAVUS.

Hac non successit, alia aggrediemur via:
Nisi id putas, quia primo processit parum,
Non posse jam ad salutem converti hoc malum.
PAMPHILUS.
50 Imo etiam: nam sati' credo, si advigilaveris,
Ex unis geminas mihi conficies nuptias.

L'ANDRIENE.

CARINUS.
Davus ?

PAMPHILE.
Ouy, c'est Davus qui a fait tout le mal.

CARINUS.
Pourquoy donc ?

PAMPHILE.
Je ne say ; mais je say tres-bien qu'il faut que les Dieux ayent esté fort irritez contre moy, puisque j'ay esté assez imprudent pour suivre ses conseils.

CARINUS.
Cela est-il vray, Davus ?

DAVUS.
Tres-vray.

CARINUS.
Ah, scelerat, que me dis-tu là ? que les Dieux t'envoyent tous les malheurs que tu merites. Dy moy un peu, si tous ses ennemis avoient voulu l'obliger à faire ce mariage, quel autre conseil auroient-ils pû luy donner ?

DAVUS.
J'ay esté trompé, mais je ne suis pas rendu.

CARINUS.
Fort bien.

DAVUS.
L'affaire n'a pas reüssi par cette voye, nous en tenterons une autre. Si ce n'est que vous vous imaginiez que parce qu'elle n'a pas eu de succez la premiere fois, le mal soit desormais sans remede.

PAMPHILE.
Oh, bien plus, je suis persuadé que si tu veux t'y appliquer avec soin, au lieu d'un mariage tu m'en feras deux.

ANDRIA.

DAVUS.

Ego, Pamphile, hoc tibi pro servitio debeo,
Conari manibus, pedibus, noctesque & dies,
Capitis periclum adire, dum prosim tibi:
55 Tuum'st, si quid præter spem evenit, mî ignoscere,
Parum succedit quod ago, at facio sedulo.
Vel melius tu aliud reperi, me missum face.

PAMPHILUS

Cupio. restitue in quem me accepisti locum.

DAVUS.

60 Faciam.

PAMPHILUS.

at jam hoc opus est.

DAVUS.

hem, st, mane: crepuit à Glycerio ostium.

PAMPHILUS.

Nihil ad te.

DAVUS.

quæro.

PAMPHILUS.

nunccine demum?

DAVUS.

at jam hoc tibi inventum dabo.

DAVUS.

Monsieur, estant vostre Esclave, je dois travailler jour & nuit, de toutes mes forces pour vostre service; je dois exposer ma vie pour cela, mais aussi c'est à vous s'il vous plaist, à me pardonner lorsque les choses arrivent autrement que je n'ay cru. Ce que j'entreprens ne reüssit pas comme je le souhaiterois, mais je n'y épargne pas ma peine. Trouvez mieux, si vous pouvez, & m'envoyez promener.

PAMPHILE.

Je ne demande pas mieux; mais auparavant il faut que tu me remettes en l'état où j'estois avant tes conseils.

DAVUS.

C'est ce que je feray.

PAMPHILE.

Mais il faut le faire tout à l'heure.

DAVUS.

St, écoutez; l'on ouvre la porte de Glycerion.

PAMPHILE.

Cela ne te regarde pas.

DAVUS. *Pamphile le regarde.*

Je cherche quelque expedient.

PAMPHILE.

Hé bien enfin l'as-tu cet expedient?

DAVUS.

Ouy, Monsieur, je vous l'auray trouvé dans un moment.

ACTUS QUARTUS.
SCENA II.

MYSIS, PAMPHILUS, CHARINUS, DAVUS.

MYSIS.

Jam, ubi ubi erit, inventum tibi curabo, &
  mecum adductum
Tuum Pamphilum: tu modo, anime mi, noli
  te macerare.

PAMPHILUS.
Myfis.

MYSIS.
quis est? hem, Pamphile, optime mihi te offers.

PAMPHILUS.
quid est?

MYSIS.
Orare jussit, si se ames, hera, jam ut ad sese
  venias:
Videre ait te cupere.

PAMPHILUS.
vah, perii; hoc malum integrascit.
Siccine me atque illam opera tua nunc miseros
  solicitarier?
Nam idcirco arcessor, nuptias quod mi apparari
  sensit.

CHARINUS.
Quibu' quidem quam facile poterat quiesci,
  si hic quiesset!

ACTE QUATRIÉME.
SCENE II.
MYSIS, PAMPHILE, CARINUS, DAVUS.

MYSIS.

TOut à l'heure, Madame, je vous trouveray voſtre cher Pamphile, en quelque lieu qu'il ſoit, & je vous l'ameneray; je vous prie ſeulement de ne vous pas inquieter.

PAMPHILE.

Myſis?

MYSIS.

Qui eſt-ce? Ha, Monſieur, je vous rencontre bien à propos.

PAMPHILE.

Qu'y a-t-il?

MYSIS.

Ma Maiſtreſſe m'a commandé de vous prier de venir tout à l'heure chez nous, ſi vous l'aimez; elle dit qu'elle deſire paſſionnément de vous voir.

PAMPHILE.

Ah, je ſuis au deſeſpoir! ſon mal augmente! Faut-il que par ta ſotiſe cette pauvre femme & moy ſoyons accablez de chagrins? car elle ne demande à me voir que parce qu'elle a appris qu'on veut me marier.

CARINUS.

En quel repos n'auriez-vous pas eſté, ſi ce coquin s'y fuſt tenu?

ANDRIA.
DAVUS.
Age, si hic non insanit satis sua sponte, instiga.

MYSIS.
atque adepol.
10 Ea res est, proptereaque nunc misera in mœrore est.

PAMPHILUS.
Mysis.
Per omnes tibi adjuro deos, nunquam eam me deserturum.
Non, si capiundos mihi sciam esse inimicos omnes homines.
Hanc mihi expetivi, contigit: conveniunt mores: valeant,
Qui inter nos discidium volunt: hanc, nisi mors, mi adimet nemo.

MYSIS.
15 Resipisco.

PAMPHILUS.
non Apollinis magi' verum, atque hoc, responsum est.
Si poterit fieri, ut ne pater per me stetisse credat
Quo minus hæ fierent nuptiæ, volo. sed, si id non poterit,
Id faciam in proclivi quod est, per me stetisse ut credat.
Quis videor?

CHARINUS.
miser æque atque ego.

DAVUS.
consilium quæro.

CHARINUS.
At tu fortis es.

L'ANDRIENE.

DAVUS.

Courage, aigrissez-le encore, il n'est pas déja assez en colere sans cela.

MYSIS.

Il est vray, *elle a appris ce mariage*, & elle en est dans un extrême abattement.

PAMPHILE.

Mysis, je te jure par les Dieux que je ne l'abandonneray de ma vie, non pas mesme quand je devrois m'attirer la haine de tous les hommes du monde ; j'ay souhaité d'en estre aimé, mes souhaits ont esté accomplis, nos humeurs conviennent, que tous ceux donc qui veulent nous separer s'en aillent bien loin; il n'y a que la mort qui puisse me la ravir.

MYSIS.

Je commence à respirer.

PAMPHILE.

Les oracles d'Apollon ne sont pas plus seurs ni plus veritables que ce que je te dis ; si je puis faire en sorte que mon pere ne croye point qu'il n'a tenu qu'à moy que je n'aye épousé la fille de Chremes, j'en seray bien aise; mais si je ne le puis, je luy laisseray croire que je ne l'ay pas voulu ; & je pense que je n'y auray pas de peine. Eh bien que dites-vous de moy ?

CARINUS.

Nous sommes tous deux également malmalheureux.

DAVUS.

Je cherche un expedient.

CARINUS.

Mais vous, Pamphile, vous avez plus de courage que moy.

PAMPHILUS.
20 Scio, quid conere.

DAVUS.
hoc ego tibi profecto effectum reddam.

PAMPHILUS.
Jam hoc opus est.

DAVUS.
quin jam habeo.

CHARINUS.
quid est?

DAVUS.
huic, non tibi, habeo, ne erres.

CHARINUS.
Sat habeo.

PAMPHILUS.
quid facies? cedo.

DAVUS.
dies hic mî ut sit satis, vereor;
Ad agendum; ne vacuum esse me nunc ad narrandum credas.
Proinde hinc vos amolimini: nam mî impedimento estis.

PAMPHILUS.
25 Ego hanc visam.

DAVUS.
quid tu? quo hinc te agis?

CHARINUS.
verum vis dicam?

DAVUS.
imo etiam:
Narrationis incipit mihi initium.

CHARINUS.
quid me fiet?

PAMPHILE.

Je n'ignore pas à quoy aboutira le bel expedient que tu cherches.

DAVUS.

Rien n'est plus vray, Monsieur, que je vais vous en trouver un.

PAMPHILE.

Mais il faut que ce soit tout à l'heure.

DAVUS.

Et bien tout à l'heure.

CARINUS.

Dy moy ce que c'est.

DAVUS.

Ne vous y trompez pas, ce que je cherche ne vous regarde point, c'est pour mon Maitre, & non pas pour vous.

CARINUS.

Cela me suffit.

PAMPHILE.

Dy moy ce que tu pretens faire.

DAVUS.

J'apprehende que le jour ne puisse me suffire pour faire ce que je medite ; vous imaginez-vous donc que j'aye le temps de vous le conter ? éloignez-vous seulement tous deux d'icy, vous m'embarassez.

PAMPHILE.

Je m'en vais voir Glycerion.

DAVUS.

Et vous, où allez-vous de ce pas ?

CARINUS.

Veux-tu que je te dise la verité ?

DAVUS.

Ha ma foy nous y voicy, il commence une histoire.

CARINUS.

Que deviendray-je ?

ANDRIA.

DAVUS.
Eho, impudens, non satis habes quod tibi dieculam addo.
30 Quantum huic promoveo nuptias?

CHARINUS.
Dave, attamen.

DAVUS.
quid ergo?

CHARINUS.
Ut ducam.

DAVUS.
ridiculum!

CHARINUS.
huc face ad me venias, si quid poteris.

DAVUS.
30 Quid veniam? nihil habeo.

CHARINUS.
attamen si quid.

DAVUS.
age, veniam.

CHARINUS.
si quid, Domi ero.

DAVUS.
Tu, Mysis, dum exeo, parumper opperire hic.

MYSIS.
Quapropter?

DAVUS.
ita facto est opus.

MYSIS.
matura.

DAVUS.
jam, inquam, hic adero.

L'ANDRIENE.

DAVUS.

Ho, ho, je vous trouve bien plaisant, est-ce donc qu'il ne vous suffit pas qu'en reculant ce mariage je vous donne du temps ?

CARINUS.

Mais enfin, mon pauvre Davus.

DAVUS.

Qu'y a-t-il donc ?

CARINUS.

Que je l'épouse.

DAVUS.

Le ridicule personnage !

CARINUS.

Vien me trouver, je te prie, si tu fais quelque chose.

DAVUS.

Et à quoy bon vous aller trouver ? je ne puis rien.

CARINUS.

Mais enfin si tu trouves quelque expedient.

DAVUS.

Allez, j'iray.

CARINUS.

Si tu as quelque chose à me dire, je seray au logis.

DAVUS.

Toy, Mysis, attens-moy un peu icy, je vais revenir.

MYSIS.

Pourquoy cela ?

DAVUS.

Parce qu'il le faut.

MYSIS.

Haste-toy.

DAVUS.

Je reviens, te dis-je.

ACTUS QUARTUS.
SCENA III.
MYSIS.

Nilne esse proprium cuiquam ? Dii, vostram
   fidem!
Summum bonum esse hera putabam hunc
   Pamphilum,
Amicum, amatorem, virum, in quovis loco
Paratum: verum ex eo nunc misera quem ca-
   pit
5 Dolorem! facile hic plus mali est, quam illic
   boni.
Sed Davus exit. Mi homo, quid idstuc obse-
   cro est?
Quo portas puerum? ———

ACTUS QUARTUS.
SCENA IV.
DAVUS. MYSIS.
DAVUS.

——— Mysis, nunc opus est tua
Mihi ad hanc rem exprompta memoria atque
   astutia.

ACTE QUATRIE'ME.
SCENE III.
MYSIS.

Est-il possible qu'il n'y ait aucun bon-heur qui soit durable ! ô Dieux ! je croyois que ce Pamphile estoit le plus grand bien qui pût arriver à ma Maistresse, je le regardois comme son ami, comme son amant, comme son mari, & je le croyois prest à prendre ses interests en toutes rencontres. Mais presentement combien de chagrins cause-t-il à cette pauvre femme ! en verité il lui donne aujourd'hui plus d'inquietude, qu'il ne lui a jamais donné de plaisir. Mais voila Davus qui sort, ah ! qu'est-ce donc, je te prie ? où portes-tu cet enfant ?

ACTE QUATRIE'ME.
SCENE IV.
MYSIS, DAVUS.
DAVUS.

MYsis, c'est à cette heure que ton adresse & ta presence d'esprit me sont necessaires, pour l'affaire que je viens d'imaginer.

ANDRIA.

MYSIS.
Quidnam incepturus?

DAVUS.
accipe à me hunc ocius,
Atque ante nostram januam appone.

MYSIS.
obsecro, Humine?

DAVUS
ex ara hinc sume verbenas tibi,
Atque eas substerne.

MYSIS.
quamobrem id tute non
facis?

DAVUS.
Quia, si forte opus ad herum jusjurandum
mihi
Non apposuisse, ut liquido possim.

MYSIS.
intellego.
Nova nunc religio in te isthac incessit, cedo.

DAVUS.
10 Move ocius te, ut, quid agam, porro intelle-
gas.
Prch. Jupiter!

MYSIS.
quid?

DAVUS.
sponsa pater intervenit:
Repudio consilium, quod primum intenderam.

MYSIS.
Nescio quid narres.

DAVUS.
ego quoque hinc ab dextera
Venire me adsimulabo. Tu, ut subservias
15 Orationi, utcunque opu' sit, verbis, vide.

L'ANDRIENE.
MYSIS.
Que veux-tu donc faire ?
DAVUS.
Tien, prends-moy bien vîte cet enfant, & le va mettre devant nostre porte.
MYSIS.
Quoy, à terre ?
DAVUS.
De l'Autel que voila, prens-en des herbes, & les mets sous lui.
MYSIS.
Pourquoy ne le fais-tu pas toy-mesme ?
DAVUS.
Afin que, si par hazard il arrive que je sois obligé de jurer à nostre bon-homme que ce n'est pas moy qui l'ai mis là, je le puisse faire en conscience.
MYSIS.
J'entens ; voila un nouveau scrupule. Donne cet enfant.
DAVUS.
Fay promptement ce que je te dis, afin qu'en suite tu saches ce que j'ai dessein de faire. Oh ! Jupiter ?
MYSIS.
Qu'y a-t-il ?
DAVUS.
Voici le pere de nostre accordée ; je quite le dessein que j'avois.
MYSIS.
Je ne sai ce que tu veux dire.
DAVUS.
Je m'en vais faire semblant que j'arrive aussi, & que je viens du costé droit, prens bien garde seulement d'aider à la lettre quand il sera necessaire, & de ne rien dire qui ne soit à propos.

M ij

ANDRIA.
MYSIS.

Ego, quid agas nihil intellego: sed, si quid est,
Quod mea opera opus sit vobis, aut tu plus vi-
des;
Manebo, ne quid vostrum remorer commodum.

ACTUS QUARTUS.

SCENA V.

CHREMES. MYSIS. DAVUS.

DAVUS.

Revertor, postquam, quæ opus fuere ad nuptias
Gnatæ paravi, ut jubeam arcessi. sed quid hoc?
Puer hercle est. mulier, tun' apposuisti hunc?
MYSIS.
ubi
Illic est?
CHREMES.
non mihi respondes?
MYSIS.
hem, nusquam est.
væ misera mihi,
Reliquit me homo, atque abiit.
DAVUS.
Di vostram fidem,
Quid turba est apud forum! quid illic hominum litigant!
Tum annona cara est. quid dicam aliud, nescio.

MYSIS.

Je ne te comprens point ; mais neantmoins s'il y a quelque chose en quoy je vous puisse estre utile, & où tu voyes plus clair que moy, je demeurerai, de peur qu'en m'en allant je n'apporte quelque obstacle à vos affaires.

ACTE QUATRIE'ME.

SCENE V.

CHREMES. DAVUS. MYSIS.

CHREMES.

Aprés avoir mis ordre à tout ce qui est necessaire pour les noces de ma fille, je reviens afin de faire venir les fiancez. Mais qu'est-ce que je voy ? c'est un enfant. Est-ce vous qui l'avez mis là ?

MYSIS.

Qu'est-il devenu ?

CHREMES.

Vous ne répondez point ?

MYSIS.

Je ne le voy nulle part. Que je suis malheureuse ! mon homme m'a quittée & s'en est allé.

DAVUS.

O bons Dieux ! quel desordre il y a à la place, que de gens qui s'y querellent ! tout y est d'une cherté horrible. Quelle autre chose pourrois-je dire ? je ne sai ma foi.

ANDRIA.

MYSIS.

Cur te obsecro hic me solam?

DAVUS.

hem, qua hæc est fabula?
Eho, Mysis, puer hic unde est? quisve huc attulit?

MYSIS.

10. Satin' sanus es, qui me id rogites?

DAVUS.

quem ego igitur rogem?
Qui hîc neminem alium video?

CHREMES.

miror unde sit.

DAVUS.

Dicturan' quod rogo?

MYSIS.

au!

DAVUS.

concede ad dexteram.

MYSIS.

Deliras; non tute ipse?

DAVUS.

verbum si mihi
Unum, præterquam quod te rogo, faxis, cave.

MYSIS.

15. Male dicis.

DAVUS.

unde est? dic clare.

MYSIS.

à vobis.

MYSIS.

Pourquoy, je te prie, m'as-tu laissée ici toute seule ?

DAVUS.

Ho, ho, quelle histoire est-ce donc que ceci ? dis-moy un peu, Mysis, d'où est cet enfant, & qui l'a apporté ici ?

MYSIS.

Es-tu en ton bon sens de me faire cette demande ?

DAVUS.

A qui la pourrois-je donc faire, puis que je ne voy ici que toy ?

CHREMES.

Je ne sai d'où il peut estre.

DAVUS.

Veux-tu me dire ce que je te demande.

MYSIS.

Ah !

DAVUS *bas*.

Mets-toy du costé droit.

MYSIS.

Tu es fou, n'est-ce pas toy-mesme qui l'as mis là ?

DAVUS.

Si tu me dis un seul mot que pour répondre à ce que je te demanderai.. prends-y garde.

MYSIS.

Tu me menaces ?

DAVUS.

D'où est donc cet enfant ? *bas*, dis-le sans mystere.

MYSIS.

De chez vous.

ANDRIA.
DAVUS.
ha, ha, ha.
Mirum vero, impudenter mulier si facit.
CHREMES.
Ab Andria est ancilla hac, quantum intellego.
DAVUS.
Adeon' videmur vobis esse idonei,
In quibus sic illudatis?
CHREMES
veni in tempore.
DAVUS.
20 Propera adeo puerum tollere hinc ab janua.
Mane: cave quoquam ex isthoc excessis loco.

MYSIS.
Dii te eradicent, ita me miseram territas.
DAVUS.
Tibi ego dico, an non?
MYSIS.
quid vis?
DAVUS.
at etiam rogas?
Cedo, cujum puerum hic apposuisti? dic mihi.
MYSIS.
25 Tu nescis?
DAVUS.
mitte id quod scio: dic quod rogo.
MYSIS.
Vestri.
DAVUS.
cujus Vestri?
DAVUS.

L'ANDRIENE.

DAVUS.
Ha, ha, ha! mais faut-il s'étonner qu'une femme soit impudente?

CHREMES.
Autant que je le puis comprendre, cette femme est de chez cette Andrienne.

DAVUS.
Nous jugez-vous si propres à estre vos dupes, que vous nous osiez joüer de cette maniere?

CHREMES.
Je suis venu ici bien à propos.

DAVUS.
En un mot, haste-toy viste de m'oster cet enfant de cette porte; *il dit ceci bas*; demeure; donne-toy bien garde de t'oster de la place où tu es.

MYSIS.
Que les Dieux t'abysment pour les frayeurs que tu me fais.

DAVUS.
Est-ce à toy que je parle, ou non?

MYSIS.
Que veux-tu?

DAVUS.
Quoy, tu me le demandes? dis-moy de qui est l'enfant que tu as mis là? parle.

MYSIS.
Est-ce que tu ne le sais-pas?

DAVUS.
Mon Dieu laisse là ce que je sai, & me dis ce que je te demande.

MYSIS.
Il est de vostre...

DAVUS.
De qui, de vostre?

I. Partie.

ANDRIA.

MYSIS.
Pamphili.

DAVUS.
hem, quid ? Pamphili ?

MYSIS.
Eho, an non est ?

CHREMES.
recte ego semper fugi has nuptias.

DAVUS.
O facinus animadvertendum !

MYSIS.
quid clamitas ?

DAVUS.
Quemne ego heri vidi ad vos adferri vesperi ?

MYSIS.
30 O hominem audacem !

DAVUS.
verum. vidi Cantharam
Subfarcinatam.

MYSIS.

Diis pol habeo gratias,
Cum in pariundo aliquot adfuerunt liberæ.

DAVUS.

Næ illa illum haud novit, cujus causa hac incipit.
Chremes, si positum puerum ante ædes viderit,
35 Suam gnatam non dabit. tanto hercle magis dabit.

CHREMES.
Non hercle faciet.

MYSIS.
De vostre Pamphile.
DAVUS.
Comment ? de Pamphile ?
MYSIS.
Ho, ho ; est-ce que cela n'est pas vray ?
CHREMES.
C'est avec raison que j'ai toûjours eu de la repugnance pour ce mariage.
DAVUS.
Oh, quelle effronterie punissable !
MYSIS.
Pourquoy cries-tu si fort ?
DAVUS.
Est-ce que je ne vis pas hier au soir porter cet enfant chez vous ?
MYSIS.
Voila un imposteur bien hardi !
DAVUS.
Rien n'est plus vrai, je vis hier Canthara qui entroit chez vous avec un gros paquet sous sa robe.
MYSIS.
En verité je rends graces aux Dieux, de ce que lors que ma Maistresse est accouchée, quelques femmes dignes de foy étoient presentes.
DAVUS.
En bonne foy, elle ne connoist guere l'homme pour qui elle joüe tous ces tours ; car voici ce qu'elle s'est imaginée, si Chremes peut voir un enfant exposé devant la porte de Pamphile, il ne lui donnera jamais sa fille ; elle se trompe fort, c'est pour cela qu'il la lui donnera encore plûtost.
CHREMES.
Il n'en fera rien, je t'en réponds.

ANDRIA.

DAVUS.

Nunc adeo, ut tu sis sciens,
Ni puerum tollis, jamjam ego hunc mediam
  in viam
Provolvam, teque ibidem pervolvam in luto.

MYSIS.

Tu pol, homo, non es sobrius

DAVUS.

fallacia
40 Alia aliam trudit. jam susurrari audio,
Civem Atticam esse hanc.

CHREMES.

hem!

DAVUS.

coactus legibus
Eam uxorem ducet.

MYSIS.

au! obsecro, an non civis est?

CHREMES.

Jocularium in malum insciens pene incidi.

DAVUS.

Quis hic loquitur?
ô Chreme, per tempus advenis:
45 Ausculta.

CHREMES.

Audivi jam omnia.

DAVUS.

anne tu omnia?

CHREMES.

Audivi, inquam, à principio.

DAVUS.

audistin', obsecro? hem
Scelera: hanc jam oportet in cruciatum hinc
  abripi.

L'ANDRIENE.
DAVUS.

Sans tant de discours, afin que tu le saches, si tu n'ôtes tout à l'heure cet enfant de devant chez nous, je vais le rouler au beau milieu de la ruë, & je te jetterai toi-même dans le ruisseau.

MYSIS.

Il faut que tu sois yvre, en verité.

DAVUS.

Une friponnerie en attire toûjours une autre, & déja j'entends dire à l'oreille que cette creature est Citoyenne d'Athenes.

CHREMES.

Ho, Ho!

DAVUS.

Et que selon les Loix Pamphile sera contraint de l'épouser.

MYSIS.

Quoy donc, est-ce que cela n'est pas vray?

CHREMES.

Sans le savoir je suis presque tombé dans un embarras qui auroit fait rire la Ville.

DAVUS.

Qui parle icy? ha, Monsieur, vous venés bien à propos, écoutés, s'il vous plaît.

CHREMES.

J'ay tout entendu.

DAVUS.

Quoy, vous avés tout entendu?

CHREMES.

Oüi, te dis-je, j'ay tout entendu d'un bout à l'autre.

DAVUS.

Vous avés entendu! voyés cette coquine, il faut la prendre tout presentement & lui faire donner le foüet. Ne t'imagine pas que

ANDRIA.

Hic ille est, non te credas Davum ludere.

MYSIS.

Me miseram! nihil pol falsi dixi, mi senex.

CHREMES.

50 *Novi rem omnem. sed est Simo intus?*

DAVUS.
intus est.

ACTUS QUARTUS.
SCENA VI.
MYSIS. DAVUS.

MYSIS.
Ne me attingas, scelesste. si pol Glycerio non
    omnia hæc.
DAVUS.
Eho inepta, nescis quid sit actum.
MYSIS.
                    qui sciam?
DAVUS.

Hic socer est. alio pacto haud poterat fieri
Ut sciret hæc, quæ volumus.

MYSIS.
hem, prædiceres.
DAVUS.
55 *Paulum interesse censes, ex animo omnia,*
Ut fert natura, facias, an de industria?

ce soit Davus que tu joües, c'est Monsieur que voila.
MYSIS.
Que je suis malheureuse ! en verité, Monsieur, je n'ai point menti en tout ce que j'ai dit.
CHREMES.
Je voy bien de quoy il est question. Mais Simon est-il au logis ?
DAVUS.
Oüi, Monsieur.

ACTE QUATRIE'ME.
SCENE VI.
MYSIS. DAVUS.

MYSIS. *Davus reste seul avec elle, & il veut la toucher.*

NE me touche pas scelerat: si je ne dis à Glycerion tout ce que tu viens de faire...
DAVUS.
Ho, sote que tu es, tu ne sais pas ce que nous avons fait.
MYSIS.
Comment le saurois-je ?
DAVUS.
C'est-là nostre beau-pere, nous ne pouvions autrement lui faire savoir ce que nous voulions.
MYSIS.
Au moins devois-tu m'en avertir.
DAVUS.
Oh, penses-tu qu'il y ait peu de difference des choses que l'on fait naturellement, & sur le champ, à celles que l'on a premeditées, & où l'on agit de concert ?

ACTUS QUARTUS.
SCENA VII.
CRITO. MYSIS. DAVUS.

CRITO.

IN hac habitasse platea dictum est Chrysidem,
Quæ se inhoneste optavit parere divitias
Potius quam in patria honeste paupera vivere:
Ejus morte ea ad me, lege, redierunt bona.
5 Sed quos perconter, video. salvete.

MYSIS.
                        obsecro,
Quem video? est ne hic Crito, sobrinus Chry-
   sidis?
Is est.

CRITO.
ô Mysis salve.
MYSIS.
                 salvos sis, Crito.

CRITO.
Itan' Chrysis? hem
MYSIS.
              nos quidem pol miseras
perdidit.
CRITO.
Quid vos? quo pacto hic? sati' ne recte?

ACTE QUATRIEME.
SCENE VII.
CRITON. MYSIS. DAVUS.

CRITON.

L'On m'a dit que c'eſt dans cette place que demeuroit Chryſis, qui aima mieux venir ici amaſſer du bien par des voyes deshonneſtes, que de vivre dans ſa patrie avec une honneſte pauvreté. Par ſa mort tout ſon bien me doit revenir ſelon les Loix. Mais je voy des gens à qui je puis m'informer de ce que je cherche. Bon jour.

MYSIS.

Qui eſt celui que je vois-là ? Seroit-ce Criton le couſin de Chryſis ? C'eſt lui-meſme.

CRITON.

Oh, Myſis, bon jour.

MYSIS.

Bon jour, Criton.

CHRITON.

Eh bien, la pauvre Chryſis eſt donc morte? Helas.

MYSIS.

Oüi, elle nous a abandonnez.

CRITON.

Et vous autres, comment vivez-vous ? eſtes-vous un peu bien ?

ANDRIA.

MYSIS.

nosne? sic
10 Ut quimus, aiunt; quando, ut volumus, non licet.

CRITO.

Quid Glycerium? jam hic suos parentes repperit?

MYSIS.

Utinam!

CRITO.

an nondum etiam? haud auspicato huc me appuli:
Nam pol, si id scissem, nunquam huc tetulissem pedem:
Semper enim dicta est ejus haec atque habita est soror:
15 Qua illius fuerunt, possidet; nunc me hospitem
Lites sequi, quam hic mihi sit facile atque utile,
Aliorum exempla commonent, simul arbitror,
Jam esse aliquem amicum & defensorem ei: nam fere
Grandiuscula jam profecta est illinc. clamitent,
Me sycophantam hæreditatem persequi,
Mendicum. tum ipsam despoliare non libet.

MYSIS.

O optume hospes! pol, Crito, antiquum obtines.

L'ANDRIENE.

MYSIS.

Qui nous? helas, nous vivons comme nous pouvons, puis qu'il ne nous est pas permis de vivre comme nous voudrions.

CRITON.

Et Glycerion? a-t-elle enfin trouvé ses parens?

MYSIS.

Plust à Dieu!

CRITON.

Elle ne les a pas encore trouvez? Je viens donc ici fort mal à propos. En verité si je l'avois sû, je n'y aurois jamais mis le pié. Car elle a toûjours passé pour la Sœur de Chrysis, & sans doute qu'elle possede tout ce qu'a laissé cette pauvre fille. Presentement qu'un Etranger comme moy aille entreprendre des procez, les exemples des autres me font voir combien cela seroit difficile & le peu de profit qui m'en reviendroit. D'ailleurs, je m'imagine qu'elle a quelque ami qui prendroit ses interests; car elle commençoit déja à estre assez grande, quand elle partit de chez nous; on ne manqueroit jamais de dire que je suis un imposteur, un gueux, qui fais mestier de poursuivre des successions De plus, je ne saurois me resoudre à la dépoüiller.

MYSIS.

Que vous avez d'honnesteté! En verité, Criton, vous estes toûjours le mesme.

CRITO.

Duc me ad eam, quando huc veni, ut videam.

MYSIS.

maxume.

DAVUS.

Sequar hos: nolo me in tempore hoc videat senex.

CRITON.

Menez-moy à elle, que je la voye, puis que je suis ici.

MYSIS.

Tres-volontiers.

DAVUS.

Je vais les fuivre, car je ne veux pas que noſtre bon-homme me voye dans toutes ces conjonctures.

ACTUS QUINTUS.
SCENA I.

CHREMES, SIMO.

CHREMES.

Sat' jam, sati', Simo, spectata erga te amicitia est mea:
Sati' pericli cœpi adire: orandi jam finem face.
Dum studeo obsequi tibi, pene illusi vitam filiæ.

SIMO.

Imo enim quammaxume abs te postulo atque oro, Chreme,
5 Ut beneficium, verbis initum dudum, nunc re comprobes.

CHREMES.

Vide, quam iniquus sis præ studio. dum efficias id quod cupis,
Neque modum benignitatis, neque quid me ores, cogitas.
Nam si cogites, remittas jam me onerare injuriis.

SIMO.

Quibus?

ACTE CINQUIE'ME.

SCENE I.

CHREMES, SIMON.

CHREMES.

C'Est assez, mon cher Simon, c'est assez avoir éprouvé mon amitié; pour l'amour de vous j'ay couru un assez grand peril; en voulant vous satisfaire, j'ay pensé perdre tout le repos de ma fille; cessez enfin de me prier.

SIMON.

Au contraire, Chremes, je vous demande avec plus d'empressement que je n'ay jamais fait, & je vous conjure d'effectuer presentement la grace que vous m'avez tantost promise.

CHREMES.

Voyez combien la passion que vous avez de venir à bout de ce que vous desirez, vous aveugle; vous ne pensez ni aux bornes que doit avoir la complaisance de vostre amy; ni à la priere que vous luy faites : car si vous y pensiez, vous cesseriez assurément de vouloir m'engager à des choses si injustes.

SIMON.

A quelles choses si injustes?

ANDRIA.

CHREMES.

ab rogitas? perpulisti me, ut adolescentulo,
20 *In alio occupato amore, abhorrenti ab re uxoria,*
Filiam darem in seditionem, atque incertas nuptias;
Ejus labore atque ejus dolore gnato ut medicarer tuo.
Impetrasti: incepi, dum res retulit: nunc non fert: feras.
Illam hinc civem esse aiunt: puer est natus: nos missos face.

SIMO.

25 *Per ego te deos oro, ut ne illis animum inducas credere,*
Quibus id maxume utile est illum esse quam deterrimum.
Nuptiarum gratia hac sunt ficta atque incepta omnia.
Ubi ea causa, quamobrem hac faciunt, erit adempta his, desinent.

CHREMES.

Erras. cum Davo egomet vidi jurgantem ancillam,

SIMO.
scio.
CHREMES.
       at
20 *Vero voltu; cum, ibi me adesse, neuter dum præsenserat.*

       CHREMES.

CHREMES.

Ah, pouvez-vous me faire cette demande ? Vous m'aviez enfin fait resoudre à donner ma fille à un jeune homme engagé dans une autre amour, & qui abhorre le mariage : c'est à dire à l'exposer à des querelles continuelles, & à la mettre avec un mary qu'elle seroit obligée de quitter dans quatre jours. Vous vouliez qu'aux dépens de son repos je remediasse au desordre de vostre fils ; vous l'aviez obtenu, j'avois commencé à donner les ordres necessaires pour ce mariage, pendant que je croyois le pouvoir faire : presentement je voy que je ne le puis plus ; vous devez vous conformer au temps. On dit que la Maistresse de vostre fils est citoyenne d'Athenes ; il y en a un enfant, ne pensez plus à nous.

SIMON.

Je vous conjure au nom des Dieux, de ne rien croire de tout ce que disent ces creatures à qui il est avantageux que mon fils ne revienne jamais de ses debauches ; tout ce que vous venez de me dire est inventé pour rompre ce mariage, & si-tost que la cause, pour laquelle elles joüent tous ces tours, leur sera ostée, vous verrez qu'elles cesseront.

CHREMES.

Vous vous trompez ; je viens de voir moy-mesme la Servante qui se querelloit avec Davus.

SIMON.

Chansons.

CHREMES.

Point tant chansons, il ne faloit que voir leur visage, c'estoit tout de bon, & dans un temps que ni l'un ni l'autre ne savoit que je fusse present.

Tome I.

SIMO.

Credo: & id facturas Davus dudum prædixit mihi:
Et nescio quid tibi sum oblitus hodie, ac volui dicere.

ACTUS QUINTUS.

SCENA II.

DAVUS, CHREMES, SIMO, DROMO.

DAVUS.

Animo jam nunc otioso esse impero.

CHREMES.

hem Davum tibi

SIMO.

Unde egreditur?

DAVUS.

meo præsidio, atque hospitis.

SIMO.

quid illud mali est?

DAVUS.

Ego commodiorem hominem, adventum, tempus non vidi.

SIMO.

scelus!
Quemnam hic laudat?

DAVUS.

omnis res est jam in vado.

SIMON.

Je le croy, Davus m'a tantost averti qu'elles devoient joüer ce stratagême, je voulois vous le dire, & je ne say comment je l'ay oublié.

ACTE CINQUIE'ME.
SCENE II.
DAVUS, CHREMES, SIMON, DROMON.

DAVUS.

J'Ordonne que presentement on soit tranquile.
CHREMES.
Ha, tenez, voila Davus.
SIMON.
D'où sort ce coquin ?
DAVUS.
Et que l'on se repose sur moy & sur cet Etranger.
SIMON.
Quel nouveau paquet est-ce que cecy ?
DAVUS.
Je n'ay de ma vie vû un homme arriver si à propos, ni dans une conjoncture si pressante.
SIMON.
Le scelerat ! de qui parle-t-il ?

DAVUS.
Nos affaires sont presentement en bon état,

SIMO.
cesso alloqui?

DAVUS.
Herus est : quid agam?

SIMO.
ô salve, bone vir,

DAVUS.
hem Simo, ô noster Chremes,
Omnia apparata jam sunt intus.

SIMO.
curasti probe.

DAVUS.
Ubi voles, arcesse.

SIMO.
bene sane, id enimvero hinc
nunc abest.
Etiam tu hoc respondes? quid isthic tibi negoti
est?

DAVUS.
mihin?

SIMO.
ita.

DAVUS.
Mihine?

SIMO.
tibi ergo.

DAVUS.
modo introii.

SIMO.
quasi ego, Quam
dudum id rogem.

DAVUS.
Cum tuo gnato unà.

SIMON.

Pourquoy differer de luy parler?

DAVUS.

Voilà mon Maiſtre, que feray-je?

SIMON.

Bon jour, l'honneſte homme.

DAVUS.

Ha, Monſieur, vous voila, & vous auſſi noſtre cher Chremes; tout eſt déja preſt chez nous.

SIMON.

Tu en as pris grand ſoin.

DAVUS.

Vous pouvez faire venir les Fiancez quand il vous plaira.

SIMON.

Fort bien, il ne nous manque plus que cela. Mais pourras-tu répondre à ce que je veux te demander? Quelle affaire as-tu là dedans?

DAVUS.

Moy?

SIMON.

Ouy.

DAVUS.

Eſt-ce à moy que vous parlez?

SIMON.

A toy-meſme, puiſqu'il faut te le dire tant de fois.

DAVUS.

Il n'y a qu'un moment que j'y ſuis entré.

SIMON.

Comme ſi je luy demandois combien il y a de temps!

DAVUS.

Avec voſtre fils.

O iij

ANDRIA.
SIMO.
anne est intus Pamphilus? cru-
cior miser.
Eho, non tu dixti esse inter eos inimicitias, carnufex?
DAVUS.
Sunt.
SIMO.
cur igitur hîc est?
CHREMES.
quid illum censes? cum illa li-
tigat.
DAVUS.
Imo vero indignum, Chreme, jam facinus
faxo ex me audias.
15 Nescioqui senex modo venit: ellum, confidens,
catus:
Cum faciem videas, videtur esse quantivis
preti:
Tristis severitas inest in voltu, atque in verbis
fides.
SIMO.
Quidnam adportas?
DAVUS.
nil equidem, nisi quod illum audivi
dicere.
SIMO.
Quid ait tandem?
DAVUS.
Glycerium se scire civem esse
hanc Atticam.
SIMO.
20 Hem Dromo, Dromo.
DAVUS.
quid est?
SIMO.
Dromo.

SIMON.

Eſt-ce donc que mon fils eſt là-dedans? Je ſuis au deſeſpoir. Eh quoy, maraud, ne m'avois-tu pas dit qu'ils eſtoient broüillez?

DAVUS.

Cela eſt vray auſſi.

SIMON.

D'où vient donc qu'il y eſt?

CHREMES.

Que penſez-vous qu'il y faſſe? Il la querelle.

DAVUS.

Oh il y a bien d'autres nouvelles, Chremes; je vais vous dire une inſolence inſupportable; il vient d'arriver je ne ſay quel vieillard, ſi vous le voyez, il eſt ferme & aſſuré, il a tout l'air d'un homme d'eſprit; & à voir ſa phiſionomie, vous le prendriez pour un homme d'importance. Son viſage eſt grave & ſevere, & dans tout ce qu'il dit il paroiſt de la candeur & de la bonne foy.

SIMON.

En voicy d'une autre. Que viens-tu nous conter?

DAVUS.

Rien en verité, que ce que je luy ay oüi dire.

SIMON.

Que dit-il enfin?

DAVUS.

Il dit qu'il ſait tres-bien que Glycerion eſt citoyenne d'Athenes.

SIMON.

Hola Dromon, Dromon.

DAVUS.

Qu'y a-t-il donc?

SIMON.

Dromon.

ANDRIA.
DAVUS.
audi.

SIMO:
verbum si addide-
ris. Dromo:

DAVUS.
Audi, obsecro.

DROMO:
quid vis?

SIMO:
sublimem hunc intro rape,
quantum potes

DROMO:
Quem?

SIMO:
Davom.

DAVUS.
quamobrem?

SIMO:
quia lubet. rape, inquam.

DAVUS. -
quid feci?

SIMO.
rape.

DAVUS:
Si quidquam mentitum invenies, occidito.

SIMO.
nihil audio.
Ego jam te commotum reddam.

DAVUS.
tamen etsi hoc verum est.

SIMO:
tamen.
25 Cura adservandum vinctum: atque audin'?
quadrupedem constringito.
Age, nunc jam ego pol hodie, si vivo, tibi

DAVUS.

L'ANDRIENE.
DAVUS.
Ecoutez-moy, s'il vous plaist.
SIMON.
Si tu dis encore un seul mot... Dromon.
DAVUS.
Ecoutez, je vous prie.
DROMON.
Que vous plaist-il ?
SIMON.
Enleve-moy ce coquin-là au plus viste, & me l'emporte au logis.
DROMON.
Qui, Monsieur ?
SIMON.
Davus.
DAVUS.
Eh pourquoy ?
SIMON.
Parce qu'il me plaist. Pren-le, te dis-je.
DAVUS.
Qu'ay-je fait ?
SIMON.
Pren-le.
DAVUS.
Si vous trouvez que j'aye menti en quelque chose, tuez-moy.
SIMON.
Je ne veux rien entendre, je vais te faire étriller comme il faut.
DAVUS.
Cependant tout ce que je viens de dire est vray.
SIMON.
Cependant, Dromon, aye soin de le bien lier, & de le garder ; écoute, lie luy les pieds & les mains ensemble comme à une beste. Va

Oftendam, herum quid fit pericli fallere,
Illi, patrem.

CHREMES.
ah, ne fævi tantopere.

SIMO.
Chreme,
Pietatem gnati! nonne te miferet mei,
30 *Tantum laborem capere ob talem filium?*
Age, Pamphile; exi, Pamphile: ecquid te
pudet?

ACTUS QUINTUS.
SCENA III.

PAMPHILUS, SIMO, CHREMES.

PAMPHILUS.

Quis *me volt? perii, pater eft.*
SIMO
quid ais, omnium...?
CHREMES.
ah,
Rem potius ipfam dic, ac mitte male loqui.

SIMO.
Quafi quidquam in hunc jam gravius dici
poffiet.
Ain' tandem, civis Glycerium eft?

PAMPHILUS.
ita prædicant.

L'ANDRIENE.

si je vis je te feray voir dans peu combien il y a de peril à tromper son Maistre ; & à cet honneste homme qui est là dedans, je luy montreray ce que c'est que de joüer son pere.

CHREMES.

Ha, ne vous emportez pas tant.

SIMON.

Ah, Chremes, est-ce là le respect qu'un fils doit avoir pour son pere ? Ne vous fais-je point de compassion ? Faut-il que je prenne tant de peine pour un tel fils ? Hola Pamphile, sortez, Pamphile, n'avez-vous point de honte?

ACTE CINQUIE'ME.

SCENE III.

PAMPHILE, SIMON, CHREMES.

PAMPHILE.

Qui m'appelle ? Je suis perdu, c'est mon pere.

SIMON.

Que dis-tu, le plus...?

CHREMES.

Ah, dites-luy plûtost ce que vous avez à luy dire, & sans injures.

SIMON.

Comme si, aprés ce qu'il a fait, l'on pouvoit luy dire rien de trop fort. Eh bien enfin Glycerion est donc citoyenne d'Athenes ?

PAMPHILE.

On le dit.

SIMO.

5 *Ita prædicant? ingentem confidentiam!*
Num cogitat quid dicat? num facti piget?
Num ejus color pudoris signum usquam indi-
   cat?
Adeon' impotenti esse animo, ut præter civium
   Morem, atque legem, & sui voluntatem pa-
   tris,
10 *Tamen hanc habere cupiat cum summo pro-*
   bro?

PAMPHILUS.

Me miserum!

SIMO.

         modone id demum sensti, Pamphile?
Olim isthuc, olim, cum ita animum induxti
   tuum,
Quod cuperes, aliquo pacto efficiundum tibi:
Eodem die isthuc verbum vere in te accidit.
15 *Sed quid ago? cur me excrucio? cur me ma-*
   cero?
Cur meam senectam hujus solicito amentia?
   an
Pro hujus ego ut peccatis supplicium suffe-
   ram?
Imo habeat, valeat, vivat cum illa.

PAMPHILUS.

                              mi pater.

SIMO.

Quid, Mi pater? quasi tu hujus indigeas
   patris.
20 *Domus, uxor, liberi inventi invito patre:*
Adducti qui illam civem hinc dicant. victo-
   ris.

PAMPHILUS.

Pater, licetne pauca?

SIMON.

On le dit ? Quelle impudence : Songe-t-il à ce qu'il dit ? A-t-il quelque déplaisir de ce qu'il a fait ? Voit-on sur son visage la moindre marque de honte & de repentir ? Peut-on estre d'un esprit assez dereglé, pour vouloir contre la coûtume, contre les loix de son païs, & contre la volonté de son pere, se marier honteusement avec une Etrangere ?

PAMPHILE.

Que je suis malheureux !

SIMON.

Est-ce d'aujourd'huy seulement que vous vous en apercevez ? vous deviez, vous deviez vous en apercevoir dés le moment que vous vous mistes en teste de satisfaire vostre passion à quelque prix que ce fust : dés ce jour là vous pûtes dire veritablement que vous estiez malheureux. Mais que fais-je ? à quoy bon me ronger l'esprit ? pourquoy me tourmenter ? pourquoy me chagriner dans ma vieillesse pour sa sotise ? Est-ce moy qui dois porter la peine de ses fautes ? qu'il la prenne, qu'il s'aille promener, qu'il passe sa vie avec elle.

PAMPHILE.

Mon pere.

SIMON.

Quoy, mon pere ? comme si vous aviez besoin de ce pere : vous avez trouvé une maison, une femme, des enfans, & tout cela contre la volonté de ce pere. L'on a amené icy des gens pour assurer que cette creature est citoyenne d'Athenes. Vostre cause est gagnée, je ne m'y oppose point.

PAMPHILE.

Mon pere, voulez-vous me permettre de vous dire deux mots ?

SIMO.
quid dices mihi?

CHREMES.
Tamen, Simo, audi.
SIMO.
ego audiam? quid audiam,
Chreme?
CHREMES.
attamen dicat sine.
SIMO.
age dicat, sino.
PAMPHILUS.
25 Ego me amare hanc fateor: si id peccare est,
fateor id quoque.
Tibi, pater, me dedo. quidvis oneris impone,
impera.
Vis me uxorem ducere? hanc amittere? ut
potero, feram.
Hoc modò te obsecro, ut ne credas à me allegatum hunc senem.
Sine me expurgem, atque illum huc coram
adducam.
SIMO.
adducas?
PAMPHILUS.
sine, pater.
CHREMES.
30 Æquum postulat: da veniam.
PAMPHILUS.
sine te hoc exorem.
SIMO.
sino.
Quidvis cupio, dum ne ab hoc me falli comperiar, Chreme.

SIMON.
Que me direz-vous ?

CHREMES.
Mais encore, Simon, faut-il l'écouter.

SIMON.
L'écouter ? qu'écouteray-je, Chremes ?

CHREMES.
Enfin permettez-luy de parler.

SIMON.
Et bien soit, qu'il parle.

PAMPHILE.
J'avoüe, mon pere, que j'aime Glycerion; si c'est un crime, j'avoüe encore que je suis coupable ; mais, mon pere, je viens me mettre entre vos mains, imposez-moy telle peine que vous voudrez, commandez-moy tout ce qu'il peut y avoir de plus rude. Voulez-vous m'arracher de la personne que j'aime, & me marier à une autre ? je le supporteray comme je pourray ; je vous prie seulement de ne pas croire que j'aye aposté ce Vieillard, & de permettre que je l'amene icy devant vous.

SIMON.
Que tu l'amenes ?

PAMPHILE.
Souffrez-le, je vous prie, mon pere.

CHREMES.
Ce qu'il demande est juste, permettez-le.

PAMPHILE.
Que j'obtienne cette grace de vous.

SIMON.
Soit, je souffriray tout ce qu'il voudra, Chremes, pourvû que je ne découvre point qu'il me trompe.

CHREMES.

Pro peccato magno paululum supplicii satis est patri.

ACTUS QUINTUS.
SCENA IV.
CRITO, CHREMES, SIMO, PAMPHILUS.

CRITO.

*Mitte orare, una harum quævis causa me,
 ut faciam, monet,
Vel tu, vel quod verum est, vel quod ipsi cupio Glycerio.*

CHREMES.

*Andrium ego Critonem video? & certe is est.
salvos sis, Crito.
Quid tu Athenas insolens?*

CRITO.

 evenit. sed hiccine est Simo?

CHREMES.

Hic est.

SIMO.

mene quærit? Eho, tu Glycerium hinc civem esse ais?

CRITO.

Tu negas?

L'ANDRIENE.
CHREMES.

Quelque grandes que soient les fautes d'un fils, une legere punition suffit toûjours à un pere.

ACTE CINQUIE'ME.

SCENE IV.

CRITON, CHREMES, SIMON, PAMPHILE.

CRITON.

CEssez de me prier, pour m'obliger a le faire, une de ces trois raisons suffit ; la part que vous y prenez, la verité, *que l'on est toûjours obligé de dire*, & le bien que je souhaite à Glycerion.

CHREMES.

Est-ce Criton de l'Isle d'Andros, que je voy? C'est luy-mesme assurément. Vous soyez le bien venu, Criton, quelle merveille de vous voir à Athenes! qu'y venez-vous faire?

CRITON.

Cela s'est rencontré ainsi. Mais est-ce là Simon?

CHREMES.

Ouy.

SIMON.

Me cherche-t-il? Ho, ho, vous dites donc que Glycerion est citoyenne de cette Ville?

CRITON.

Et vous, dites-vous que cela n'est pas?

SIMO
Itane huc paratus advenis?
CRITO
quare?
SIMO
rogas?
Tune impune hæc facias? tune hic homines adolescentulos
Imperitos rerum, eductos libere, in fraudem
Solicitando, & pollicitando eorum animos la-
ctas?

illicis?

CRITO
sansi'n'es?

SIMO
10 At meretricios amores nuptiis conglutinas?

PAMPHILUS
Perii: metuo ut substet hospes.

CHREMES
si, Simo, hunc norîs
satis,
Non ita arbitrere. bonus hic est vir.

SIMO
hic vir sit bonus?
Itane adtemperate venit hodie in ipsis nuptiis,
Ut veniret antehac nunquam? est vero huic
credendum, Chreme?

PAMPHILUS
15 Ni metuam patrem, habeo pro illa re illum
quod moneam probe.

L'ANDRIENE.
SIMON.
Venez-vous donc si bien preparé ?
CRITON.
Sur quoy preparé ?
SIMON.
Osez-vous me demander sur quoy ? croyez-vous que vous me ferez ce tour impunément? Vous viendrez icy faire tomber dans le piege de jeunes gens bien élevez, & sans experience ; vous viendrez par de beaux discours & par de belles promesses vous rendre maistre de leur esprit...
CRITON.
Estes-vous en vostre bon sens ?
SIMON.
Et affermir par un mariage legitime, des amours deshonnestes ?
PAMPHILE.
Je suis perdu ! j'apprehende que nostre Etranger ne puisse tenir contre tous ces outrages.

CHREMES.
Simon, si vous connoissiez bien Criton, vous n'auriez pas cette mauvaise opinion de luy, c'est un honneste homme.
SIMON.
Qu'il soit honneste homme tant que vous voudrez ; mais d'où vient qu'il arrive si à propos, & justement le jour que je veux marier mon fils ; & qu'auparavant il ne venoit jamais en cette Ville ? n'estes-vous point d'avis que nous ajoûtions foy à ce qu'il nous voudra conter ?
PAMPHILE.
Si je ne craignois point mon pere, j'aurois un fort bon avis à donner à Criton.

ANDRIA.
SIMO.
Sycophanta.

CRITO.
hem.

CHREMES.
sic Crito, est hic; mitte.

CRITO.
videat qui siet:
Si mihi pergit, quæ volt, dicere, ea, quæ non
   volt, audiet.
Ego istbæc moveo, aut curo, non tu tuum malum æquo animo feres?
Nam, ego quæ dico, vera, an falsa audieris,
   jam sciri potest.
20 Atticus quidam olim navi fracta ad Andrum
   ejectus est,
Et isthæc una parva virgo Tum ille egens forte applicat
Primum ad Chrysidis patrem se.

SIMO.
fabulam inceptat.

CHREMES.
sine.

CRITO.
Itane vero obturbat?

CHREMES.
perge
CRITO.
tum is mihi cognatus fuit.
Qui eum recepit. ibi ego audivi ex illo sese
   esse Atticum.
Is ibi mortuus est.

SIMON.
Cet imposteur !
CRITON.
Oh !
CHREMES.
Que cela ne-vous étonne pas, Criton, c'est là son humeur, n'y prenez pas garde.
CRITON.
Que ce soit son humeur tant qu'il voudra, mais s'il continuë à me dire tout ce qui luy plaist, je luy diray assurément des choses qui ne luy plairont pas. Je me soucie vraiment bien de tous vos démeslez, & j'y prens grand interest. Quoy, vous n'aurez pas la force de supporter patiemment les chagrins qui vous arrivent ? Car pour ce qui est de ce que je vous dis, il est aisé de savoir s'il est vray ou faux. Il y avoit un certain Athenien qui ayant fait naufrage il y a quelques années, fut jetté par la tempeste dans l'Isle d'Andros, & avec luy la fille dont il est question, qui n'estoit encore qu'une enfant. Le pere de Chrysis fut par hazard le premier chez qui aborda ce pauvre homme qui manquoit de tout.
SIMON.
Il nous commence un conte.
CHREMES.
Laissez-le parler.
CRITON.
Veut-il donc ainsi m'interrompre ?
CHREMES.
Continuez.
CRITON.
Ce pere de Chrysis, qui le receut estoit mon parent ; c'est chez ce parent que je luy ay ouï dire à luy-mesme qu'il estoit d'Athenes ; enfin il mourut dans cette maison.

ANDRIA.

CHREMES.
ejus nomen?

CRITO.
nomen tam cito tibi
Phania.

CHREMES.
hem, perii!

CRITO.
verum hercle, opinor fuisse
Phaniam.
Hoc certo scio, Ramnusium se aiebat esse.

CHREMES.
ô Jupiter!

CRITO.
Eadem hæc, Chreme, multi alii in Andro tum
audivere.

CHREMES.
utinam id fiet
Quod spero. ehó dic mihi, quid is eam tum,
Crito?
30 Suamne aiebat esse?

CRITO.
non.

CHREMES.
cujam igitur?

CRITO.
fratris filiam.

CHREMES.
Certe mea est.

CRITO.
quid ais?

SIMO.
quid tu? quid ais?

PAMPHILUS.
arrige aures, Pamphile.

SIMO.
Quî credis?

CHREMES.
Son nom, s'il vous plaiſt?
CRITON.
Son nom ſi promptement. ★ Pha... Phania.

★ *Il dit cela entre les dents.*

CHREMES.
Ah, que dit-il?
CRITON.
Ouy en verité, je penſe que c'eſt Phania, au moins ſuis-je tres-ſur qu'il ſe diſoit du Bourg de Ramnuſium.
CHREMES.
Oh, Jupiter!
CRITON.
Pluſieurs perſonnes d'Andros luy ont oüi dire comme moy ce que je vous dis.
CHREMES.
Les Dieux veüillent que ce ſoit ce que j'eſpere. Mais dites-moy, je vous prie, Criton, que diſoit-il de cette fille? diſoit-il qu'elle fuſt à luy?
CRITON.
Non.
CHREMES.
A qui donc?
CRITON.
A ſon frere.
CHREMES.
En verité c'eſt ma fille.
CRITON.
Que me dites-vous là?
SIMON.
Mais vous-meſme que voulez-vous dire?
PAMPHILE.
Eſcoute ce qu'on dit là, Pamphile.
SIMON.
Que croyez-vous de tout cela, Chremes?

CHREMES.
Phania ille, frater meus fuit.
SIMO.
noram, & scio.

CHREMES.

Is hinc bellum fugiens, meque in Asiam per-
sequens, proficiscitur.
Tum illam hic relinquere est veritus. postilla
nunc primum audio
35 *Quid illo sit factum.*
PAMPHILUS.
vix sum apud me, ita ani-
mus commotus est metu,
Spe, gaudio, mirando hoc tanto, tam repentino
bono.
SIMO.
Ne istam multimodis tuam inveniri gau-
deo.
PAMPHILUS.
credo, pater.
CHREMES.
At mihi unus scrupulus etiam restat, qui me
male habet.
PAMPHILUS.
dignus es.
Cum tua religione odio. nodum in scirpo quæ-
ris.
CRITO.
quid istud est?
CHREMES.
40 *Nomen non convenit.*
CRITO.
fuit hercle aliud huic parvæ.
CHRE-

CHREMES

Ce Phania estoit mon frere.

SIMON

Je le fay bien, je le connoissois.

CHREMES

Ce pauvre homme s'enfuyant d'icy à cause de la guerre, partit pour me venir trouver en Asie, où j'estois alors ; il n'osa laisser icy cette enfant, *il la prit avec luy*, & depuis ce temps-là, voila les premieres nouvelles que j'en apprens.

PAMPHILE

Je ne me connois pas, tant mon esprit est agité en mesme temps par la crainte, par la joye & par l'esperance, quand je considere ce bonheur si grand & si peu attendu.

SIMON

En verité, Chremes, je suis ravi par plus d'une raison, que Glycerion se trouve vôtre fille.

PAMPHILE

J'en suis persuadé, mon pere.

CHREMES

Mais, Criton, il me reste encore un scrupule qui me fait de la peine.

PAMPHILE

Vous meriteriez qu'on vous haïst avec vôtre scrupule ; c'est chercher des difficultez à plaisir.

CRITON

Qu'est-ce que c'est ?

CHREMES

Le nom que porte cette Fille ne convient pas.

CRITON

Il est vray, elle en avoit un autre lors qu'elle estoit enfant.

ANDRIA.
CHREMES.
quod, Crito?
Nunquid meministi?
CRITO.
id quæro.
PAMPHILUS.
egone hujus memo-
riam patiar meæ
Voluptati obstare, cum egomet possim in hac re
medicari mihi?
Non patiar. heus, Chreme, quod quæris, Pasibula est.
CRITO.
ipsa est.
CHREMES.
ea est.
PAMPHILUS.
Ex ipsa millies audivi.
SIMO.
omnes nos gaudere hoc
Chreme,
Te credo credere.
CHREMES.
ita me dii ament, credo.
PAMPHILUS.
quid restat, pater?
SIMO.
Jamdudum res reduxit me ipsa in gratiam.
PAMPHILUS.
ô lepidum patrem!
De uxore ita ut possedi, nihil mutat Chremes.
CHREMES.
causa optuma est.
Nisi quid pater aliud ait.

L'ANDRIENE.

CHREMES.

Quel est-il, Criton ? ne vous en souvenez-vous point ?

CRITON.

Je le cherche.

PAMPHILE.

Souffrirai-je que sa mauvaise memoire s'oppose à ma joye, pouvant y remedier, comme je le puis ? je ne le souffrirai point. Chremes, le nom que vous demandez, c'est Pasibula.

CRITON.

C'est lui-mesme.

CHREMES.

Le voila.

PAMPHILE.

Je lui ay oüi dire mille fois.

SIMON.

Chremes, vous estes sans doute bien persuadé, que nous avons tous bien de la joye du bon-heur qui vient de vous arriver.

CHREMES.

Oüi assurément.

PAMPHILE.

Aprés cela, mon pere, que reste-t-il ?

SIMON.

Mon fils, ce qui me mettoit tantost en colere contre vous, fait presentement vostre paix.

PAMPHILE.

L'agreable pere ! apparemment que Chremes ne change rien non plus à mon mariage, & qu'il me laisse possesseur de sa fille.

CHREMES.

Cela est tres-juste, à moins que vostre pere ne soit d'un autre avis.

Q ij

ANDRIA.
PAMPHILUS.
nempe.
SIMO.
scilicet.
CHREMES.
dos, Pamphile, est
Decem talenta.
PAMPHILUS.
accipio.
CHREMES.
propero ad filiam.
eho mecum, Crito:
Nam illam me haud nosse credo.

SIMO.
cur non illam huc transferri jubes?
PAMPHILUS.
Recte admones. Davo ego isthuc dedam jam negoti.
SIMO.
non potest.
PAMPHILUS.
Qui?
SIMO.
quia habet aliud magis ex sese, & majus.
PAMPHILUS.
quidnam?
SIMO.
vinctus est.
PAMPHILUS.
Pater, non recte vinctus est.
SIMO.
haud ita jussi.

L'ANDRIENE.
PAMPHILE.
Cela s'entend.

SIMON.
J'y donne les mains.

CHREMES.
Pamphile, ma fille aura pour dot dix talens.

PAMPHILE.
Cela est tres-bien.

CHREMES.
Je vais la voir tout à l'heure, allons, je vous prie, Criton, venez-y avec moy, car je croy qu'elle ne me connoistra pas.

SIMON.
Que ne la faites-vous porter chez nous ?

PAMPHILE.
Vous avez raison ; je vais tout presentement donner cet ordre-là à Davus.

SIMON.
Il n'est pas en estat de l'executer.

PAMPHILE.
Pourquoy, mon pere ?

SIMON.
Parce qu'il a des affaires de plus grande consequence pour lui, & qui le touchent de plus prés.

PAMPHILE.
Qu'est-ce donc ?

SIMON.
Il est lié.

PAMPHILE.
Ha, mon pere, cela n'est pas bien fait.

SIMON.
J'ai pourtant commandé qu'il fust fait comme il faut.

ANDRIA.
PAMPHILUS.
jube solvi, obsecro.
SIMO.
Age fiat.
PAMPHILUS.
at matura.
SIMO.
eo intro.
PAMPHILUS.
ó faustum & felicem hunc diem!

ACTUS QUINTUS.

SCENA V.

CARINUS, PAMPHILUS.

CHARINUS.

PRoviso, quid agat Pamphilus. atque eccum.

PAMPHILUS.

aliquis forsan me putet
Non hoc putare verum: at mihi nunc sic esse hoc verum lubet.
Ego vitam deorum propterea sempiternam esse arbitror,
Quod voluptates eorum propriæ sunt; nam mihi immortalitas
Parta est, si nulla huic ægritudo gaudio intercesserit.
Sed quem ego potissimum exoptem nunc mihi, cui hæc narrem, dari?

L'ANDRIENE.
PAMPHILE.
Je vous prie d'ordonner qu'on le délie.
SIMON.
Allons, je le veux.
PAMPHILE.
Mais tout à l'heure, s'il vous plaît.
SIMON.
Je m'en vais au logis, & je le ferai délier.
PAMPHILE.
O que ce jour m'est heureux !

ACTE CINQUIEME.

SCENE V.

CARINUS, PAMPHILE.

CARINUS.

JE viens voir ce que fait Pamphile ; mais le voila.

PAMPHILE.

L'on s'imaginera peut-estre que je ne crois pas ce que je vais dire ; mais on s'imaginera tout ce qu'on voudra, pour moy, je veux presentement estre persuadé que les Dieux ne sont immortels, que parce qu'ils ont des plaisirs qui n'ont point de fin ; & je suis sur aussi que je ne saurois manquer d'estre immortel comme eux, si aucun chagrin ne succede à cette joye : mais qui souhaiterois-je le plus de rencontrer à cette heure, pour lui conter le bonheur qui vient de m'arriver ?

ANDRIA.
CHARINUS.
Quid illuc gaudii est?
PAMPHILUS.
Davom video, nemo est,
quem mallem, omnium:
Nam hunc scio mea solide solum gavisurum
esse gaudia.

ACTUS QUINTUS.

SCENA VI.

DAVUS. PAMPHILUS. CHARINUS.

DAVUS.

Pamphilus ubinam hic est?
PAMPHILUS.
Dave.
DAVUS.
quis hom'st?
PAMPHILUS.
ego sum.
DAVUS.
ò Pamphile.
PAMPHILUS.
Nescis quid mihi obtigerit.
DAVUS.
certe: sed,
quid mihi obtigerit, scio.

PAMPHILUS.
Et quidem ego.

CAR.

CARINUS.

Quel sujet de joye a-t-il ?

PAMPHILE.

Ha je voy Davus, il n'y a personne dont la rencontre me soit plus agreable, car je suis persuadé que qui que ce soit ne ressentira ma joye si vivement que lui.

ACTE CINQUIE'ME.

SCENE VI.

DAVUS, CARINUS, PAMPHILE.

DAVUS.

Où peut-estre Pamphile ?

PAMPHILE.

Davus.

DAVUS.

Qui est-ce qui...

PAMPHILE.

C'est moy.

DAVUS.

Ha, Monsieur.

PAMPHILE.

Tu ne sais pas la bonne fortune qui m'est arrivée ?

DAVUS.

Non assurément, mais je sai tres-bien ce qui m'est arrivé depuis que je ne vous ay vû.

PAMPHILE.

Je le sai bien aussi.

ANDRIA.
DAVUS.
more hominum evenit,
ego ut quod sum nactus mali,
Prius resciseres tu, qu:m ego, tibi quod evenit boni.

PAMPHILUS.
5 Mea Glycerium suos parentes reperit.

DAVUS.
ô factum bene!

CHARINUS.
Hem.

PAMPHILUS.
pater amicus summus nobis.

DAVUS.
quis?

PAMPHILUS.
Chremes.

DAVUS.
narras probe.

PAMPHILUS.
Nec mora ulla est, quin jam uxorem ducam.

CHARINUS.
num ille somniat
Ea, qua vigilans voluit?

PAMPHILUS.
tum de puero, Dave?

DAVUS
ah desine:
Solus est, quem diligunt dii.

CHARINUS.
salvos sum, si hac vera sunt.
10 Conloquar.

PAMPHILUS.
quis homo est? Charine in tempore ipso mî advenis.

L'ANDRIENE.

DAVUS.

Cela arrive toûjours. Vous avez plûtoſt ſu mon infortune, que je n'ai appris vôtre bonheur.

PAMPHILE.

Ma Glycerion a retrouvé ſes parens.

DAVUS.

Que cela va bien !

CARINUS.

Oh !

PAMPHILE.

Son pere eſt un de nos meilleurs amis.

DAVUS.

Qui eſt-il ?

PAMPHILE.

Chremes.

DAVUS.

Que vous me réjoüiſſez !

PAMPHILE.

Rien ne s'oppoſe preſentement à mes deſirs.

CARINUS.

Il rêve ſans doute, & en dormant il croit avoir ce qu'il deſire quand il eſt éveillé.

PAMPHILE.

Et pour noſtre enfant, Davus ?

DAVUS.

Ne vous en mettez point en peine, les Dieux n'aiment que lui.

CARINUS.

Me voila bien, ſi ce qu'il dit eſt veritable, mais je vais lui parler.

PAMPHILE.

Qui eſt ici ? ha, Carinus, vous venez bien à propos.

ANDRIA.

DAVUS.
more hominum evenit,
ego ut quod sum nactus mali,
Prius resciceres tu, qu:m ego, tibi quod evenit boni.

PAMPHILUS.
5 Med Glycerium suos parentes reperit.

DAVUS.
ô factum bene!

CHARINUS.
Hem.

PAMPHILUS.
pater amicus summus nobis.

DAVUS.
quis?

PAMPHILUS.
Chremes.

DAVUS.
narras probe.

PAMPHILUS.
Nec mora ulla est, quin jam uxorem ducam.

CHARINUS.
num ille somniat
Ea, qua vigilans voluit?

PAMPHILUS.
tum de puero, Dave?

DAVUS.
ah desine:
Solus est, quem diligunt dii.

CHARINUS.
salvos sum, si hac vera sunt.
10 Conloquar.

PAMPHILUS.
quis homo est? Charine in tempore ipso mi advenis.

L'ANDRIENE.
DAVUS.
Cela arrive toûjours. Vous avez plûtoſt ſu mon infortune, que je n'ai appris vôtre bonheur.

PAMPHILE.
Ma Glycerion a retrouvé ſes parens.

DAVUS.
Que cela va bien !

CARINUS.
Oh !

PAMPHILE.
Son pere eſt un de nos meilleurs amis.

DAVUS.
Qui eſt-il ?

PAMPHILE.
Chremes.

DAVUS.
Que vous me réjoüiſſez !

PAMPHILE.
Rien ne s'oppoſe preſentement à mes deſirs.

CARINUS.
Il rêve ſans doute, & en dormant il croit avoir ce qu'il deſire quand il eſt éveillé.

PAMPHILE.
Et pour noſtre enfant, Davus ?

DAVUS.
Ne vous en mettez point en peine, les Dieux n'aiment que lui.

CARINUS.
Me voila bien, ſi ce qu'il dit eſt veritable, mais je vais lui parler.

PAMPHILE.
Qui eſt ici ? ha, Carinus, vous venez bien à propos.

CHARINUS.
Bene factum.

PAMPHILUS.
hem, audisti?

CHARINUS.
omnia : age,
me in tuis secundis respice.
Tuus est nunc Chremes. facturum, quæ voles,
scio, omnia.

PAMPHILUS.
Memini : atque adeo longum est, nos illum ex-
pectare, dum exeat.
Sequere hac me intus ad Glycerium nunc. tu
Dave, abi domum,
15 *Propere arcesse hinc qui auferant eam. quid*
stas? quid cessas?

DAVUS.
eo,
Ne expectetis dum exeant huc : intus despon-
debitur :
Intus transigetur, si quid est, quod restet. Plau-
dite.

Finis Andriæ.

CARINUS.

Je suis ravi de vostre bon-heur.

PAMPHILE.

Quoy ! avez-vous entendu ?

CARINUS.

J'ai tout entendu, presentement que vous estes heureux, ne m'oubliez pas, je vous en conjure. Chremes est deformais tout à vous, je suis persuadé qu'il fera ce que vous voudrez.

PAMPHILE.

C'est mon dessein, Carinus ; mais il seroit trop long d'attendre ici qu'il sortît de chez sa fille, venez avec moy l'y trouver. Et toy, Davus, cours au logis, & fais venir des gens pour porter Glycerion. Pourquoy donc t'arrestes-tu ? marche.

DAVUS.

J'y vais. Pour vous, Messieurs, n'attendez pas qu'ils sortent ; ils se mariront dans la maison, & s'il y a quelqu'autre chose à faire, elle s'y terminera aussi ; Adieu, Messieurs, battez des mains.

Fin de l'Andriene.

REMARQUES SUR L'ANDRIENE.

REMARQUES SUR LE TITRE.

Titre, ou Didascalie, *Titulus seu Didascalia.*] Ce que les Latins appelloient *Titre*, les Grecs l'appelloient *Didascalie*; c'est à dire *enseignement*, *instruction*. C'estoit autrefois la coûtume de mettre ces sortes de titres à la teste des Pieces de Theatre, comme nous l'apprenons des anciens Scholiastes Grecs; & cela estoit d'une fort grande utilité; car par là les Lecteurs apprenoient tout d'un coup dans quel temps, pour quelle occasion, & sous quels Magistrats ces pieces avoient esté jouées. Mais il faut se souvenir qu'on ne mettoit ce titre qu'aux Pieces qui avoient esté jouées pour celebrer quelque grande Feste, comme la Feste de Cerés, celle de Cybele, ou celle de Bacchus, &c. La raison de cela est, qu'il n'y avoit que ces Pieces qui fussent jouées par l'ordre des Magistrats. Il n'y avoit point de titre aux autres. Aujourd'huy il ne nous reste aucun *titre* entier d'aucune Piece ni Greque, ni Latine, non pas mesme ceux de ces Pieces de Terence: car on a oublié d'y marquer le prix, c'est à dire l'argent que les Ediles avoient payé à Terence pour chacune de ces Pieces. Et c'est ce qu'on avoit grand soin d'y mettre. On poussoit mesme cette exactitude si loin, qu'on y marquoit les honneurs qu'on avoit faits au Poëte, les bandeletes, les essences & les fleurs dont on l'avoit regalé. Mais cela ne se pratiquoit qu'en Grece, où la Comedie estoit un mestier honneste & fort estimé ; au lieu qu'à Rome ce n'estoit pas la mesme chose.

Cette Piece fut joüée pendant la Feste de Cybele.] *Acta ludis Megalensibus.* Cette Feste de Cybele, que l'on appelloit *Ludos Megalenses*, ou *Megalesia*, estoit le cinquiéme d'Avril, & l'on pretend qu'elle duroit six jours. Cette Feste n'estoit jamais sans Comedie, c'est pourquoy Ovide dit dans le quatriéme Livre des Fastes :

Scena sonat, ludique vocant, spectate, Quirites.

Le Theatre retentit, les Jeux vous appellent, venez à ce spectacle, Romains.

Sous les Ediles Curules M. Fulvius, & M. Glabrio.] Les Ediles sont nommez icy avant les Consuls, parce que c'estoit eux qui avoient soin des Jeux publics, & qui payoient les Comedies. Ciceron dans le second Livre des Loix: *Sunto Ædiles Curatores urbis, annonæ, ludorumque solemnium:* Que les Ediles ayent soin de la Ville, des vivres, & des jeux solemnels. Il parle des Ediles que l'on appelloit *Curules*, pour les distinguer des Ediles Plebéens, parce qu'étant pris du Corps des Senateurs, ils avoient le droit de faire porter dans les lieux publics un siege d'Yvoire, que l'on appelloit *Sellam curulem.* Au lieu que les Ediles *Plebéens* estoient assis au dessous avec les Tribuns sur des bancs ou sieges ordinaires.

REMARQUES.

Par la Troupe de Lucius Ambivius Turpio, & de L. Attilius de Preneste] C'estoit les Maistres de la Troupe des Comediens.

Fit la Musique.] C'est ce que signifie proprement *modos fecit* ; & c'est ce qu'on disoit aussi *modulavit*.

Flaccus Affranchi de Claudius] *Flaccus Claudii.* C'est ainsi qu'il faut lire, comme Muret l'a fort bien remarqué ; & non pas, *Flaccus Claudii filius* : car ce Flaccus ne pouvoit estre qu'un Esclave ou un Affranchi, parce que tous ceux qui montoient sur le Theatre estoient tenus à Rome pour infames ; il n'y avoit que les Pieces appellées *Togatæ* & *Atellanæ* qui ne deshonoroient pas les Acteurs. C'est pourquoy Laberius Chevalier Romain, aprés que Cesar l'eut engagé pour de l'argent à monter sur le Theatre pour y reciter ses *Mimes*, se plaint de son malheur avec beaucoup de grace :

Ego bis tricenis annis actis sine nota
Eques Romanus, lare egressus meo,
Domum revertar Mimus : nimirum hoc die
Uno plus vixi mihi quam vivendum fuit.

Aprés avoir passé soixante ans sans aucune tache, je suis sorti de ma maison Chevalier Romain ; & j'y rentreray Comedien : c'est à dire que j'ay vécu ce jour-cy de trop.

En Grece cela estoit tout different, les gens de la premiere qualité montoient sur le Theatre, & souvent l'on prenoit des Comediens pour les envoyer en ambassade vers les Rois.

Les Flutes égales droites & gauches.] On me pardonnera cette façon de parler, car il est impossible de bien dire une chose qui n'est point du tout à nos manieres ; & quand cela est, on ne doit chercher qu'à faire entendre l'Auteur. Dans l'antiquité il n'y a rien où les Savans foient fi partagez que fur les Flutes que les Anciens appelloient *droites & gauches, égales & inégales* Je ne rapporteray point tout ce qu'ils en ont écrit ; je me contenteray de choifir ce qui me paroift le plus vraifemblable, & qui peut expliquer avec le moins d'embarras toutes les difficultez des Titres des Comedies de Terence.

Les joüeurs de Flute joüioient toûjours de deux Flutes à la fois à ces Comedies. Celle qu'ils toucheoient de la main droite, eftoit appellée *droite* par cette raifon ; & celle qu'ils touchoient de la gauche, eftoit appellée *gauche* par confequent. La premiere n'avoit que peu de trous, & rendoit un fon grave ; la gauche en avoit plufieurs, & rendoit un fon plus clair & plus aigu. Quand les Muficiens joüioient donc de ces deux Flutes de different fon, on difoit que la Piece avoit efté joüée *tibiis imparibus*, avec les Flutes inégales ; ou *tibiis dextris & finiftris* avec les Flutes droites & gauches. Et quand ils joüioient de deux Flutes de mefme fon, de deux droites ou de deux gauches, comme cela arrivoit fouvent, on difoit que la Piece avoit efté joüée *tibiis paribus dextris*, avec des Flutes égales droites, fi c'eftoit avec celles du fon grave ; ou *tibiis paribus finiftris*, avec des Flutes égales gauches, fi c'eftoit avec les Flutes du fon aigu.

Cela eftant, comme je crois qu'on n'en fauroit douter, il femble d'abord que ceux qui ont cru que ce titre eftoit corrompu, l'ont cru avec quelque fondement ; car comment l'Andriene peut-elle avoir efté joüée *tibiis paribus dextris & finiftris*, avec les Flutes egales droites &

REMARQUES. 203

gauches ? puisque les Flutes ne peuvent estre appellées *égales droites & gauches*, que quand elles sont de mesme, ou toutes *gauches*, ou toutes *droites*.

Ceux qui ont eu cette pensée, n'ont pas pris garde que ce titre ne doit pas estre entendu d'une seule representation, mais de plusieurs representations differentes, où les Flutes estoient toûjours égales; mais tantost c'étoit *tibiis paribus dextris*, avec *les Flutes égales droites*, & tantost *tibiis paribus sinistris*, avec *les Flutes égales gauches*. Car une mesme Piece n'estoit pas toûjours joüée avec les mesmes Flutes, ni avec les mesmes modes; cela changeoit fort souvent, comme Donat mesme nous l'apprend dans le fragment qui nous reste d'un Traité qu'il avoit fait sur la Comedie, où il dit: *neque enim omnia iisdem modis in uno cantico agebantur, sed sæpe mutatis, ut significant qui tres numeros in Comœdiis ponunt, qui tres continent mutatos modos cantici illius*. Ces Pieces n'estoient pas toûjours joüées sur le mesme mode, & avec le mesme chant; les modes changeoient souvent, comme nous l'apprennent ceux qui mettent ces trois marques à la teste de la Comedie, M. M. C. lesquelles trois marques signifient que les modes du chant sont changés. En effet ces trois marques, M. M. C. sont pour *mutatis modis cantici*, les modes du chant estant changés. Le mesme Donat dans la Preface des Adelphes, nous apprend l'endroit où l'on mettoit ces trois marques: car il dit clairement qu'on les mettoit sous la liste des Personnages, *Sæpe tamen mutatis per scenam modis cantica mutavit quod significat titulus scenæ, habens subjectas personis litteras M. M. C.* Il changea souvent dans la scene les modes du chant, comme on le connoist par le titre de la Comedie, où aprés la liste des Acteurs on voit ces trois marques M. M. C. L'on pourroit croire aussi que ce changement se faisoit quelquefois dans la mesme representation, & qu'à chaque intermede on changeoit de Flutes ; qu'à l'un on prenoit les Flutes droites, & à l'autre les gauches successivement. Donat dit que quand le sujet de la Piece estoit grave & serieux, on ne se servoit que des Flutes égales droites, que l'on appelloit aussi Lydiennes, & qui avoient le son grave : que quand le sujet estoit fort enjoüé, on ne se servoit que des Flutes égales gauches, qui estoient appellées Tyriennes, ou *Sarranæ*, qui avoient le son aigu, & par consequent plus propre à la joye : enfin, que quand le sujet estoit mêlé de l'enjoüé & du serieux, on prenoit les Flutes inégales, c'est à dire la droite & la gauche, & qu'on nommoit Phrygiennes. *Dextra autem & Lydia sua gravitate seriam Comœdia dictionem pronuntiabant ; sinistra & Sarrana acuminis levitate jocum in Comœdia ostendebant ; ubi autem dextra & sinistra acta fabula inscribebatur, mistim joci & gravitatis denuntiabatur.* Les Flutes droites ou Lydiennes, par leur son grave, marquoient que la Piece seroit serieuse ; les Flutes gauches ou Tyriennes promettoient qu'elle seroit enjoüée ; & les Flutes inégales, la droite & la gauche, témoignoient qu'elle seroit mêlée du serieux & de l'enjoüé. Mais je trouve à cela bien des difficultez, qui me persuadent que Donat s'est trompé. En voicy une qui me paroist insurmontable. Si le son des Flutes marquoit le sujet de la Comedie, ce sujet estant toûjours le mefme, on ne pouvoit & on ne devoit y employer que les mefmes Flutes, fans jamais changer. Cependant le titre de l'Heautontimorumenos nous apprend que cette Comedie fut joüée d'abord *tibiis imparibus, avec les Flutes inégales*, c'est à dire *avec une droite & une gauche*; & qu'en fuite elle fut joüée *tibiis duabus dextris, avec deux Flutes droites*. Quoy donc? eft-ce que le fujet de l'Heautontimorumenos eftoit d'abord moitié enjoüé, & qu'à une feconde reprefentation il devint tout d'un coup ferieux? Il n'y a perfonne qui ne voye que cela eft ridicule. Je fuis perfuadée que ce n'eftoit point du tout le fujet des Pieces qui regloit la Mufique, mais l'occafion où elles eftoient reprefentées. Cette remarque me paroift tres-importante, car elle éclaircit toutes les difficultez qui peuvent fe prefenter. En effet il auroit efté impertinent qu'une Piece faite pour honorer des funerailles, euft eu une Mufique enjoüée. C'eft pourquoy quand les Adelphes furent-joüez la premiere fois, ils le furent *tibiis Lydiis, avec les Flutes Lydiennes*, c'eft à dire avec deux Flutes droites; & quand ils furent joüez pour des occafions de joye & de divertiffement, ce fut *tibiis Sarranis, avec les deux Flutes gauches*. Ainfi quand une Piece eftoit joüée pendant les grandes Feftes, comme la joye & la Religion s'y trouvoient mêlées, c'eftoit ordinairement avec les Flutes inégales, ou une fois avec deux droites, & en fuite avec deux gauches; ou bien en les prenant alternativement à chaque intermede. C'eft ainfi que je croi que l'Andrienne fut joüée.

Mais c'eft affez parlé de ces Flutes, dont

nous n'aurons jamais une connoissance parfaite. Il faudroit ou les avoir vuës, ou les avoir entenduës. Mon pere estoit si en colere contre elles, qu'il fit ces Vers, pour loüer Minerve de ce qu'elle avoit jetté la Flute dans l'eau ; & pour maudire ceux qui l'en avoient retirée, & qui par là avoient esté cause de tous les maux que les Flutes ont fait depuis ce temps-là aux Savans. Je croy qu'on ne sera pas fâché de les voir icy, car ils sont si beaux, qu'on diroit qu'ils sont du siecle d'Auguste.

AD PALLADEM MINERVAM.

Cerebri liquor paterni, Pallas Attica,
Mollis medulla, sanguen & succus Jovis,
Quæ nec Deam, nec feminam matrem cies,
Te, Diva, merito Vates Sapientem vocant:
Quæ olim tumentes cum videres bucculas,
Nitidosque ocellos nimio tendi spiritu,
Irata in undas tibiam projeceris.
O bene, quod illam nigris merseras aquis !
Bene, quod volueras esse nullam tibiam !
At qui profundo sustulit mersam vado,
Debebat ille consuta gula emori,
Debebat ille Marsia fatum oppetens,
Siccasque arenas tabo irrorans viscerum,
Pellem boanti præbuisse tympano,
Tantum illa doctis tibia concinnat mali.
Salve itaque, ô Pallas unici germen Jovis,
At vos perite, vos perite, tibiæ.

REMARQUES. 207

Elle est toute Greque.] *Et est tota Græca.* Il suffisoit de dire, *elle est Greque*; les Comedies de Terence sont toutes Greques, c'est à dire qu'il n'y a rien des mœurs ni des manieres des Romains. Dans Plaute il y a des Pieces qui quoy que Greques, ne le sont pourtant pas entierement; il y a tres-souvent des choses qui sont toutes Romaines.

Sous le Consulat de M. Marcellus, & de C. Sulpitius.] *Edita M. Marcello, C Sulpicio Coss.* Le premier est Marcus Claudius Marcellus, & l'autre C. Sulpitius Gallus, qui furent Consuls ensemble l'an de Rome 587. cent soixante-quatre ans avant la naissance de Nostre-Seigneur. Terence avoit alors vingt-sept ans.

REMARQUES

sur le Prologue.

1. *Lorsque Terence se mit à travailler pour le Theatre.*] *Quum primum animum ad scribendum appulit.* Ce premier Vers prouve que Terence avoit fait d'autres Pieces avant l'Andriene. Comment donc Donat a-t-il pû dire que l'Andriene a esté la premiere? Il a voulu sans doute nous faire entendre qu'elle a esté la premiere des six qui nous restent, & cela est vray.

5. *Car s'il faut qu'il employe son temps à faire des Prologues.*] *Nam in Prologis scribundis operam abutitur. Operam abuti* ne signifie pas *perdre son temps, abuser de son temps*; mais *employer sa peine, son temps. Abuti* est un mot

commun qui signifie seulement *absumere*, & qui se prend en bonne & en mauvaise part; c'est ainsi que Plaute a dit dans la troisiéme Scene du second Acte de Persa :

Nam hoc argentum alibi abutar.

car j'employeray cét argent à autre chose. Lucrece s'en est servi dans le mesme sens.

6. *Pour répondre aux médisances d'un vieux rêveur de Poëte.*] *Sed qui malevoli veteris Poëtæ maledictis respondeat.* Ce vieux Poëte envieux estoit un Lucius Lavinius, s'il en faut croire Donat; mais je ne connois point de Poëte de ce nom là. Je croy plûtost que Terence parle icy de Luscius Lanuvinus, contre lequel il a fait le Prologue de la seconde Comedie.

La Perinthiene.] Parce qu'il introduisoit une fille de Perinthe, ville de Thrace, sur les bords de la Propontide.

11. *Car leur sujet se ressemble.*] *Non ita sunt dissimili argumento.* Il faut faire ainsi la construction, *ita sunt non dissimili argumento. Argumentum,* c'est le sujet de la piece, μυθος, *fabula*.

Quoy que la conduite & le stile en soient fort differents.] *Sed tamen dissimili oratione sunt facta ac stilo. Stilus* est pour les mots & *oratio* pour le sens; c'est pourquoy j'ai traduit *le stile & la conduite.* Le mot *tamen* estoit quelquefois superflu chez les Anciens, & quelquefois il signifioit seulement *modo, tantum. Seulement.* Et cela doit estre remarqué.

11. *Qu'il n'est pas permis de mêler les Comedies & d'en faire &c*] Il m'a falu prendre ce tour pour expliquer la force du mot *contaminari,* dans ce seul vers, *Contaminari non decere fabulas. Contaminare* ne signifie ici que

mesler,

mefler, confondre, quand de deux choses differentes on n'en fait qu'une. Tite-Live qui a plus profité de la lecture de Terence qu'aucun autre Auteur que je connoisse, a joint ces deux mots, *contaminare* & *confundere*, en parlant des alliances que les Nobles contractoient avec le peuple. *Contaminare* ne peut signifier ici *gâter*, & ceux qui l'ont traduit de mesme font dire à Terence une chose de fort mauvais sens ; car qui doute que ce ne soit fort mal fait de gâter les Comedies, de quelque maniere qu'on les gâte. Les ennemis de Terence soûtenoient, *non decere contaminari fabulas*, & Terence au contraire soûtient, *decere contaminari fabulas*, il faut donc que *contaminare* soit pris ici en bonne part ; il l'est aussi, & voici son origine ; de *tango, contango, contagitum, contagimen, contamen, contamino*. Justin dans le 31. livre, *ne quis illas attaminaret*; que personne ne les touchât. *Attaminare* de *attago, attagi, attagitum, attagimen, attamen, attamino*.

Voila donc le premier usage, & la premiere signification de *contaminare* ; mais comme il est impossible de mêler des choses sans les faire cesser d'estre ce qu'elles estoient auparavant, de là on a fait signifier à ce mot *gâter*, *alterer*, *corrompre* ; & c'est pourquoy tous les mélanges que font les Parfumeurs sont appellez Φθοραὶ par les Grecs, qui ont aussi dit de la mesme maniere μιαίνειν, corrompre, pour μιγνύειν mesler, & μίανσις corruption, pour mélange. J'ai un peu étendu cette Remarque, parce que j'ai vû des gens d'ailleurs tres-habiles & d'un goût excellent, qui ont eu beaucoup de peine à revenir de leurs prejugez.

Mais en bonne foi en faisant les entendus. *Faciunt ne intelligendo ut nihil intelligant.* Il faut eſcrire *faciunt-ne*, & non pas *faciunt na*, ce *ne* vient du Grec, νη & να de ναὶ, mais le dernier eſt toûjours ſuivi de quelque pronom, *na tu, na ille, na vos, na illi. Faciunt ut nihil intelligant*, eſt de la plus pure latinité, pour dire ſimplement *nihil intelligunt.* C'eſt ainſi que Ciceron a dit dans une de ſes Oraiſons contre Verres, *fecerunt ut me deducerent*, pour *me deduxerunt*.

Imiter l'heureuſe negligence.] Negligence eſt ici pour une maniere libre, tant dans le ſtile que dans la diſpoſition du ſujet, ſans s'aſſujettir trop aux regles. Mais comme en noſtre Langue le mot de *negligence* ſeul eſt toûjours pris en mauvaiſe part, j'ai ajoûté *heureuſe* qui le determine. Dans l'Orateur de Ciceron il y a un beau paſſage, qui donne beaucoup de jour à celui de Terence, car il y eſt formellement parlé de cette negligence d'Ennius ; *Ennio delector ait quiſpiam, quod non diſcedit à communi more verborum, Pacuvio, inquit alius ; omnes apud hunc ornati elaboratique ſunt verſus, multa apud alterum negligentius. Je me divertis à lire Ennius, dira quelqu'un, parce qu'il ne s'éloigne point de la commune maniere de parler. Un autre dira j'aime mieux Pacuve, tous ſes vers ſont beaux & bien travaillez ; au lieu qu'il y a beaucoup de negligence dans Ennius.* Ces negligences ne font point mal dans la Comedie, où j'oſe dire meſme qu'elles ſont quelquefois neceſſaires.

21. *Que l'exactitude obſcure & embarraſſée de ces Meſſieurs.*] Cette exactitude qui conſiſte à s'attacher ſcrupuleuſement à certaines regles

REMARQUES.

doit avoir ſes bornes ; car lorſqu'elle eſt pouſ-
ſée trop loin, elle produit ou la ſecheresſe ou
l'obſcurité & l'embaras.

24. *Et d'examiner cette piece*] *Rem cognoſcere.*
Cognoſcere eſt un mot de Droit, qui ſignifie
examiner comme un Juge.

Ce que vous devez attendre de n'ſtre Poëte.]
Ecquid ſpei ſit reliquum. Il auroit falu traduire
à la lettre, ce que vous devez *eſperer* ; en Latin
ſpes & *ſperare*, ſont des termes communs qui
ſe prennent en bonne & en mauvaiſe part, &
qui ſignifient ſeulement attendre. *Sperare do-*
lorem, *ſperare quartanam* ; *eſperer la douleur,*
eſperer la fiévre. Les Latins ont imité cela des
Grecs.

26. *Ou ſi vous les devez plûtoſt rejetter.*] *An*
exigenda ſint vobis priùs. *Exigere* ne ſignifie pas
icy demander, mais rejetter, *explodere, exſi-*
bilare. Comme dans le Prologue de l'Hecyre.
Novas qui exactas, & *priùs* eſt pour *potiùs.*

REMARQUES

Sur la premiere Scene du premier
Acte.

Hola vous autres, emportez cela au logis.]
Simon parle à Dromon & à Syrus
qu'il avoit menés avec lui au marché, où il
eſtoit allé acheter quelques proviſions. Il leur
ordonne donc de porter ces proviſions au logis.

J'entends, Monſieur.] *Dictum puta,* comme
s'il diſoit, *prenez que vous l'ayez dit.* Teren-

ce exprime admirablement par là le caractere de ces maiſtres valets, qui veulent toûjours entendre à demi-mot & deviner ce qu'on va leur dire.

3. *Que tout ceci ſoit bien appreſté.*] *Ut curentur recte hac. Curare* eſt un terme de cuiſine.

6. *Mais j'ai beſoin de cette fidelité & de ce ſecret.*] *Sed iis fide & taciturnitate. Sed iis artibus quas*, &c. Les Anciens donnoient le nom d'arts à toutes les vertus.

9. *Tu ſçais avec quelle bonté & avec quelle douceur je t'ai toûjours traité dans ton eſclavage.*] *Ut ſemper tibi apud me juſta & clemens fuerit ſervitus.* Cela eſt parfaitement bien exprimé, *juſta ſervitus* n'eſt pas ici ce que les Jurisconſultes appellent *un eſclavage juſte*, pour dire un eſclavage legitime & bien acquis. *Juſta ſervitus* eſt *un eſclavage doux, moderé*, comme dans le dernier Chapitre de Longin, παιδομαθεῖς δουλείας δικαίας, ne ſignifie pas, *nous ſommes accoûtumez dés noſtre enfance à une domination legitime*, mais *à une domination douce*, qui eſt éloignée de la tyrannie & de la violence. *Juſtice* ſignifie ſouvent *bonté*, & *injuſtice*, *dureté*, *cruauté*, comme dans ce vers de la premiere Scene de l'Heautontim.

Eum ego hinc ejeci miſerum injuſtitiâ meâ.

C'eſt moy qui ay chaſſé ce pauvre malheureux de chez moy par mon injuſtice, c'eſt à dire, *par ma dureté.* Dans le premier Chapitre de Saint Matthieu, Joſeph eſt appellé juſte, δίκαιος ὢν, c'eſt pour *doux*, *benin*.

17. *C'eſt preſque me reprocher que je les ay oubliez.*] *Quaſi exprobratio eſt immemoris beneficii.* Ce vers peut eſtre expliqué de deux ma-

REMARQUES.

nieres; *est exprobratio mei immemoris*, ou bien, *est exprobratio beneficii immemoris*. Dans le premier sens *immemoris* est actif, & dans le dernier il est passif.

24. *Pamphile estant devenu grand.*] *Postquam excessit ex ephebis.* Ephebi sont les jeunes gens qui sont en l'âge de puberté, & qui ne sont pas encore entrez dans l'adolescence.

28. *La pluspart des jeunes gens.*] Il y a dans le texte *plérique omnes*; mais c'est seulement pour dire *la pluspart*, & pour affirmer une proposition generale avec quelque modification.

30. *D'avoir des chevaux ou des chiens de chasse.*] *Aut equos alere aut canes ad venandum.* Comme Horace dit dans l'Art Poëtique.

Imberbis juvenis tandem custode remoto
Gaudet equis canibusque.

Le jeune homme qui n'a plus de gouverneur, prend plaisir à avoir des chiens & des chevaux. Dans les Nuées d'Aristophane on voit aussi quelle estoit la passion des jeunes Atheniens pour les chevaux.

Ou de s'attacher à des Philosophes.] Car c'étoit à cet âge-là que les Grecs s'appliquoient à l'etude de la Philosophie, & qu'ils choisissoient dans cette profession ceux auxquels ils vouloient s'attacher. Les Dialogues de Platon nous instruisent assez de cette coûtume.

34. *Rien de trop.*] *Nequid nimis.* Alcée s'est servi de ce Proverbe dans ces vers.

Αυτάρκης ἔραμαι βίου, Μακρῖνε
Τὸ μηθὲν γὰρ ἄγαν, ἄγαν με τέρπει.

Macrinus, j'aime ce qui me suffit, car je suis trop

charmé de ce Proverbe RIEN DE TROP. *Ce* Proverbe eſt ſi ancien, que les Grecs ne connoiſſant pas ſon origine l'ont attribué à Apollon, ſur le Temple duquel il eſtoit eſcrit à Delphes ; & Platon remarque fort bien que les premiers Philoſophes avoient renfermé toute la morale dans des ſentences de peu de mots.

37. *Il avoit une complaiſance extréme.*] *Eorum obſequi ſtudiis.* Les Latins ont formé leur mot *obſequi* ſur le Grec ἐφίπεσθαι, qui ſignifie la meſme choſe, & dont Theognis s'eſt ſervi dans ces beaux vers, où il donne des preceptes de la complaiſance que l'on doit avoir pour ſes amis.

Κύρνε φίλους πρὸς πάντας ἐπίςρεφε ποικίλον ἦθος

Συμμίσγων ὀργὴν οἷος ἕκαςος ἔφυ

Νῦν μὲν τῷ δ' ἐφέπου, ποτὲ δ' ἀλλοῖος πέλευ ὀργήν,

Κρεῖσσόν τοι σοφίη καὶ μεγάλης ἀρετῆς.

Mon cher Cyrnus, accommodez-vous à tous vos amis par la ſoupleſſe de voſtre eſprit, en vous conformant à ce que chacun d'eux eſt en particulier. Ayez de la complaiſance pour celui-ci, changez en meſme temps d'eſprit pour celui-là, s'il eſt neceſſaire, car la ſageſſe vaut mieux que la plus grande vertu. Terence a renfermé tout ce ſens-là dans ce vers.

40. *C'eſt entrer ſagement dans le monde.*] *Sapienter vitam inſtituit,* mot à mot, *il a commencé, il a reglé ſa vie ſagement* ; mais on voit bien que c'eſt ici ce que j'ai dit.

41. *Car au temps où nous ſommes la complaiſance.*] Quand Simon a parlé de la complaiſance de ſon fils, il a voulu parler de cette com-

REMARQUES.

plaifance honnefte qui eft éloignée de la flaterie, & qui n'eft point contraire à la verité, car autrement il auroit blâmé fon fils au lieu de le loüer. Mais comme les valets prennent toûjours tout du mauvais cofté, Sofie fe fert de cette occafion pour blâmer fon fiecle, en difant que la verité l'offençoit, ainfi il prend *obfequium*, qui n'eft proprement qu'une douceur de mœurs, pour *affentatio*, qui eft un vice de l'efprit & du cœur, & qui fe rencontrant dans nos amis, nous les rend plus dangereux que nos ennemis mefme. Il y a plus de fineffe dans ce paffage qu'il ne paroît d'abord.

44. *La pauvreté & la negligence de fes parens.*] *Inopia & cognatorum negligentia.* La *negligence de fes parens*, parce que fes parens avoient negligé de l'époufer comme la Loy l'ordonnoit.

52. *Elle ne put fe foûtenir dans un pas fi gliffant.*] C'eft ainfi que j'ai traduit *ac epit conditionem*, qui fignifie proprement, *elle accepta le parti*, mais cela me paroît dur en noftre langue, & bleffer mefme l'honnefteté.

55. *Le voila pris, il en tient.*] *Captus eft, habet*, ce font des termes pris des Gladiateurs.

58. *Dites-moy, je vous prie.*] *Dic fodes*, *fodes* pour *fi audes*, & c'eft proprement ce que nous difons, *s'il vous plaift*.

66. *Car lors qu'un jeune homme frequente des gens.*] Terence dit la chofe plus fortement, *qui cum ingeniis conflictatur ejufmodi.* Le mot *conflictatur* marque le choc que fe donnent plufieurs corps folides que l'on remuë enfemble, & il exprime admirablement tous les affauts qu'un bon naturel a à foûte-

nir dans le commerce des jeunes gens. Mais cela ne peut estre exprimé en nostre langue.

75. *Despondi.*] Le pere de la fille se servoit du terme *spondere*, & le pere du garçon de *despondere*.

87. *Pour les effets d'un bon naturel. Mansuetique animi officia.*] *Officium* signifie proprement ici *l'effet*. Terence s'en est servi trois ou quatre fois en ce sens-là, & cela est remarquable, car je ne sçay si on en trouvera des exemples ailleurs.

109. *Elle se laissa aller sur luy d'une maniere si pleine de tendresse.*] C'est ainsi que j'ay exprimé ce Vers,

Rejecit se in eum, flens, quam familiariter.
Il estoit question de faire une image sans s'arrester scrupuleusement aux mots qui ne feroient point un bon effet en nostre Langue: car si je disois, *elle se laissa aller sur luy tres-familierement*, je n'exprimerois point ce que Terence a voulu dire, le *familiariter* des Latins a tout une autre force que nostre *familierement*, & nous venons d'en voir un exemple dans le Vers 84 de cette mesme Scene.

mortem hujus tam fert familiariter: mot à mot, *il supporte si familierement la mort de cette femme*, ce qui signifie tout le contraire. *familiariter* signifie là *avec une douleur qui marque une veritable tendresse*. Au reste on a toûjours fait icy une faute tres-considerable en joignant le *familiariter* avec *flens*, au lieu de le joindre avec *rejecit*. En effet ce ne sont pas les pleurs de Glycerion qui font connoistre l'amour qu'elle avoit pour Pamphile, puis qu'on pouvoit les attribuer à la douleur qu'elle avoit de la mort de Chrysis ; mais c'est l'ac-

REMARQUES.

tion qu'elle fait en se jettant sur luy.

110. *Que me dites-vous là !*] *Quid ais !* C'est un admiratif, & non pas un interrogatif, on s'y est trompé.

Avoit épousé cette Etrangere.] Les Grecs & les Latins disoient une *Etrangere* pour une *Courtisane* ; & je croy qu'ils avoient pris cela des Orientaux ; car on trouve *Etrangere* en ce sens-là dans les livres du vieux Testament.

Vous avez marqué vous-mesme une fin à tous mes plaisirs.] *Tutè ipse his rebus fnem præscripsti pater.* Quand les Latins ont dit au pluriel, *ha res*, *his rebus*, ils ont toûjours parlé de l'amour. Plaute dans le Prologue de l'Amphitrion :

Quam liber harum rerum multarum siet.
Les Grecs disoient de mesme, ταῦτα πολλά. En prenant ce passage d'une autre maniere, on luy a osté toute sa grace.

131. *Un juste sujet.*] Le Latin dit, *un vray sujet.* Les Latins ont dit *vray* pour *juste*, & *verité* pour *justice*.

137. *Parce que c'est un esprit mal fait, & qu'il a les inclinations maudites.*] Cela est dit en deux mots en Latin, *mala mens*, *malus animus. Animus*, le cœur conçoit les mauvaises actions, & *mens* trouve les moyens de les executer ; l'un regarde la chose mesme, & l'autre l'execution.

Tome I.   T

REMARQUES
Sur la seconde Scene de l'Acte premier.

2. *C'eſt l'apprehenſion où j'ai vû Davus.*] Cela ne s'eſt point paſſé ſur le Theatre, il faut donc ſuppoſer que le bon-homme Simon avoit trouvé Davus en revenant du marché, & qu'il lui avoit dit le deſſein qu'il avoit de marier Pamphile.

4. *Cette grande douceur.*] Le Latin dit tout en un mot *ſemper-lenitas*, la longue, l'éternelle douceur. Les Anciens prenoient la liberté de joindre les prepoſitions avec les noms, Plaute a dit *nunc homines*, les hommes d'apreſent. Tibulle *antecomas* pour *les cheveux que l'on n'a plus*, Catulle, *olim furores*, Virgile *antem alorum*, &c. & c'eſt ainſi qu'Euripide a dit φεωτιδίοσποτας, *les nouveaux maiſtres*.

14. *C'eſt de quoy toute la ville ſe met fort en peine, ma foy.*] *Id populus curat ſcilicet*. Cette réponſe de Davus eſt fondée ſur le mot *rumor*, qui ſignifie un bruit public & generalement répandu.

15. *Oüi j'y penſe.*] *Ego verò iſtuc*. On me pardonnera bien ſi je meſle dans ces Remarques quelques obſervations de Grammaire. Je ſai bien qu'elles ne ſont pas du gouſt de tout le monde, mais je ſai auſſi qu'elles ſont ſouvent neceſſaires pour faire connoiſtre la pureté d'une langue, & toute la grace du diſcours.

REMARQUES,

Dans les meilleurs Auteurs le pronom *hic* est pour *meus*, & *iste* pour *tuus*. *Hic* est de la premiere personne, & *iste* de la seconde ; ainsi la demande de Simon *hoccine agis an non ?* ne doit pas estre traduite comme on a fait, *penses-tu bien à ce que tu dis ?* mais *penses-tu bien à ce que je dis ?* & la réponse de Davus, *assurément je pense à ce que vous dites*. Le Maistre interroge par *hoc*, & le valet répond par *istuc*. Cela est plus important qu'on ne pense.

23. *Je suis Davus moy, & non pas Oedipe.*] Tout le monde sait l'Histoire d'Oedipe, qui expliqua l'Enigme du Sphinx.

29. *A condition & avec serment.*] Je ne pouvois pas mieux expliquer ces paroles, *ea lege atque omine*. *Lex* regarde les hommes & les traitez qu'on fait avec eux, c'est pourquoy j'ai mis *à condition*. & *omen* regarde les Dieux & les sermens qu'on leur fait, c'est pourquoy j'ai ajoûté *& avec serment*. *Ea lege atque omine*, c'étoit jurer par tout ce qu'il y a de divin & d'humain.

REMARQUES

Sur la troisiéme Scene du premier Acte.

5. *Je crains pour son repos.*] Il y a dans le Latin, *je crains pour sa vie*, mais *vita* dans Terence signifie le *repos*, l'*honneur*, la *tranquillité*, &c.

14. *Ils ont resolu d'élever.*] *Decreverunt tollere.* Le mot *tollere* signifie proprement *lever*

REMARQUES.

de terre, & cela est pris de la coûtume de ce temps là, dés qu'un enfant étoit né, on le mettoit à terre, si le pere vouloit l'élever, il commandoit qu'on le levât, & s'il ne disoit rien, c'étoit signe qu'il vouloit qu'on allât l'exposer, & qu'on s'en défît.

25. *Et t'enverrai sur l'heure au moulin*] *Te in pistrinum, Dave, dedam.* C'étoit la punition ordinaire des Esclaves, on les envoyoit au moulin. Comme c'étoit des moulins à bras, ces miserables Esclaves étoient employez à les tourner, & à faire ce qu'on faisoit faire ordinairement par des chevaux ; ce travail étoit fort penible, & ils travailloient jour & nuit. J'ai vû dans une Oraison de Lysias, que l'on y envoyoit aussi les femmes.

REMARQUES

Sur la cinquiéme Scene du premier Acte.

7. *N'A-t-il pas changé de sentiment, parce qu'il voit que je n'en saurois changer.*] *Id mutavit, quia me immutatum videt.* Dans toutes les regles de la latinité *immutare* signifie *changer*, *immutatus* ne peut donc signifier *qui n'a point changé* ; mais d'ailleurs on voit que Pamphile a toûjours esté attaché à Glycerion, & qu'il n'a jamais eu la moindre pensée de l'abandonner. Ce passage étoit tres-difficile, mais mon pere en a osté toute la difficulté, en faisant voir que *immutatus* est pour *immutabilis*, & que les adjectifs composez de-

REMARQUES.

tivez des participes passifs, ne marquent pas toûjours une chose faite, mais une chose possible ; c'est à dire qu'ils deviennent *potentiaux*, comme on parle. En voici quelques exemples, *immotus* pour *immobilis*, *infectus* pour ce qui ne peut estre fait, *invictus* pour *invincibilis*, *invisus* pour *invisibilis*, *indomitus* pour *indomabilis*, ainsi donc *immutatus* est pour *immutabilis*.

Il y a là dessous quelque chose qu'on ne connoist point.] *Aliquid monstri alunt*, ce qui signifie proprement il y a là quelque diablerie.

31. *Pendant que l'esprit est en balance.*] Je me suis servi de cette expression, pour faire connoistre que ce Vers est composé de termes qui sont tous empruntez de la balance,

Dum in dubio est animus paulo momento huc
    & illuc impellitur.

In dubio est, c'est quand les deux bassins balancent de costé & d'autre, & qu'on ne sait lequel l'emportera. *Momentum*, c'est le moindre petit poids, un grain. de *moveo movimen*, *momen*, *momentum*. *impellere*, faire pancher.

35. *Ah, pourrois-je avoir seulement cette pensée ?*] *Egone istud conari queam ?* Dans tous les bons Auteurs, *conari*, tâcher, est pris pour penser, comme dans le Phormion, *ego obviam conabar tibi*, je songeois à aller chez vous.

51. *Mon cher Pamphile.*] S'il suffit d'estre touché pour bien exprimer une passion, & pour la faire sentir aux autres, je puis esperer qu'on ne lira pas la traduction de cet endroit sans en estre émû ; car pour moy j'avoüe que je ne puis le lire dans Terence sans estre attendrie ; je ne connois rien de mieux écrit ni de plus touchant que ces douze Vers.

66. *De peur que cela n'augmente son mal.*]
Ne ad morbum hoc etiam. Il fait allusion à un passage de Cœcilius, *quæso ne ad malum hoc addas malum.*

REMARQUES

Sur la premiere Scene du second Acte.

DOnat remarque que ces personnages *Charinus* & *Byrrhia*, n'étoient pas dans la piece de Menandre, & que Terence les a ajoûtez, afin qu'il n'y eust rien dans sa Comedie de trop dur ni de trop tragique, si Philumene demeuroit enfin sans époux, Pamphile venant à épouser sa Maistresse. Cette remarque me paroist importante pour le Theatre, & merite qu'on y fasse reflexion.

9. *Qu'il est facile quand nous nous portons bien.*]
Eschyle est, je croy, le premier qui ait mis cette sentence sur le Theatre, quand il fait dire à Promethée.

Ελαφρὸν, ὅςις πημάτων ἔξω πόδα,
Εχη, ϖδραίνειν νουθετεῖν τε τοὺς κακῶς ϖράσ-
Σοντας,

Il est aisé à tout homme qui est hors du malheur, d'avertir & de conseiller ceux qui y sont.
Terence en prenant cette sentence a eu soin de la mettre en des termes plus propres à la Comedie.

REMARQUES

Sur la seconde Scene du secoud Acte.

25. *Je ne voy personne devant la porte.*] *Solitudo ante ostium.* Terence ne fait pas faire cette remarque à Davus sans fondement. La maison d'une mariée étoit toûjours pleine, & devant la porte de la ruë étoient les joüeurs d'instrumens, & ceux qui attendoient la mariée pour l'accompagner.

27. *Point de femmes.*] De ces femmes qu'on appelloit *pronubas.*

28. *Nul meuble extraordinaire.*] Car dans ces occasions la maison étoit parée de tout ce que l'on avoit de plus beau.

Tout au plus que pour huit deniers d'herbes.] L'obole étoit une petite monoye de Grece, elle valoit depuis six jusqu'à dix deniers.

REMARQUES

Sur la troisiéme Scene du second Acte.

18. *Gardez-vous donc bien que la crainte qu'il ne change.*] Ce passage est tres-difficile, je l'ai un peu étendu pour lui donner plus de jour, je vais en expliquer précisément tous les termes. *Nec tu ea causa minut-*

ris hæc qua facis, ne is mutet suam sententiam. Voyci la construction ; *nec tu minueris hæc qua facis, ea cauſſa ne is mutet ſuam ſententiam.* Et ne changez rien à ces choses que vous faites ; c'eſt à dire, à ce que je vous conseille de faire ; *ea cauſſa*, ſur ce pretexte, *ne is mutet ſuam ſententiam*, que vous apprehendez que Chremes ne change de ſentiment. *Minuere*, diminuer, pour dire *changer*, comme dans l'Hecyre, *ſed non minuam meum conſilium.* Mais je ne changerai pas de reſolution.

REMARQUES

Sur la ſixiéme Scene du ſecond Acte.

3. *Ma foy, Monſieur, rien pour l'heure.*] *Æque quidquam nunc quidem.* Ces mots *æque* & *quidquam* ſont des mots douteux qui ne ſignifient rien, & dont on ſe ſervoit quand on n'avoit rien à répondre. On diſoit auſſi *recte*.

20. *A peine a-t-il fait acheter pour quarante ſols.*] *Vix, inquit, drachmis eſt obſonatus decem.* La drachme Attique valoit à peu prés cinq ſols.

REMARQUES

Sur la premiere Scene du troisiéme Acte.

17. *TU as mal partagé les temps de ta piece.*] *Non sat commode divisa sunt temporibus tibi, Dave, hæc.* C'est une figure prise du Theatre. Dans une piece il faut que les temps soient menagez, de maniere que tout se suive, & que ce qui doit estre au cinquiéme Acte, ne paroisse ni dans le second, ni dans le troisiéme. Simon reproche donc à Davus d'avoir mal observé cette regle, en faisant accoucher Glycerion si promptement ; c'est ce que nous disons *prendre le Roman par la queuë.*

19. *Tes Acteurs oublient-ils ainsi leur rôle.*] *Num immemores discipuli.* C'est une suite de la mesme figure dont il vient de se servir. Quand les Acteurs font dans le troisiéme Acte ce qu'ils ne doivent faire qu'au cinquiéme, il faut necessairement qu'ils ayent oublié leur rôle. *Discipuli*, sont les Acteurs, le Poëte s'appelloit *Magister* & *Doctor*. Ces Acteurs sont donc Mysis, Lesbia, Glycerion & Pamphile, & le Maistre, le Docteur, c'est Davus. C'est pourquoy Simon l'a appellé *Magistrum* dans le 21. Vers de la seconde Scene du premier Acte.

—— *Tum si quis Magistrum cepit ad eam rem improbum.*

qu'on le faſſe mourir de faim. Il faut donc ſous-entendre *jubeo*, qui eſt oppoſé à *veto*.

REMARQUES

ſur la premiere Scene du quatriéme Acte.

2. *Que des hommes ayent la lâcheté.*] *Tanta vecordia innata*, &c. Le mot *vecordia* dit plus que *lâcheté* en noſtre Langue; car il ſignifie proprement une malignité noire qui porte un homme à faire du mal.

5. *Ah, cela peut-il eſtre? Ouy on voit tous les jours de ces ſcelerats.*] J'ay en cet endroit ſuivi le ſens qui m'a paru le plus juſte, & je me ſuis eloignée de l'explication de Donat, qui explique ce Vers,

Idne eſt verum? imo id eſt genus hominum peſſimum.

Comme ſi Terence vouloit dire, *Idne eſt verum genus hominum? imo peſſimum genus.* Sont-ce là des hommes? ouy, & de tous les hommes les plus méchans.

12. *Mes intereſts me ſont plus chers que les voſtres.*] Le Latin dit; *je ſuis mon prochain à moy-meſme, proximus ſum egomet mihi.* Et c'eſt ce qu'Euripide dit dans la Medée.

Ὡς πᾶς τις αὑτὸν τῦ πέλας μᾶλλον φιλεῖ.

Chacun s'aime plus ſoy meſme qu'il n'aime ſon prochain.

13. *Ils n'ont point de honte quand ils en devroient avoir.*] ——— *hic, ubi opus eſt Non verentur: illic, ubi nihil opus eſt, ibi verentur.*

REMARQUES.

Quand il s'agit de promettre, ils ont honte de refuser, & c'est alors que la honte n'est pas necessaire; car on peut refuser hardiment; Mais quand il s'agit d'accomplir leurs promesses, alors ils n'ont point de honte de manquer à leur parole, & c'est en ce temps-là qu'il seroit necessaire d'en avoir; car il n'y a rien qui doive empescher de tenir ce qu'on a promis. Terence a pris ce passage de la premiere Scene du second Acte de l'Epidicus de Plaute.

Plerique homines quos cum nihil refert, pudet;
ubi pudendum est,
Ibi eos deserit pudor, cum usus est ut pudest.
C'est là le defaut de la pluspart des gens, ils ont honte lors qu'il n'en faut point avoir, & n'en ont point lors qu'elle est necessaire.

27. *Cela est-il fort étonnant qu'il suive vôtre exemple?* Quid istuc tam mirum est de te si exemplum capit? comme s'il disoit, Faut-il s'étonner qu'il soit perfide & méchant, puisque vous luy en donnez l'exemple?

REMARQUES

sur la seconde Scene du quatriéme Acte.

19. *Mais vous, Pamphile, vous avez plus de courage que moy.*] J'ay suivi icy la correction de mon pere, qui lisoit, *at tu fortis es;* car il paroist que Donat avoit lu de mesme; voicy ce qu'il a écrit: *Miser æque atque ego, bene atque ego. quia hic amore vexatur & intulit paradoxon; nam volebat Pamphilus*

REMARQUES

Sur la seconde Scene du troisiéme Acte.

3. *La premiere chose que vous devez faire c'est de la baigner.*] *Nunc primum fac istac ut lavet.* C'étoit la coûtume en Grece, dés qu'une femme étoit accouchée on la mettoit au bain. Il y a sur cela un passage remarquable dans Callimaque, & un autre dans Lucien.

35 *Et lui fait dire qu'en venant elle apporte un enfant.*] *Et puerum ut adferret simul.* Cette friponnerie étoit fort ordinaire en Grece, on supposoit souvent des enfans pour tromper les vieillards.

REMARQUES

Sur la troisiéme Scene de l'Acte troisiéme.

20. *Fort bien.*] Le Latin dit *audio*, j'entends, ce qui est souvent un terme ironique, comme *scio*.

REMARQUES

Sur la cinquiéme Scene de l'Acte troisiéme.

15. *Que merites-tu donc ?*] *Quid meritus.* Cette demande est prise de la coûtume des Atheniens, qui ne condamnoient jamais personne sans lui demander auparavant quel supplice il croyoit meriter, & selon la réponse du criminel on adoucissoit, ou l'on augmentoit la peine.

18. *Mais l'etat où je suis veut que je songe à moy.*] Terence dit en un seul vers, ce que j'ai dit en deux lignes.

Namque hoc tempus præcavere mihi me, haud te ulcisci sinit.

Et c'est une façon de parler fort remarquable, car il y a une liberté qui étoit familiere aux Latins, & que nous n'oserions prendre, car dans ce vers il manque un terme qui soit opposé à *sinit*, qui ne peut pas servir aux deux propositions qui y sont enfermées, il faudroit *namque hoc tempus cogit præcavere mihi me, haud sinit te ulcisci.* Le temps m'oblige à prendre garde à moy, & ne me permet pas de te punir. Il y a mille exemples de ces sortes d'ellipses, comme dans Phedre Fab. 17. liv. 4.

Non vero dimitti, verum cruciari fame.

Mot à mot, *je ne deffends pas de le renvoyer, mais de le faire mourir de faim.* Ce qui fait un sens tout contraire, car Jupiter veut dire je ne deffends pas de le renvoyer, mais j'ordonne *sibi dicat tu fortis es, quod illi tamen mox dicetur.* Vous estes malheureux tout comme moy, il dit bien, tout comme moy, parce que Carinus est aussi amoureux que Pamphile. Mais il répond autre chose que ce que Pamphile attendoit ; car il vouloit que Carinus luy dist, mais vous, vous avez du courage, ce qu'on luy dira pourtant dans la suite. Cela fait voir clairement que c'est la veritable leçon.

Carinus veut engager par là Pamphile à soutenir par honneur ce qu'il vient de dire, qu'il n'abandonnera jamais Glycerion.

26. *Il commence une histoire.*] *Narrationis incipit mihi initium.* Davus dit cela sur ce que Carinus vient de dire, *Verum vis dicam? Veux-tu que je te dise la verité?* car ce debut là menace d'un long discours.

REMARQUES

sur la quatriéme Scene du quatriéme Acte.

2. *C'Est à cette heure que ton adresse & ta presence d'esprit me sont necessaires.*] *Nunc opus est tua mihi ad hanc rem exprompta memoria atque astutia.* Astutia signifie l'adresse, memoria, le jugement, la presence d'esprit, qui fait que l'on ne se trouble point, & que l'on répond à propos. Au lieu de *memoria* on a lû *malitia* ; & cette leçon est mesme fort ancienne ; mais je ne croy pas qu'il soit necessaire de rien changer.

De l'autel que voila prens des herbes.] *Ex ara*

REMARQUES.

hinc fume verbenas tibi. Scaliger le pere a écrit que cet autel dont parle Terence, est l'autel que l'on mettoit ordinairement sur les Theatres. Quand on joüoit une Tragedie, l'autel estoit consacré à Bacchus; & quand on joüoit une Comedie, il estoit consacré à Apollon. Mais si j'ose dire mon sentiment aprés un si grand homme, il me semble que ces autels de Theatre ne font rien icy; on ne regarde pas cette avanture comme une Comedie, mais comme une chose qui se passe dans la ruë; c'est pourquoy il faut que la vraisemblance y soit; & elle ne peut y estre si l'on employe ici un de ces autels de Theatre. A Athenes chaque maison avoit son autel prés de la porte de la ruë; on le couvroit d'herbes nouvelles tous les jours, & Terence parle icy d'un de ces autels.

12. *Je quitte le dessein que j'avois.*] *Repudio consilium quod primum intenderam.* Ce dessein estoit sans doute d'aller avertir le pere de Pamphile, qu'on avoit mis un enfant devant la porte de Glycerion.

REMARQUES

sur la Scene cinquiéme du quatriéme Acte.

22. *Que les Dieux t'abisment.*] Le Latin dit, *que les Dieux te déracinent. Dii te eradicent.* Les Romains ont pris cette façon de parler des Grecs, qui disoient, *perdre un homme depuis la racine,* pour dire l'ex-

terminer; & les Grecs l'avoient prise des Orientaux.

31. *Je vis hier Canthara qui entroit chez vous avec un gros paquet sous sa robe.*] *Verùm, vidi Cantharam suffarcinatam.* Les anciens Latins disoient *farcinare* pour *farcire*, *suffarcinatus*, qui est fourré par dedans; & c'est ce que j'ay exprimé dans ma Traduction

32. *Quelques femmes dignes de foy ont esté presentes.*] *Aliquot ad fuerunt liberæ.* Car en Grece comme en Italie les Esclaves n'estoient point receuës en témoignage.

REMARQUES

sur la seconde Scene du cinquiéme Acte.

16. *Son visage est grave & severe.*] *Tristis severitas inest in voltu, atque in verbis fides* Il n'y a point de plus beau Vers dans Terence. Mot à mot, *une triste severité est sur son visage, & la bonne foy dans ses paroles.* Une severité *triste*, c'est à dire *grave, serieuse*, qui ne tient rien de cette molesse & de ce relâchement que ce qu'on appelle vulgairement joye, produit d'ordinaire : car la veritable joye est grave & serieuse, comme Seneque l'a fort bien dit; *Severa res est verum gaudium* Ciceron a dit de mesme, *un Juge triste & integre; Judex tristis & integer.*

25. *Lie luy les pieds & les mains ensemble comme à une beste.*] *quadrupedem constringito.* La coûtume de lier aux criminels les pieds &
les

les mains ensemble comme aux bestes, avoit passé des Grecs aux Romains, il y en a des exemples dans Platon; & les Grecs l'avoient prise des Hebreux; car Nôtre-Seigneur y fait allusion dans le 22. chapitre de S. Matthieu, verset 13. Τότε εἶπεν ὁ Βασιλεὺς τοῖς διακόνοις, δήσαντες αὐτοῦ πόδας καὶ χεῖρας ἄρατε αὐτὸν. &c. *Alors le Roy dit à ses serviteurs: Liez-luy les pieds & les mains ensemble, enlevez-le, &c.*

REMARQUES

sur la quatriéme Scene du cinquiéme Acte.

21. *Fut le premier chez qui aborda ce pauvre homme.*] *Forte applicat primum ad Chrysidis patrem. Applicare* est le propre terme pour dire *arriver*, aborder chez quelqu'un aprés un naufrage, ou quelqu'autre malheur, comme aprés un exil : c'est pourquoy Ciceron a employé le *jus applicationis* en parlant d'un exilé, où il appelle ce droit *obscur & inconnu.* Voicy ses propres termes dans le premier Livre de l'Orateur : *Qui Romam in exilium venisset, cui Roma exulare jus esset, si se ad aliquem quasi patronum applicuisset, intestatoque esset mortuus, nonne in ea causa jus applicationis obscurum sane & ignotum patefactum in judicio, atque illustratum est à Patrono.* Un homme qui estoit venu en exil à Rome où il avoit la liberté de passer tout le temps de son exil, aborda chez un citoyen comme chez son protecteur, & mourut en suite sans faire testament. N'est-il pas

vray que dans cette cause le droit d'abord, qu'on appelle droit d'application, & qui auparavant estoit obscur & inconnu, fut fort bien éclairci & demeslé par l'Avocat.

Je croy que ce droit n'estoit autre chose que ce que les loix vouloient que le Maistre de la maison eust des biens que le mourant *ab intestat* laissoit. Les loix avoient eû soin de regler ce qu'un homme pouvoit prendre des biens de celuy qu'il avoit receu dans sa maison.

22. *Il nous commence un conte*] *fabulam inceptat.* Simon parle ainsi, parce que Criton a commencé son histoire par ces mots, *Atticus quidam olim*, qui sont les mots qui servent d'ordinaire à tous les contes, comme en Grec, Ποτε, &c.

28. *Plusieurs personnes d'Andros.*] *Multi alii in Andro.* Plusieurs autres à Andros, c'est à dire, plusieurs autres personnes d'Andros, *multi alii Andrii.* C'est ainsi que Varron a dit, *illi in Lydia*, ces gens dans la Lydie, pour *ces Lydiens*: & c'est ce qui fait entendre ce passage de Lucrece, qui dit dans le quatriéme Livre, *omnes in populo*, tous dans le peuple, pour *tout le peuple*.

Præterea edictum sæpe unum perciet auris
Omnibus in populo, missum præconis ab ore.
D'ailleurs une publication faite par un Heraut, penetre les oreilles de tout le peuple.

29. *A son frere.*] *Fratris filiam*, la fille de son frere. Les anciens Latins n'avoient point de mot pour dire *un neveu*, *une niéce*; car *nepos* & *neptis* signifient petit fils & petite fille.

42. *C'est luy mesme. CH. le voila.*] *Ipsa est. CH. ea est.* C'est un jeu de Theatre, ils répondent tous deux en mesme temps.

Cela s'entend SIM. J'y donne les mains.] Ces deux réponses de Simon & de Pamphile sont en deux mots dans le texte ; Pamphile dit *nempe*, & Simon dit *scilicet*, & c'est encore un jeu de Theatre, ils parlent tous deux en mesme temps ; *nempe* & *scilicet* signifient tous deux la mesme chose, ce sont deux termes de consentement & d'approbation. Donat s'y est trompé, s'il est vray que la Remarque soit de luy, ce que j'ay de la peine à croire.

Je vais tout presentement donner cet ordre à Davus.] *Davo ego isthuc dedam jam negoti.* Je ne croy pas que l'on trouve un autre exemple de *dedere* dans la signification qu'il a icy. On dit *dare istuc negotii*, & non pas *dedere istuc negotii* : car *dare* & *dedere* sont des termes differens. Il pourroit bien estre que Terence a hazardé ce mot, pour ne pas dire *dabo*, & éviter par là la consonance qu'il y auroit eu entre le nom propre *Davo* & le verbe *dabo*, dans le mesme Vers *Davo istuc dabo*, ce qui certainement est rude, & doit blesser les oreilles delicates.

REMARQUES

sur la cinquiéme Scene du cinquiéme Acte.

LEs Dieux ne sont immortels que parce qu'ils ont des plaisirs qui n'ont point de fin.] Epicure disoit que les Dieux ne pouvoient pas manquer d'estre immortels, puisqu'ils estoient exempts de toutes sortes de maux, de soins &

de dangers. Mais Terence donne une autre raison qui est plus polie, & qui exprime mieux la joye de Pamphile; car il dit que leur immortalité ne vient que de la solidité & de la durée de leurs plaisirs. Je suis charmée de cet endroit. Les precautions que Pamphile prend d'abord en disant, *on s'imaginera peut-estre*, estoient en quelque maniere necessaires pour faire excuser la liberté que l'excez de sa joye luy faisoit prendre de donner une autre raison de l'immortalité des Dieux, que celles que les Philosophes avoient trouvées, & sur tout Epicure, dont la memoire estoit encore recente, & les sentimens presque generalement receus.

Sur la Scene sixiéme, au dernier Vers.

S'il y a quelqu'autre chose à faire, tout se terminera à la maison.] *Intus transigetur, si quid est quod restet.* On a toûjours fort mal traduit ce passage; & je m'en étonne, car Donat seul pouvoit empescher qu'on n'y fust trompé. Voicy la faute; c'est qu'on a separé ces mots, *si quid est quod restet* de *intus transigetur*, pour les joindre avec *plaudite. Si quid est quod restet, plaudite.* S'il y a encore quelque chose à faire, c'est, Messieurs, que vous battiez des mains. Mais ce n'est absolument point ce qu'à voulu dire Terence, qui dit, *Si quid est quod restet, illud intus transigetur :* S'il y a quelque autre chose à faire, on le vuidera dans la maison. En effet, pour finir la Piece il y avoit encore d'autres choses à faire aprés le mariage de Pamphile, car il y avoit à finir le mariage de Carinus, & à vuider les pretentions de

REMARQUES.

Criton. Mais ces choses là ne pouvoient pas se passer sur la scene, parce que le spectateur n'y auroit pas pris assez d'interest, & que comme Donat l'a fort bien remarqué, ces deux mariages auroient rendu l'action languissante.

Battez des mains.] Dans tous les Exemplaires de Terence, avant le mot *plaudite, battez des mains*, on met cette marque Ω. qui est la derniere lettre de l'Alphabet Grec. Les plus grands Critiques ont cru que d'abord au lieu de l'*Omega* on avoit mis deux o o, qui peu à peu ont degeneré en ω, & que ces deux o o signifioient ὅλος ὄχλος, *toute la Troupe*, pour faire entendre que ce mot, *plaudite, battez des mains*, estoit dit par tous les Comediens ensemble. Mais cela ne paroist point du tout vraisemblable, car il n'est pas vray même que toute la Troupe dist toûjours *plaudite*, le plus souvent c'estoit le dernier Acteur qui parloit. Il y a plus d'apparence que cet Ω vient des Copistes qui marquoient ainsi la fin des ouvrages ; comme l'*Alpha* marque le commencement, l'*Omega* marque aussi la fin.

Aprés le mot *plaudite*, l'on trouve dans tous les vieux Exemplaires de Terence, ces mots, *CALLIOPIUS RECENSUI*. Et l'on a cru que ce Calliopius estoit un des Acteurs ; c'est pourquoy mesme dans les premieres impressions de Terence on voit la figure de ce Calliopius dans les Taille-douces parmi les autres Comediens ; mais il faut pardonner cette erreur à un siecle peu éclairé.

Ces deux mots, *Calliopius recensui*, signifient, *Moy Calliopius ay reveû & corrigé cette Piece*. Et cela vient de la coûtume des anciens

Critiques, qui revoyoient avec soin les manuscripts. Quand ils avoient achevé de lire & de corriger un ouvrage, ils mettoient toûjours leur nom au bas. Nous avons une belle preuve de cela dans l'Oraison funebre que l'Orateur Aristide fit pour son Precepteur Alexandre, où il dit entre autres choses, que dans tous les livres qu'il avoit revûs & corrigez, on y voyoit son nom au bas avec celuy de son païs : ἐπεὶ καὶ τοῖς βιβλίοις ἃ διωρθοῦτο, τοῦτο ἐγκαταλελεῖφθαι σύμβολον ὅτι γὰρ τῷ Ἀλεξάνδρῳ τὸ γράμμα ἦν ἡ πατρίς. Et dans tous les livres qu'il avoit corrigez, il a laissé cette marque de l'amour qu'il avoit pour son païs : car aprés avoir mis son nom au bas, il mettoit celuy de sa patrie: c'est à dire que cet Alexandre ne se contentoit pas de mettre,

ΑΛΕΞΑΝΔΡΟΣ ΔΙΩΡΘΟΣΑΜΗΝ,

ALEXANDER RECENSUI,

mais il mettoit,

ΑΛΕΞΑΝΔΡΟΣ Ο ΚΥΤΙΑΙΟΣ ΔΙΩΡΘΟΣΑΜΗΝ.

ALEXANDER CUTIÆUS RECENSUI.

Fin des Remarques sur l'Andriene.

PUBLII

PUBLII
TERENTII
EUNUCHUS.

L'EUNUQUE
DE
TERENCE.

TITULUS, seu DIDASCALIA.

ACTA LUDIS MEGALENSIBUS, L. POSTUMIO ALBINO, L. CORNELIO MERULA ÆDILIBUS CURULIBUS. EGERE L. AMBIVIUS TURPIO, L. ATTILIUS PRÆNESTINUS. MODULAVIT FLACCUS CLAUDII. TIBIIS DUABUS, DEXTRA ET SINISTRA. GRÆCA MENANDRU. ACTA II. M. VALERIO C. FANNIO COSS.

LE TITRE.

CETTE PIECE FUT JOUÉE PENDANT LA FESTE DE CYBELE, SOUS LES EDILES CURULES POSTUMIUS ALBINUS, ET LUCIUS CORNELIUS MERULA, PAR LA TROUPE DE L. AMBIVIUS TURPIO, ET DE L. ATTILIUS DE PRENESTE. FLACCUS AFFRANCHI DE CLAUDIUS FIT LA MUSIQUE, OÙ IL EMPLOYA LES DEUX FLUTES, LA DROITE ET LA GAUCHE. ELLE EST PRISE DU GREC DE MENANDRE, ET ELLE FUT REPRESENTÉE DEUX FOIS SOUS LE CONSULAT DE M. VALERIUS, ET DE C. FANNIUS.

PERSONÆ DRAMATIS.

PROLOGUS.
PHÆDRIA, Lachetis filius, & Amator Thaidis.
PARMENO, Servus Phædriæ.
THAIS, Meretrix.
GNATHO, Parasitus.
CHÆREA, Adolescens Amator Pamphilæ.
THRASO, Miles, Rivalis Phædriæ.
PYTHIAS, ancilla Thaidis.
CHREMES, adolescens, frater Pamphilæ
ANTIPHO, Adolescens.
DORIAS, ancilla.
DORUS, EUNUCHUS.
SANGA, servus Thrasonis.
SOPRHONA, Nutrix
LACHES, Phædriæ & Chæreæ pater.

PERSONÆ MUTÆ.

SIMALIO.
DONAX. } Thrasonis servi.
SYRISCUS.
PAMPHILA, puella, Chremetis soror.

PERSONNAGES DE LA PIECE.

LE PROLOGUE.
PHÆDRIA, fils de Laches, & Amant de Thaïs.
PARMENON, Valet de Phedria.
THAIS, Courtisane, Maistresse de Phedria.
GNATHON, Parasite.
CHEREA, second fils de Laches, & Amant de Pamphila.
THRASON, Capitaine, Rival de Phedria.
PYTHIAS, Servante de Thaïs.
CHREMES, frere de Pamphila.
ANTIPHON, jeune homme, amy de Cherea.
DORIAS, autre Servante de Thaïs.
DORUS, EUNUQUE.
SANGA, Valet de Thrason.
SOPHRONA, Nourrice.
LACHES, pere de Phedria & de Cherea.

PERSONNAGES MUETS.

SIMALION.
DONAX.   } Valets de Thrason.
SYRISCUS.
PAMPHILA, sœur de Chremes.

PROLOGUS.

SI quisquam est qui placere se studeat bonis
Quam plurimis & minime multos ladere,
In his Poëta hic nomen profitetur suum.
Tum si quis est qui dictum in se inclemen-
tius
5 Existimavit esse, sic existimet,
Responsum, non dictum esse, quia laesit prior,
Qui bene vertendo, & eas describendo ma-
le, ex
Graecis bonis Latinas fecit non bonas.
Idem Menandri Phasma nunc nuper dedit,
10 Atque in Thesauro scripsit, causam dicere
Prius unde petitur, aurum quare sit suum,
Quam illic, qui petit, unde is sit thesaurus
sibi,
Aut unde in patrium monumentum perve-
nerit.
Dehinc ne frustretur ipse se, aut sic cogitet;
15 Defunctus jam sum, nihil est quod dicat
mihi:
Is ne erret moneo, & desinat lacessere:
Habeo alia multa, quae nunc condonabitur;
Quae proferentur post, si perget ladere

PROLOGUE.

S'Il y a quelqu'un qui faſſe ſes efforts pour plaire à tout ce qu'il y a d'honneſtes gens, & pour n'offencer perſonne, noſtre Poëte declare icy que c'eſt luy. Aprés cela, ſi un certain homme qui en traduiſant beaucoup de Comedies Greques, & les traduiſant mal, en a fait de tres-méchantes Pieces Latines, trouve que l'on parle un peu trop fortement contre luy ; qu'il ſe ſouvienne qu'on ne fait que luy répondre, & que c'eſt luy qui a attaqué. Ce Traducteur a depuis peu donné le Fantôme de Menandre ; & ſur le ſujet d'un treſor qui ſe trouve dans un tombeau, il fait plaider celuy qui l'a enlevé, & à qui on le demande avant que celuy qui le demande ſe mette en peine de faire voir comment ce treſor luy appartient, & de quelle maniere il a eſté mis dans le tombeau de ſon pere. Au reſte qu'il ne s'abuſe pas, & qu'il n'aille pas dire en luy-meſme : Voila qui eſt fait, j'en ſuis quitte, il ne me dira plus rien : encore une fois je l'avertis de ne s'y pas tromper, & de ceſſer de nous faire de la peine ; car nous avons encore beaucoup d'autres choſes que nous luy pardonnons pour l'heure, & que nous ne manquerons pas de faire valoir à la premiere occaſion, s'il ne ſe corrige, & s'il continuë de nous offen-

PROLOGUS.

Ita ut facere instituit. Nunc quam acturi sumus
20 *Menandri Eunuchum, postquam Ædiles emerunt,*
Perfecit, sibi ut inspiciundi esset copia.
Magistratus cum ibi adesset, occepta est agi:
Exclamat, furem, non Poëtam, fabulam
Dedisse, & nil dedisse verborum tamen.
25 *Colacem esse Nævi, & Plauti veterem fabulam:*
Parasiti personam inde ablatam, & militis.
Si id est peccatum, peccatum imprudentiæ est
Poëta, non qui furtum facere studuerit.
Id ita esse jam vos judicare poteritis.
30 *Colax Menandri est: in ea est parasitus Colax,*
Et miles gloriosus: eas se non negat
Personas transtulisse in Eunuchum suam
Ex Græca; sed eas fabulas factas prius
Latinas scisse sese, id vero pernegat.
35 *Quod si personis iisdem uti aliis non licet;*
Qui magis licet currentes servos scribere,
Bonas matronas facere, meretrices malas,
Parasitum edacem, gloriosum militem,
Puerum supponi, falli per servum senem,
40 *Amare, odisse, suspicari? denique*

PROLOGUE.

cer comme il a déja fait. Aprés que les Ediles eurent acheté l'Eunuque de Menandre, qui est la Piece que nous allons representer devant vous, il fit tout ce qu'il put pour obtenir la permission de la voir, & il l'obtint. Les Magistrats donc estant assemblez, on commença à la joüer. Aussi-tost il s'écrie, que c'estoit un voleur, & non pas un Poëte, qui avoit donné cette Comedie ; que cependant il n'avoit pas trompé ces Messieurs, puisqu'au lieu d'une méchante Piece de sa façon, il leur avoit donné le Colax de Nevius & de Plaute, d'où il avoit pris entierement les Personnages du Parasite & du Soldat. Si c'est une faute, nostre Poëte l'a faite sans le savoir, & il n'a eu aucun dessein de faire un vol, comme vous l'allez voir tout à l'heure. Menandre a fait une Piece intitulée, *le Colax*, dans cette Piece il y a un Parasite de ce nom ; il y a aussi un Soldat fanfaron. Terence ne nie pas qu'il n'ait pris de la Comedie Greque de Menandre ces deux Personnages, & qu'il ne les ait transportez dans son Eunuque ; mais qu'il ait jamais sceu que ces Pieces eussent esté traduites en Latin, c'est ce qu'il nie fortement. Que s'il n'est pas permis aux Poëtes d'aujourd'huy de mettre dans leurs Comedies les mesmes Personnages que Nevius & Plaute ont mis dans les leurs, pourquoy leur permet-on plûtost d'y representer des Valets qui courent de toute leur force, des Dames de condition avec des inclinations honnestes, des Courtisanes méchantes, des enfans supposez, des Vieillards trompez par des Valets ? Et pourquoy souffre-t-on qu'ils y representent l'amour, la haine, les jalousies, les

Nullum est jam dictum, quod non dictum sit prius.
Quare æquum est vos cognoscere, atque ignoscere,
Quæ veteres factitarunt, si faciunt novi.
Date operam, & cum silentio animadvortite,
45 *Ut pernoscatis quid sibi Eunuchus velit.*

PROLOGUE.

soupçons ? En un mot, Meſſieurs, ſi cette maxime eſt receuë, on ne pourra plus parler ni écrire, car on ne peut rien dire aujourd'huy qui n'ait eſté dit autrefois ; c'eſt pourquoy il eſt juſte que vous ayez quelque égard à nos raiſons, & que vous pardonniez aux Poëtes modernes, s'ils font quelquefois ce que les anciens ont fait ſi ſouvent. Donnez-nous, s'il vous plaiſt, une audience favorable, afin que vous puiſſiez bien juger de noſtre Piece.

PUBLII TERENTII EUNUCHUS.

ACTUS PRIMUS.
SCENA I.

PHÆDRIA. PARMENO.

PHÆDRIA.

Uid igitur faciam? non eam? ne nunc quidem,
Cum arcessor ultro? an potius ita me comparem,
Non perpeti meretricum contumelias?
Exclusit, revocat. redeam? non, si me obsecret.

PARMENO.

5 Siquidem hercle possis, nil prius, neque fortius:
Verùm si incipies, neque pertendes naviter,

L'EUNUQUE DE TERENCE.

ACTE PREMIER.

SCENE I.

PHEDRIA. PARMENON.

PHEDRIA.

Ue feray-je donc? n'iray-je point prefentement qu'elle me rappelle de fon bon gré? ou plûtoſt prendray-je une forte refolution de ne plus fouffrir les affronts de ces creatures? Elle m'a chaffé, elle me r'appelle; y retourneray-je? non, quand elle viendroit elle mefme m'en prier.

PARMENON.

En verité, Monfieur, fi vous pouvez gagner cela fur vous, vous ne fauriez rien faire qui vous foit plus avantageux, ni qui vous faffe plus d'honneur. Mais fi une fois vous

Atque, ubi pati non poteris, cum nemo expe-
   tet,
Infectâ pace, ultro, ad eam venies, indicans
Te amare, & ferre non posse: actum est, ili-
   cet,
10 Peristi: eludet, ubi te victum senserit.
Proin tu, dum est tempus, etiam atque etiam
   cogita.
Here, qua res in se neque consilium, neque mo-
   dum
Habet ullum, eam consilio regere non po-
   tes.
In amore hæc omnia insunt vitia, injuria,
15 Suspiciones, inimicitia, induciæ,
Bellum, pax rursum. Incerta hæc si tu pos-
   tules
Ratione certa facere, nihilo plus agas,
Quam si des operam ut cum ratione insa-
   nias.
Et quod nunc tute tecum iratus cogitas:
Egone illam? quæ illum? quæ me? quæ non?
   sine modò:
Mori me malim: sentiet qui vir siem.
Hæc verba me hercule una falsa lacrumula,
   Quam, oculos terendo misere, vix vi expres-
      serit,
Restinguet: & te ultro accusabis, & ei
   dabis
25 Ultro supplicium.

PHÆDRIA.

              indignum facinus! nunc ego &
Illam sceleştam esse, & me miserum sentio:

commencez, & que vous n'ayez pas le courage de continuer ; si dans vos impatiences amoureuses vous allez vous aviser d'y retourner lorsque personne ne vous demandera, & que vous ne serez pas raccommodés, montrant par ces démarches que vous l'aimez à ne pouvoir vivre sans la voir, vous estes perdu sans resource ; c'en est fait, elle se moquera de vous dés qu'elle s'appercevra que vous estes vaincu : enfin pendant qu'il est encore temps, pensez & repensez à ce que vous devez faire ; car il ne faut pas s'imaginer qu'une chose qui n'a en soy ni raison ni mesure, puisse estre conduite ni par mesure, ni par raison. *Voyez-vous, Monsieur,* en amour on est necessairement exposé à tous ces maux, à des rebuts, à des soupçons, à des broüilleries, aujourd'huy tréve, demain guerre, & enfin l'on refait la paix. Si vous pretendez que la raison fixe des choses qui sont tout à fait inconstantes & incertaines, c'est justement vouloir allier la folie avec la raison. Car pour ce que vous dites en vous-mesme presentement que vous estes irrité : Moy, j'irois la voir ? elle qui m'a preferé mon rival ? qui m'a méprisé ? qui ne voulut pas hier me recevoir ? Laisse-moy faire, j'aimerois mieux mourir ; je luy feray bien voir qui je suis; tout ce grand feu sera éteint dans un moment par la moindre petite larme feinte qu'elle fera sortir de ses yeux avec bien de la peine, & en se les frotant bien fort ; vous serez le premier à vous blâmer, & à luy faire telle satisfaction qu'il luy plaira.

PHEDRIA.

Ah, quelle honte ! Presentement enfin je

Et tædet : & amore ardeo : & prudens, sciens,
Vivus, vidensque pereo : nec, quid agam scio.

PARMENO.

Quid agas? nisi ut te redimas captum quam queas
30 Minimo, si nequeas paululo, at quanti queas :
Et ne te afflictes.

PHÆDRIA.

itane suades?

PARMENO.

si sapis.
Neque, præterquam quas ipse amor molestias
Habet, addas ; & illas, quas habet, rectè feras.
Sed ecca ipsa egreditur nostri fundi calamitas :
35 Nam quod nos capere oportet, hæc intercipit.

L'EUNUQUE.

connois qu'elle est scelerate, & que je suis malheureux, j'en suis au desespoir, cependant je meurs d'amour, & je meurs le connoissant, le sachant, le sentant le voyant; avec tout cela je ne say à quoy me determiner.

PARMENON.

A quoy vous determineriez-vous, & que pourriez-vous faire ? si ce n'est, puisque vous estes pris, de vous racheter au meilleur marché qu'il vous sera possible ; si vous ne le pouvez à bon marché, de vous racheter à quelque prix que ce soit, & de ne vous affliger point.

PHEDRIA.

Me le conseilles-tu ?

PARMENON.

Ouy, si vous estes sage ; vous n'ajouterez point de chagrins à ceux que donne l'Amour, & vous supporterez courageusement ceux qui vous viendront de ce costé là. Mais la voicy, la gresle qui ravage nostre heritage, car c'est elle qui enleve tout ce que nous en devrions retirer.

ACTUS PRIMUS.
SCENA II.

THAIS. PHÆDRIA. PARMENO.

THAIS.

Miseram me! vereor ne illud gravius Phædria
Tulerit, neve aliorsum, atque ego feci, acceperit,
Quod heri intromissus non est.
PHÆDRIA.
    totus, Parmeno
Tremo horreoque, postquam aspexi hanc.
PARMENO.
     bono animo es;
5 Accede ad ignem hunc, jam calesces plus satis.
THAIS.
Quis hîc loquitur? hem, tun' hîc eras, mi Phædria,
Qui hîc stabas? cur non recta introibas?
PARMENO.
     ceterum
De exclusione verbum nullum.
THAIS.
     Quid taces?
PHÆDRIA.
Sane, quia vero hæ mihi patent semper fores:
10 Aut quia sum apud te primus.

ACTE PREMIER.
SCENE II.
THAIS. PHEDRIA. PARMENON.

THAIS.

Que je suis mal-heureuse ! & que je crains que Phedria ne soit en colere de ce qui s'est passé, & qu'il n'ait mal pris le refus qu'on lui fit hier de le laisser entrer chez moy.

PHEDRIA.

Mon pauvre Parmenon, depuis que je l'ai apperceuë, je tremble & je suis tout en frisson.

PARMENON.

Prenez courage, approchez de ce feu, dans un moment vous vous échaufferez de reste.

THAIS.

Qui parle ici ? quoy vous estiez-là, mon cher Phedria ? d'où vient que vous vous y teniez ? pourquoy n'entriez-vous pas ?

PARMENON.

Et de la porte fermée, il ne s'en parle point.

THAIS.

Pourquoy ne dites-vous rien ?

PHEDRIA.

Vous avez raison de me demander d'où vient que je n'entre pas, car cette porte m'est toûjours ouverte, & je suis l'amant favorisé

EUNUCHUS.

THAIS.
missa isthac face.

PHÆDRIA.
quid, Missa? ó Thaïs, Thaïs, utinam esset mihi
Pars aqua amoris tecum; ac pariter fieret,
Ut aut hoc tibi doleret itidem, ut mihi dolet;
Aut ego isthuc abs te factum nihili penderem.

THAIS.
15 *Ne crucia te, obsecro, anime mi, mi Phædria:*
Non pol, quo quemquam plus amem, aut plus diligam,
Eo feci: sed ita erat res: faciundum fuit.

PARMENON.
Credo, ut sit, misera, præ amore exclusisti hunc foras.

THAIS.
Siccine ais, Parmeno? age. sed, huc qua gratia
20 *Te arcessi jussi, ausculta,*

PHÆDRIA.
fiat.

THAIS.
dic mihi
Hoc primum, potin' est hic tacere?

PARMENO.
egone? optume.
Verum heus tu, lege hac tibi meam adstringo fidem:
Quæ vera audivi, taceo, & contineo optume:

L'EUNUQUE.
THAIS.

Mon Dieu, ne songez-plus à cela.

PHEDRIA.

Comment, que je n'y songe plus ? ah, Thaïs, Thaïs, plût a Dieu que l'amour fût également partagé entre nous, & que ce que vous m'avez fait vous touchât aussi sensiblement que moy, ou que je ne m'en souciasse pas plus que vous.

THAIS.

Ne vous chagrinez pas, je vous prie, mon cher Phedria, ce n'est pas que j'aime, ou que je considere qui que ce soit plus que vous, ce que j'en ay fait, c'est parce que mes affaires le demandoient, & que j'y ay esté obligée.

PARMENON.

Je le croy, & cela se fait d'ordinaire, pauvre enfant, c'est par un excés d'amour que vous lui avez fait fermer la porte au nez.

THAIS.

C'est ainsi que tu en uses, Parmenon ? la la ? Mais, Phedria, écoutez pourquoy je vous avois envoyé prier de venir chez moy.

PHEDRIA.

Je le veux.

THAIS.

Avant toutes choses dites-moy, s'il vous plaist, ce garçon fait-il se taire ?

PARMENON.

Qui, moy ? parfaitement ; mais je vous en avertis, je ne promets jamais de me taire qu'avec condition. Si ce que l'on dit est veritable, je le tais fort bien, & le garde le mieux du monde ; mais s'il est faux, ou inventé à plaisir, ou inu-

Sin falsum, aut vanum, aut fictum est, continuo palam est:
25 Plenus rimarum sum, hac atque illac per-
fluo.
Proin tu, tacere si vis, vera dicito.

THAIS.
Samia mihi mater fuit: ea habitabat Rho-
di.
PARMENO.
Potest taceri hoc.
THAIS.
ibi tum matri parvolam
Puellam dono quidam mercator dedit,
30 Ex Attica hinc abreptam.
PHÆDRIA.
civemne?
THAIS.
arbitror:
Certum non scimus: matris nomen & patris
Dicebat ipsa: patriam & signa cetera
Neque sciebat, neque per ætatem etiam potue-
rat.
Mercator hoc addebat, è prædonibus,
35 Unde emerat, se audisse, abreptam è Su-
nio.
Mater ubi accepit, cœpit studiose omnia
Docere, educere, ita uti si esset filia:
Sororem plerique esse credebant meam:
Ego cum illo, quo cum uno rem habebam tum,
hospite,
40 Abii huc: qui mihi reliquit hæc quæ habes omnia.

tile, je ne l'ai pas plûtoſt entendu, que tout le monde en eſt informé ; voyez-vous, je ne le garde non plus qu'un panier percé garde l'eau ; c'eſt pourquoy ſongez à ne rien dire que de vrai, ſi vous voulez que je ſois ſecret.

THAIS.

Ma mere étoit de Samos, & elle demeuroit à Rhodes.

PARMENON.

Cela ſe peut taire.

THAIS.

Là un certain Marchand lui fit preſent d'une petite fille qu'on avoit priſe dans l'Attique.

PHEDRIA.

Quoy, une Citoyenne d'Athenes ?

THAIS.

Je le croy ; nous ne le ſavons pas bien certainement. Cette jeune enfant diſoit elle-meſme le nom de ſon pere & de ſa mere, mais elle ne ſavoit ni ſa patrie, ni rien qui la pût faire reconnoître, auſſi n'étoit-elle pas en âge de cela. Le Marchand ajoûtoit qu'il avoit oüi dire aux Pirates de qui il l'avoit achetée, qu'elle avoit eſté priſe à Sunium. Si toſt que ma mere l'eût entre ſes mains, elle commença à la bien élever, & à lui faire apprendre tout ce qu'une jeune fille doit ſavoir, avec autant de ſoin que ſi elle eût eſté ſon enfant ; de ſorte que la pluſpart des gens croyoient qu'elle étoit ma ſœur. Pour moy, quelque temps aprés je quitai Rhodes, & je vins ici avec cet Etranger, qui étoit le ſeul en ce temps-là avec qui je fuſſe en commerce, & qui m'a laiſſé tout ce que vous me voyez.

PARMENON.
Utrumque hoc falsum est: effluet.
THAIS.
quî isthuc?
PARMENO.
quia
Neque tu uno eras contenta, neque solus dedit:
Nam hic quoque bonam magnamque partem ad te attulit.

THAIS.

Ita est. sed sine me pervenire. quo volo:
45 *Interea miles, qui me amare occeperat,*
In Cariam est profectus. te interea loci
Cognovi. tute scis postilla quam intumum:
Habeam te, & mea consilia ut tibi credam omnia.

PHÆDRIA.

Neque hoc tacebit Parmeno.

PARMENO.
oh, dubiumne id-est?

THAIS.

50 *Hoc agite, amabo. mater mea illic mortua est*
Nuper. ejus frater aliquantum ad rem est avidior.
Is ubi hancce forma videt honesta virginem,
Et fidibus scire, pretium sperans, illico
Producit, vendit. forte fortuna adfuit
55 *Hic meus amicus: emit eam dono mihi,*
Imprudens harum rerum ignarusque omnium:
de

L'EUNUQUE.
PARMENON.

Voila deux articles que je ne pourrai taire, ils sont faux tous deux.

THAIS.

Comment cela ?

PARMENON.

C'est qu'il n'est pas vrai que vous ne fussiez en commerce qu'avec lui, ni que ce soit lui seul qui vous ait donné tout le bien que vous avez, car mon Maistre vous en a donné une bonne partie.

THAIS.

Cela est vrai ; mais laisse-moy venir où je veux. Dans ce temps-là ce Capitaine, dont je vous parle, fut obligé de s'en aller en Carie, & ce fut pendant son voyage que je commençai à vous voir ; depuis cela vous savez combien vous m'avez toûjours esté cher, & avec quel plaisir je vous ay confié tout ce que j'ai eu de plus secret.

PHEDRIA.

Voila encore ce que Parmenon ne taira pas assurément.

PARMENON.

Oh, cela s'en va sans dire.

THAIS.

Ecoutez la suite, je vous prie. Depuis quelque temps ma mere est morte à Rhodes ; son frere qui est un peu avare, voyant que cette fille estoit bien faite, & qu'elle savoit joüer des instrumens, crut qu'il la vendroit beaucoup, il la mit donc en vente, & trouva d'abord Marchand ; car heureusement ce Capitaine de mes amis estoit à Rhodes en ce temps-là, & il l'acheta pour me la donner, ne sachant pourtant rien de tout ce que je viens

Is venit. Postquam sensit me tecum quoque
Rem habere, fingit causas, ne det, sedulo:
Ait si fidem habeat, se iri præpositum tibi
60. Apud me, ac non id metuat, ne, ubi eam ac-
ceperim,
Sese relinquam, velle se illam mihi dare,
Verum id vereri. sed, ego quantum suspicor,
Ad virginem animum adjecit.
PHÆDRIA,
etiamne amplius?
THAIS.
Nil: nam quæsivi. nunc ego eam, mi Phæ-
dria,
65. Multæ sunt causæ, quamobrem cupio abdu-
cere.
Primum, quod soror est dicta: præterea, ut
suis
Restituam ac reddam. sola sum: habeo hic ne-
minem,
Neque amicum, neque cognatum, quamobrem,
Phædria,
Cupio aliquos parare amicos beneficio meo.
70. Id amabo adjuta me. quo id fiat facilius.
Sine illum priores partes hosce aliquot dies
Apud me habere. nihil respondes?
PHÆDRIA.
pessuma.
Ego quidquam cum istis factis tibi respon-
deam?
PARMENO.
Eu noster, laudo. tandem perdoluit: vir es.
PHÆDRIA.
75. At ego nescibam, quorsum tu ires. parvola,
Hinc est abrepta: eduxit mater pro sua:

de vous dire. Presentement il est arrivé, mais lors qu'il a appris que je vous voyois aussi, il a feint je ne sai quelles raisons pour ne me la pas donner. Il dit que s'il estoit asseuré d'occuper toûjours dans mon cœur la premiere place, & qu'il ne craignît pas que lors qu'il me l'auroit donnée, je ne le congediasse, il m'en feroit present, mais qu'il en a peur. Et moy, autant que je le puis conjecturer, je pense que c'est qu'il est amoureux de cette fille.

PHEDRIA.

Ne s'est-il rien passé entr'eux.

THAIS.

Non, car je l'ai interrogée. Presentement, mon cher Phedria, il y a mille raisons qui me font souhaiter de l'avoir; premierement, parce qu'elle passoit pour ma sœur, & secondement pour la pouvoir rendre à son frere; je suis seule, je n'ai ici personne qui me protege, ni ami, ni parent; c'est pourquoy je serois bien-aise de me faire des amis par mes services. Aidez-moy, je vous prie, afin que je le puisse plus facilement. Souffrez que pendant quelques jours je vous le prefere. Vous ne dites rien?

PHEDRIA.

Méchante, que puis-je vous répondre aprés ce que vous faites?

PARMENON.

Courage, cela me plaist; enfin vous avez du ressentiment; voila ce qui s'appelle estre homme.

PHEDRIA.

Je ne savois à quoy tendoit tout ce grand discours; une petite fille fut prise ici il y a quelques années, ma mere la fit élever comme

Soror est dicta: cupio abducere, ut reddam
  suis.
Nempe omnia hæc nunc verba huc redeunt de-
  nique,
Excludor ego, ille recipitur. quâ gratiâ,
80 *Nisi illum plus amas, quàm me, & istam nunc*
  times,
  Quæ advecta est, ne illum talem præripiat ti-
    bi?

THAIS.
Egon' id timeo?

PHÆDRIA.
                        quid te ergo solicitat?
  cedo.
Nun solus ille dona dat? Nuncubi meam
Benignitatem sensisti in te claudier?
85. *Nonne, mihi ubi dixti cupere te ex Æthio-*
    pia
  Ancillam, relictis rebus omnibus
  Quæsivi? Eunuchum porro dixti velle te,
  Quia sola utuntur his reginæ, repperi:
  Heri minas viginti pro ambobus dedi:
90 *Tamen contemptus abs te, hæc habui in memo-*
    ria:
  Ob hæc facta abs te spernor.

THAIS.
                  quid isthuc, Phædria?
Quanquam illam cupio abducere, atque hac re
  arbitror
Id fieri posse maxume; veruntamen,
Potius quàm te inimicum habeam, faciam ut
  jusseris.

PHÆDRIA.
95 *Utinam isthuc verbum ex animo ac verè dice-*
  res

si ç'avoit esté sa fille, elle a toûjours passé pour ma sœur ; je souhaite de l'avoir pour la rendre à son frere. Tout ce dialogue ne tend enfin qu'à me chasser & à recevoir mon rival. Pourquoy cela ? si ce n'est parce que vous l'aimez plus que moy, & que vous craignez que la fille qu'il a amenée ne vous enleve un amant de cette importance.

THAIS.

Moy, j'apprehende qu'elle ne me l'enleve ?

PHEDRIA.

Que seroit-ce donc ? Est-ce qu'il est le seul qui vous fait des presens ? Est-ce que vous n'avez jamais senti les effets de ma liberalité ? Lors que vous m'avez fait connoître que vous aviez envie d'avoir une petite Esclave d'Ethiopie, n'ay-je pas tout quitté pour vous en chercher une ? Enfin vous m'avez dit que vous souhaitiez un Eunuque, parce qu'il n'y a que les Dames de qualité qui ayent de ces gens-là : je vous en ay trouvé un aussi. Hier encore je donnai soixante pistoles pour eux deux, & tout mal-traité que je suis, je n'ai pas laissé de me souvenir d'executer vos ordres, & voila ce qui fait que vous me méprisez.

THAIS.

C'est donc ainsi que vous le prenez, Phedria ? Et bien, quoy que je desire passionément d'avoir cette fille, & que je sois persuadée qu'il me seroit facile de l'avoir de la maniere que je vous ay dit ; neanmoins, plûtost que de me broüiller avec vous, je ferai tout ce que vous voudrez.

PHEDRIA.

Plût à Dieu que cela fût vrai, & que ce

EUNUCHUS.

[*Potius quam te inimicum habeam.*] *si isthuc crederem*
Sincere dici, quidvis possem perpeti.

PARMENO.

Labascit, victus uno verbo. quam cito!

THAIS.

Ego non ex animo, misera, dico? quam joco
100 *Rem voluisti à me tandem, quin perfeceris?*
Ego impetrare nequeo hoc abs te, biduum
Saltem ut concedas solum.

PHÆDRIA.

                siquidem biduum.
Verum, ne fiant isti viginti dies.

THAIS.

Profecto non plus biduum, aut....

PHÆDRIA

           aut? nihil moror.

THAIS.

105 *Non fiet. hoc modo sine te exorem.*

PHEDIA.

                scilicet
Faciundum est quod vis.

THAIS.

           merito amo te. bene facis.

PHÆDRIA.

Rus ibo. ibi hoc me macerabo biduum.

L'EUNUQUE.

que vous venez de dire partit du cœur ?
Plûtoſt que de me broüiller avec vous ! Ah! ſi je
croyois que vous parlaſſiez ſincerement, il
n'y a rien que je ne fuſſe capable de ſouf-
frir.

PARMENON.

Le voila déja ébranlé ; il s'eſt rendu pour
un mot, que cela a eſté fait promptement !

THAIS.

Moy je ne vous parlerois pas du cœur ?
Qu'eſt-ce que vous avez jamais exigé de moy,
meſme en riant, que vous ne l'ayez obtenu ?
Et moy je ne puis obtenir de vous que vous
m'accordiez ſeulement deux jours.

PHEDRIA.

Si je croyois qu'il ne faluſt que deux jours;
mais je crains que ces deux jours n'en deviennent vingt.

THAIS.

Non en verité, je ne vous en demande que
deux, ou...

PHEDRIA.

Ou ? il n'y a rien à faire, je n'en veux plus
entendre parler.

THAIS.

Et bien non ; je vous aſſure que je ne vous
en demande que deux, je vous prie de me les
accorder.

PHEDRIA.

C'eſt à dire qu'il faut faire ce que vous
voulez.

THAIS.

J'ai bien raiſon de vous aimer comme je fais.
Que je vous ay d'obligation!

PHEDRIA.

J'irai à la campagne ; & là, pendant ces

Ita facere certum eſt : mos gerendu' eſt Thaï-
di.
Tu huc, Parmeno, fac illi adducantur.

PARMENO.

maxume.

PHÆDRIA.

110 *In hoc biduum, Thaïs, vale.*

THAIS.

mi Phædria,
Et tu. nunquid vis aliud?

PHÆDRIA.

egone quid velim?
Cum milite iſto præſens, abſens ut ſies :
Dies, noctesque ames me : me deſideres :
Me ſomnies : me expectes : de me cogites :
115 *Me ſperes, me te oblectes : mecum tota ſis :*
Meus fac ſis poſtremo animus, quando ego ſum
tuus.

ACTUS PRIMUS.

SCENA III.

THAIS.

ME *miſeram, forſitan hic mihi parum habeat*
fidem.
Atque ex aliarum ingeniis nunc me judicet.
Ego pol, quæ mihi ſum conſcia, hoc certo ſcio.
Neque me finxiſſe falſi quidquam, neque
meo

deux jours, je me tourmenterai, je m'affligerai, voila qui est resolu, il faut obeïr à Thaïs. Toy, Parmenon, aye soin de faire mener chez elle ces deux Esclaves.

PARMENON.

Fort bien.

PHEDRIA.

Adieu, Thaïs, pour deux jours.

THAIS.

Adieu, mon cher Phedria, ne voulez-vous rien davantage ?

PHEDRIA.

Moy, que voudrois-je ? si ce n'est que pendant tout le temps que vous serez prés du Capitaine, vous en soyez toûjours loin ; que jour & nuit vous songiez à moy, que vous m'aimiez, que vous me desiriez, que vous m'attendiez avec impatience, que vous n'ayez de plaisir qu'à penser à celui que vous aurez de me revoir, que vous soyez toute avec moy ; enfin que vostre cœur soit tout à moy, puis que le mien est tout à vous.

ACTE PREMIER.

SCENE III.

THAIS.

Que je suis mal-heureuse ! peut-estre qu'il n'a pas grand foy pour ce que je lui viens de dire, & qu'il juge de moy par les autres. En verité, je n'ai rien à me reprocher de ce costé-là ; je sai tres-bien que je n'ai rien dit

5 Cordi esse quenquam cariorem hoc Phædria:
Et quidquid hujus feci, causa virginis
Feci: nam me ejus spero fratrem propemodum
Jam repperisse, adolescentem adeo nobilem:
&
Is hodie venturum ad me constituit domum.
10 Concedam hinc intro, atque expectabo, dum venit.

que de veritable, & qu'il n'y a personne qui me soit plus cher que Phedria. Tout ce que j'en ai fait, ce n'a esté qu'à cause de cette fille, car je pense avoir déja à peu prés découvert que son frere est un jeune homme de cette ville, de tres-bonne maison, & il doit venir me trouver aujourd'hui ; je m'en vais donc l'attendre au logis.

ACTUS SECUNDUS.
SCENA I.
BHÆDRIA. PARMENO.

PHÆDRIA.

Ita face, ut jussi, deducantur isti.
PARMENO.
faciam.

PHÆDRIA.
at diligenter,
PARMENO,
Fiet.
PHÆDRIA.
at mature.
PARMENO.
fiet.
PHÆDRIA.
satin' hoc mandatum est tibi?

PARMENO.

Ah, rogitare? quasi difficile fiet. utinam
5 Tam aliquid facile invenire possis, Phædria,
Hoc quam peribit.

ACTE SECOND.

SCENE I.

PHEDRIA. PARMENON.

PHEDRIA.

FAy, comme je t'ai ordonné, que ces Esclaves soient menez chez Thaïs.
PARMENON.
Cela se fera.
PHEDRIA.
Promptement.
PARMENON.
Cela se fera.
PHEDRIA.
Mais de bonne heure.
PARMENON.
Cela se fera.
PHEDRIA.
Cela t'est-il assez recommandé ?
PARMENON.

Ah, belle question ! comme si c'etoit une chose bien difficile. Plût à Dieu, Monsieur, que vous fussiez aussi seur de gagner bien-tost quelque chose de bon, que vous estes asseuré de perdre tout à l'heure ces deux Esclaves.

PHÆDRIA.

ego quoque unà pereo; quod mi est carius,
Ne isthuc tam iniquo patiare animo.

PARMENO.

minime, quin
Effectum dabo. Sed nunquid aliud imperas?

PHÆDRIA.

Munus nostrum ornato verbis, quod poteris: &
10 Istum æmulum, quod poteris, ab ea pellito.

PARMENO.

Memini, tametsi nullus moneas.

PHÆDRIA.

ego rus ibo, atque ibi, manebo.

PARMENO.

Censeo.

PHÆDRIA.

sed heus tu.

PARMENO.

quid vis?

PHÆDRIA

censen' posse me obfirmare, &
Perpeti, ne redeam interea?

PARMENO.

te ne? non hercle arbitror:
Nam aut jam reverte e, aut mox noctu te adiget horsum insomnia.

PHEDRIA.

Je pers avec eux une chose qui m'est bien plus chere, je pers mon repos. Ne te chagrine pas si fort de ce present.

PARMENON.

Je ne m'en chagrine point du tout, & j'executerai vos ordres. Mais est-ce là tout ce que vous avez à me commander?

PHEDRIA.

Embelis nostre present par tes paroles tout autant que tu le pourras, & fay de ton mieux pour chasser ce fâcheux rival de chez Thaïs.

PARMENON.

Je l'aurois fait quand vous ne me l'auriez pas dit.

PHEDRIA.

Pour moy je m'en vais à la campagne, & j'y demeurerai.

PARMENON.

C'est bien fait.

PHEDRIA.

Mais dy-moy.

PARMENON.

Que voulez-vous?

PHEDRIA.

Crois-tu que je puisse gagner sur moy de ne point revenir pendant le temps que j'ai accordé à Thaïs?

PARMENON.

Vous? non, je n'en crois rien; & je suis seur, ou que vous reviendrez si-tost que vous y serez arrivé; ou que ne pouvant dormir cette nuit, vous n'attendrez pas le jour pour en partir.

PHÆDRIA.

25 *Opus faciam, ut defatiger usque, ingratiis ut dormiam.*

PARMENO.

Vigilabis lassus: hôc plus facies.

PHÆDRIA.

*ah, nil dicis, Parmeno:
Ejiciunda Hercle hæc mollities animi. nimis me indulgeo.
Tandem ego non illa caream, si sit opus, vel totum triduum?*

PARMENO.

*hui.
Universum triduum! vide quid agas.*

PHÆDRIA.

stat sententia.

ACTUS SECUNDUS.

SCENA II.

PARMENO.

*Di boni! quid hoc morbi est? adeon' homines immutarier
Ex amore, ut non cognoscas eundem esse? Hoc nemo fuit
Minus ineptus, magis severus quisquam, nec magi' continens.
Sed quis hic est, qui huc pergit? hic quidem est parasitus Gnatho*
5 *Militis. ducit secum unà virginem huic dono: papa!
Facie honesta. Mirum ni ego me turpiter hodie hìc dabo* PHEDRIA.

PHEDRIA.

Je travailleray, afin de me laſſer ſi bien que je puiſſe dormir malgré moy.

PARMENON.

Vous ferez encore plus, vous vous laſſerez, & vous ne laiſſerez pas de veiller.

PHEDRIA.

Ah, ne me dis pas cela, Parmenon, je veux me défaire de cette moleſſe, je donne trop à mes plaiſirs. Eſt-ce enfin que je ne ſaurois eſtre trois jours tout entiers ſans la voir, s'il le falloit?

PARMENON.

Oüais, trois jours tout entiers ſans la voir? Songez bien à ce que vous faites.

PHEDRIA.

J'ay pris mon parti, voila qui eſt reſolu.

ACTE SECOND.

SCENE II.

PARMENON.

GRands Dieux, quelle maladie eſt-ce là? Eſt-il poſſible que l'amour change ſi fort les gens, qu'on ne puiſſe plus les reconnoître? Perſonne n'eſtoit moins foible que cet homme là, perſonne n'eſtoit plus ſage ni plus maiſtre de ſes paſſions. Mais qui eſt celuy qui vient icy? Ho, ho! c'eſt Gnathon le Paraſite du Capitaine; il mene à noſtre voiſine une jeune fille: bons Dieux, qu'elle eſt belle! j'ay bien la mine de joüer aujourd'huy un ſot

*Cum meo decrepito hoc Eunucho. hac superat
ipsam Thaïdem.*

ACTUS SECUNDUS.
SCENA III.

GNATHO, PARMENO.

GNATHO.

Dii immortales, homini homo quid præstat!
    stulto intellegens
Quid interest! Hoc adeo ex hac re venit in
    mentem mihi:
Conveni hodie adveniens quendam mei loci
    hinc atque ordinis
5 Hominem haud impurum itidem patria. qui
    abligurierat bona.
Video senium, squalidum, ægrum, pannis an-
    nisque obsitum
Quid isthuc, inquam, ornati est? quoniam
    miser, quod habui, perdidi.
Hem, quo redactus sum; omnes noti me at-
    que amici deserunt.
Hic ego illum contemsi præ me: Quid, homo,
    inquam, ignavissime,
30 Itane parasti te, ut spes nulla reliqua in te
    siet tibi?
Simul consilium cum re amisti? Viden' me ex
    eodem ortum loco?

personnage avec mon vieux pelé d'Eunuque. Cette fille surpasse Thaïs elle-mesme en beauté.

ACTE SECOND.
SCENE III.
GNATHON. PARMENON.

GNATHON.

GRands Dieux, quelle difference il y a d'homme à homme ! quel avantage ont les gens d'esprit sur les sots ! ce qui vient de m'arriver me fait faire cette reflexion. Tantost en venant icy j'ay rencontré un certain homme de mon païs & de ma profession, un honneste homme, nullement avare, & qui, comme moy, a fricassé tout son patrimoine. Je l'apperçois tout défait, sale, crasseux, malade, courbé sous le faix des années, chargé de vieux haillons. Eh, qu'est-ce, luy ay-je dit, dans quel equipage te voila ? C'est, m'a-t-il dit, que j'ay esté assez malheureux pour perdre tout le bien que j'avois. Voyez à quoy je suis reduit, tous ceux qui me connoissent, & tous mes amis m'abandonnent. Alors je l'ay regardé de haut en bas : Quoy donc, luy ay-je dit, le plus lâche de tous les hommes, tu t'es mis dans un si deplorable état, qu'il ne te reste aucune esperance ? As-tu perdu ton esprit avec ton bien : Je suis de mesme condition que toy ; regarde quel teint, quelle

Qui color, nitor, vestitus, quæ habitudo est
   corporis?
Omnia habeo, neque quidquam habeo: nil
   cum est, nil desit tamen.
At ego infelix neque ridiculus esse, neque plagas pati
15 Possum. Quid? tu his rebus credis fieri? tota
   erras via.
Olim isti fuit generi quondam quæstus apud
   seclum prius.
Hoc novum est aucupium: ego adeo hanc primus inveni viam.
Est genus hominum, qui esse primos se omnium rerum volunt,
Nec sunt. hos consector: hisce ego non paro me
   ut rideant,
20 Sed eis ultro arrideo, & eorum ingenia admi-
   ror simul:
Quidquid dicunt, laudo: id rursum si negant,
   laudo id quoque.
Negat quis? nego: ait? aio: postremo imperavi egomet mihi,
Omnia assentari. is quæstus nunc est multo
   uberrimus.

PARMENO.

Scitum hercle hominem! hic homines prorsum
   ex stultis insanos facit.

GNATHO.

25 Dum hæc loquimur, interea loci ad macellum
   ubi advenimus,
Concurrunt læti mî obviam cupedinarii omnes,

propreté, quels habits, quel embonpoint, je n'ay aucun bien, & j'ay de tout; quoy que je n'aye rien, rien ne me manque. Pour moy, m'a-t-il dit, j'avoüe mon malheur, je ne puis ni estre boufon, ni souffrir les coups. Comment? tu crois donc que cela se fait de cette maniere? Tu te trompes, c'estoit jadis que les gens de nostre profession gagnoient leur vie de la sorte, c'estoit du temps de nos premiers peres; mais aujourd'huy nostre mestier est une nouvelle maniere de tendre aux oiseaux, & d'attraper les sots, c'est moy qui ay trouvé le premier cette methode. Il y a une certaine espece de gens qui pretendent estre les premiers en tout, quoy qu'il n'en soit rien pourtant; ce sont là les gens que je cherche, je ne me mets pas auprés d'eux sur le pied de boufon, mais je suis le premier à leur rire au nez, à me mocquer d'eux, & à admirer leur bel esprit. Je loüe tout ce qu'ils disent, & si dans la suite il leur prend fantaisie de dire le contaire de ce que j'ay loüé, je l'approuve & je le loüe comme auparavant. Disent-ils, cela n'est pas, je suis de cet avis; cela est, j'en tombe d'accord: enfin j'ay gagné sur moy d'applaudir à tout, & de cette maniere nostre mestier est & plus facile, & plus lucratif.

PARMENON.

Voila, ma foy, un joly garçon, on n'a qu'à luy donner des sots, il en fera bien-tost des fous.

GNATHON.

Cependant en nous entretenant de la sorte, nous arrivons au marché. Aussi-tost je voy venir au devant de moy, avec de grands témoignages de joye, tous les Confiseurs, les

Cetarii, lanii, coqui, fartores, piscatores,
aucupes,
*Quibus & re salva & perdita profueram, &
prosum sæpe:*
*Salutant: ad cœnam vocant: adventum gra-
tulantur.*
30 *Ille ubi miser famelicus videt me esse in tantum honorem,*
*Et tam facile victum quærere, ibi homo cœ-
pit me obsecrare,*
Ut sibi liceret discere id de me. sectari jussi,
*Si potis est, tanquam Philosophorum habent
disciplinæ ex ipsis*
*Vocabula, parasiti itidem ut Gnathonici vo-
centur.*

PARMENO.
35 *Viden' otium, & cibu' quid faciat alienus?*

GNATHO.
       sed ego cesso
*Ad Thaidem hanc deducere & rogitare ad cœ-
nam ut veniat?*
*Sed Parmenonem ante ostium Thaidis tristem
video,*
*Rivalis servum, salva est res. nimirum hic
homines frigent.*
Nebulonem hunc certum est ludere.

PARMENO.
      *hice hoc munere ar-
bitrantur*
40 *Suam Thaidem esse.*

GNATHO.
    *Plurima salute Parmenonem
Summum suum impartit Gnatho. quid agitur?*

PARMENO.
statur.

vendeurs de marée, les Bouchers, les Traiteurs, les Rotisseurs, les Pescheurs, les Chasseurs, tous gens à qui j'ay fait gagner de l'argent pendant que j'ay eu du bien, & depuis que je l'ay eu perdu ; & à qui j'en fais gagner tous les jours encore Ils me saluënt, & disent qu'ils sont ravis de me voir. Lorsque ce miserable affamé a vû qu'on me faisoit tant d'honneur, & que je gagnois si aisément ma vie, il s'est mis à me conjurer de vouloir bien qu'il apprist cela de moy. Je luy ay permis de me suivre, pour voir s'il ne seroit pas possible que comme les sectes des Philosophes prennent le nom de ceux qui en sont les Auteurs, les Parasites aussi se nommassent de mon nom, Gnathoniciens.

PARMENON.
Voyez-vous ce que fait l'oisiveté, & de vivre aux dépens des autres ?

GNATHON.
Mais je tarde trop à mener cette Esclave chez Thaïs, & à l'aller prier à souper. Ha, je voy devant chez elle Parmenon, le Valet de nôtre rival ; il est triste, nos affaires vont bien ; je suis fort trompé si les gens ne se morfondent à cette porte. Il faut que je joüe ce faquin.

PARMENON
Ces gens icy s'imaginent déja que ce beau present va les rendre entierement maistres de Thaïs.

GNATHON.
Gnathon saluë de tout son cœur Parmenon le meilleur de ses amis. Eh bien, que fait-on?

PARMENON.
On est sur ses pieds.

EUNUCHUS.

GNATHO.
video:
Nunquidnam hîc, quod nolis, vides?

PARMENO.
te.

GNATHO.
credo. at nunquid aliud?

PARMENO.
Quîdum?

GNATHO.
quia tristi' es.

PARMENO.
nihil equidem.

GNATHO.
ne sis, sed quid videtur Hoc tibi mancupium?

PARMENO.
non malum hercle.

GNATHO.
uro hominem.

PARMENO.
ut falsus animi est?

GNATHO.
45 *Quam hoc munus gratum Thaidi arbitrare esse?*

PARMENO.
hoc nunc dicis,
Ejectos hinc nos. omnium rerum, heus, vi-
cissitudo est.

GNATHO.
Sex ego te totos, Parmeno, hos menses quie-
tum reddam;
Ne sursum deorsum cursites, neve usque ad
lucem vigiles:
Ecquid beo te?

GNATHON

GNATHON.

Je le voy. Mais n'y a-t-il point icy quelque chose que tu voudrois n'y point voir ?

PARMENON.

Toy.

GNATHON.

Je le croy. Mais n'y a-t-il rien de plus ?

PARMENON.

Pourquoy cela ?

GNATHON.

Parce que je te voy triste.

PARMENON.

Point du tout.

GNATHON.

Il ne faut pas l'estre aussi. Que te semble-t-il de cette Esclave ?

PARMENON.

Elle n'est pas mal faite, vraiment.

GNATHON.

Je fais enrager mon homme.

PARMENON.

Qu'il est trompé !

GNATHON.

Combien penses-tu que ce present va faire de plaisir à Thaïs ?

PARMENON.

Tu crois déja que cela nous va faire chasser. Ecoute ; toutes les choses du monde ont leurs revolutions.

GNATHON.

Mon pauvre Parmenon, je vais te faire reposer pendant tous ces six mois, & t'empêcher de courir de costé & d'autre, & de veiller jusqu'au jour. Eh bien n'est-ce pas là un grand service que je te rends ?

EUNUCHUS.

PARMENO.
men'? papæ!

GNATHO.
sic soleo amicos.

PARMENO.
laudo.

GNATHO.
50 Detineo te: fortasse tu profectus alio fueras?

PARMENO.
Nusquam.

GNATHO.
tum tu igitur paululum da mihi opera, fac admittar
Ad illam.

PARMENO.
age modo, nunc tibi patent fores hæ,
quia istam ducis.

GNATHO.
Numquem evocari hinc vis foras?

PARMENO.
sine biduum hoc prætereat:
Qui mihi nunc uno digitulo forem aperis fortunatus,
55 Ne tu istam, faxo, calcibus sæpe insultabis
frustrà.

GNATHO.
Etiam nunc hîc stas, Parmeno? eho, numnam tu hîc relictus custos,
Ne quis forte internuntius clam à milite ad
istam cursitet?

PARMENON.
A moy ? sans doute, ha, ha, ha !

GNATHON.
C'est ainsi que j'en use avec mes amis.

PARMENON.
Je te loüe de cette humeur bien-faisante.

GNATHON.
Mais je te retiens icy ; peut-estre que tu voulois aller ailleurs.

PARMENON.
Point du tout.

GNATHON.
Puisque cela est, je te prie de me faire la grace de m'introduire chez Thaïs.

PARMENON.
Va, va, presentement la porte t'est ouverte, parce que tu menes cette fille.

GNATHON.
Ne veux tu point que je te fasse venir icy quelqu'un de là-dedans ?

PARMENON. *bas.*
Patience, laisse seulement passer ces deux jours ; tu as presentement le bonheur de faire ouvrir cette porte en y touchant du petit bout du doigt ; mais laisse-moy faire, il viendra un temps que tu y donneras bien des coups de pieds inutilement.

GNATHON *qui revient de chez Thaïs.*
Quoy, Parmenon, te voila encore ? ho, ho ! est-ce qu'on t'a laissé icy pour garder la porte, de peur qu'à la sourdine il ne vienne à Thaïs quelque Messager de la part du Capitaine ?

PARMENO.

Facete dictum ! mira vero, militi quæ placeant ?
Sed video herilem filium minorem huc advenire.
60 *Miror, qui ex Piræo abierit : nam ibi custos publice est nunc.*
Non temere est : & properans venit : nescioquid circumspectat.

ACTUS SECUNDUS.

SCENA IV.

CHÆREA, PARMENO.

CHÆREA.

Occidi.
Neque virgo est usquam, neque ego, qui illam è conspectu amisi meo.
Ubi quæram ? ubi investigem ? quem percenter ? quam insistam viam ?
Incertus sum : una hæc spes est, ubi ubi est, diu celari non potest.
O faciem pulcram ! deleo omnes dehinc ex animo mulieres :
5 *Tædet quotidianarum harum formarum.*

PARMENO.

ecce autem alterum,
De amore nescioquid loquitur, ô infortunatum senem !
Hic vero est, qui si occeperit, ludum jocumque dices.

PARMENON.

Que cela est plaisamment dit, & qu'il y a là d'esprit! Faut-il s'étonner que ces belles choses plaisent à un Capitaine? Mais je voy le jeune fils de nostre Maistre qui vient icy; je suis surpris qu'il ait quitté le Port de Pirée, car il est presentement de garde; ce n'est pas pour rien, il vient avec trop de haste; je ne say pourquoy il regarde de tous costez.

ACTE SECOND.
SCENE IV.
CHEREA, PARMENON.

CHEREA.

JE suis mort! je ne voy cette Fille nulle part, je ne say ni où elle est, ni où je suis. Où la puis-je chercher? quel chemin prendray-je? Je n'en say rien. Mais une chose me donne de l'esperance, c'est qu'en quelque lieu qu'elle soit, elle ne peut y estre long-temps cachée. Quelle beauté, grands Dieux! quel air! desormais je veux bannir de mon cœur toutes les autres femmes; je ne puis plus souffrir toutes ces beautez ordinaires & communes.

PARMENON.

Voila-t-il pas l'autre, qui parle aussi d'amour? Oh, malheureux Vieillard! s'il a une fois commencé à estre amoureux, on pourra bien dire que tout ce que Phedria fait

Fuisse illum alterum, præut hujus rabies qua dabit.

CHÆREA.

Ut di illum deæque senium perdant, qui me hodie remoratus est,
10 *Meque adeo, qui restiterim: tum autem qui illum flocci fecerim.*
Sed eccum Parmenonem. salve.

PARMENO.

quid tu es tristis? quidve es alacris?
Unde is?

CHÆREA.

egone? nescio hercle, neque unde eam, neque quorsum eam,
Ita prorsum oblitus sum mei.

PARMENO.

Qui, quæso?

CHÆREA.

amo.

PARMENO.

ehem!

CHÆREA.

nunc, Parmeno, te ostendes qui vir sies.
15 *Scis te mihi sæpe pollicitum esse: Chærea, aliquid inveni*
Modo, quod ames, in ea re utilitatem ego faciam ut noscas meam:
Cum in cellulam ad te patris penum omnem congerebam clanculum.

PARMENO.

Age inepte.

CHÆREA.

hoc hercle factum est. fac sis nunc promissa appareant.

L'EUNUQUE.

n'eſt que jeu, au prix des emportemens de celuy-cy.

CHEREA.

Que tous les Dieux & les Déeſſes perdent ce maudit Vieillard qui m'a amuſé aujourd'huy ; & moy auſſi, de m'eſtre arreſté à luy, & d'avoir ſeulement pris garde qu'il me parloit. Mais voila Parmenon. Bon jour.

PARMENON.

Pourquoy eſtes-vous triſte ? D'où vient que vous paroiſſez ſi empreſſé ? d'où venez-vous ?

CHEREA.

Moy ? Je ne ſay, en verité, ni d'où je viens, ni où je vais, tant je ſuis hors de moy.

PARMENON.

Pourquoy donc, je vous prie ?

CHEREA.

Je ſuis amoureux.

PARMENON.

Ho, ho !

CHEREA.

C'eſt à cette heure, Parmenon, que tu dois faire voir ce que tu es. Tu ſais que toutes les fois que j'ay pris dans l'Office toutes ſortes de proviſions pour te les porter dans ta petite loge, tu m'as toûjours promis de me ſervir. Cherea, me diſois-tu, cherchez ſeulement un objet que vous puiſſiez aimer, & je vous feray connoiſtre combien je vous puis eſtre utile.

PARMENON.

Allez, badin.

CHEREA.

Ce n'eſt pas raillerie ; j'ay trouvé ce que tu me diſois que je cherchaſſe, fay moy voir

B b iiij

Sive adeo digna res est, ubi tu nervos inten-
    das tuos,
20 *Haud similis virgo est virginum nostrarum;*
    quas matres student
Demissis humeris esse, vincto pectore, ut gra-
    cilæ fient.
Si qua est habitior paulo, pugilem esse aiunt:
    deducunt cibum:
Tametsi bona est natura, reddunt curaturâ
    junceas:
Itaque ergo amantur.

PARMENO.

quid tua isthæc?

CHÆREA.

nova figura oris.

PARMENO.

CHÆREA. *papa,*
25 *Color verus, corpus solidum, & succi ple-*
    num.

PARMENO.
anni?

CHÆREA.
sedecim.

PARMENO.
Flos ipse.

CHÆREA.

hanc tu mihi vi, clam, precario
Fac tradas: mea nil refert, dum potiar mo-
    do.

les effets de ces promesses, principalement en cette occasion, qui merite bien que tu employes tout ton esprit. La fille dont je suis amoureux, n'est pas comme les nostres, de qui les meres font tout ce qu'elles peuvent pour leur rendre les épaules abattuës, & le sein serré, afin qu'elles soient de belle taille. S'il y en a quelqu'une qui ait tant soit peu trop d'embonpoint, elles disent que c'est un franc Athlete, on luy retranche de la nourriture ; de sorte que bien que leur temperament soit fort bon, à force de soin on les rend seches, & tout d'une venuë comme des bâtons. Cela fait aussi qu'on en est fort amoureux.

PARMENON.

Et la vostre, comment est-elle donc faite ?

CHEREA.

C'est une beauté extraordinaire.

PARMENON.

Ouy !

CHEREA.

Un teint naturel, un beau corps, un embonpoint admirable.

PARMENON.

De quel âge !

CHEREA.

De seize ans.

PARMENON.

C'est justement la fleur.

CHEREA.

Il faut que tu me la fasses avoir de quelque maniere que ce soit, ou par force, ou par adresse, ou par prieres, il n'importe, pourvû qu'elle soit à moy.

PARMENO.
Quid, virgo cuja est?
CHÆREA
nescio hercle.
PARMENO.
unde est?
CHÆREA.
tantumdem
PARMENO.
ubi habitat?
CHÆREA.
Ne id quidem.
PARMENO.
ubi vidisti?
CHÆREA.
in via.
PARMENO.
qua ratione amisisti?
CHÆREA.
Id equidem adveniens mecum stomachabar modo:
Neque quemquam hominem esse ego arbitror, cui magis bona
Felicitates omnes adversa sient.
Quid hoc est sceleris! perii.
PARMENO.
quid factum est?

CHÆREA
rogas?
Patris cognatum atque aqualem Archidemidem
Nostin'?
PARMENO.
quidni?

PARMENON.
Et quoy, à qui eſt donc cette fille ?

CHEREA.
Je n'en ſay rien.
PARMENON.
D'où eſt-elle ?
CHEREA.
Je ne le ſay pas mieux.
PARMENON.
Où demeure-t elle ?
CHEREA.
Je n'en ſay rien non plus.
PARMENON.
Où l'avez-vous vûë ?
CHEREA.
Dans la ruë.
PARMENON.
Pourquoy l'avez-vous perdu de vûë ?

CHEREA.
C'eſt de quoy je peſtois tout à l'heure en arrivant, & je ne penſe pas qu'il y ait au monde un homme comme moy, qui profite ſi mal des bonnes rencontres. Quel malheur ! je ſuis inconſolable.
PARMENON.

Que vous eſt-il donc arrivé ?
CHEREA.
Le veux-tu ſavoir ? Connois-tu un certain parent de mon pere, & qui eſt de ſon âge; un certain Archidemides.
PARMENON.
Je ne connois autre.

CHÆREA.

is, dum sequor hanc, fit mihi obviam.

PARMENO.

Incommode hercle.

CHÆREA.

imo enimvero infeliciter:
Nam incommoda alia sunt dicenda, Parmeno.
Illum liquet mihi dejerare his mensibus
40 Sex septem prorsum non vidisse proxumis,
  Nisi nunc, cum minime vellem, minimeque opus fuit.
Eho, nonne hoc monstri simile est? quid ais?

PARMENO.

maxume

CHÆREA.

Continuo accurrit ad me, quam longe quidem.
Incurvus, tremulus, labiis demissis, gemens:
45 Heus, heus, tibi dico, Chærea, inquit. Restiti
Scin', quid ego te volebam? Dic. Cras est mihi
Judicium. Quid tum? Ut diligenter nunties
Patri, advocatus mane mihi esse ut meminerit.
Dum hæc dicit, abiit hora. rogo, numquid velit.
50 Recte, inquit. Abeo. cum huc respicio ad virginem,
  Illa sese interea commodum huc advorterat
  In nostram hanc plateam.

CHEREA.

Comme je suivois cette fille, je l'ay trouvé en mon chemin.

PARMENON.

Mal à propos, en verité.

CHEREA.

Dy plûtost bien malheureusement. Le mot, *mal à propos*, est pour des accidens ordinaires, Parmenon. Je puis jurer que depuis six ou sept mois je ne l'avois vû que tantost que j'en avois le moins d'envie, & qu'il estoit le moins necessaire que je le visse. Eh bien, n'est-ce pas là une fatalité épouventable qu'en dis-tu?

PARMENON.

Cela est vray.

CHEREA.

D'abord, de si loin qu'il m'a vû, il a couru à moy, tout courbé, tremblant, ésouflé, les lévres pendantes; & s'est mis à crier, Hola, Cherea, hola, c'est à vous que je parle. Je me suis aresté. Savez-vous ce que je vous veux, m'a-t-il dit? Dites-le moy donc. J'ay demain une affaire au Palais. Eh bien? Je veux que vous disiez de bonne heure à vostre pere qu'il se souvienne d'y venir le matin, pour m'aider à soutenir mon droit. Une heure s'est écoulée pendant qu'il m'a dit ces quatre mots. Je luy ay demandé s'il ne me vouloit rien davantage, il m'a dit que non. Je l'ay quitté en mesme temps, & dans le moment j'ay regardé où estoit cette Fille, elle ne faisoit justement que d'arriver icy dans nôtre place.

EUNUCHUS.

PARMENO.
mirum ni hanc dicit, modo
Huic qua data est dono.

CHÆREA.
huc cum advenio, nulla erat.

PARMENO.
55 Comites secuti scilicet sunt virginem?
CHÆREA.
Verum, parasitus cum ancilla.

PARMENO.
ipsa est: ilicet,
Desine, jam conclamatum est.

CHÆREA.
alias res agis.
PARMENO.
Isthuc ago equidem.
CHÆREA.
nostin'? qua sit? dic mihi: aut
Vidistin'?
PARMENO.
vidi, novi: scio quo abducta sit.

CHÆREA.
Eho, Parmeno mi, nostin'?
PARMENO.
novi.
CHÆREA.
& scis ubi siet?
PARMENO.
Huc deducta est ad Thaidem: ei dono data est.

L'EUNUQUE.

PARMENON. *bas.*

Je suis bien trompé, si ce n'est celle qu'on vient de donner à Thaïs.

CHEREA.

Cependant quand j'ay esté icy, je ne l'ay point vuë.

PARMENON.

Il y avoit apparemment des gens qui la suivoient.

CHEREA.

Ouy, il y avoit un Parasite & une Servante.

PARMENON. *bas.*

C'est elle-mesme, cela est seur. Cessez de vous inquieter, c'est une affaire faite.

CHEREA.

Tu songes à autre chose.

PARMENON.

Nullement ; je songe fort bien à ce que vous me dites.

CHEREA.

Est-ce que tu sais qui elle est ? Dy-le moy, je t'en prie, l'as-tu veuë ?

PARMENON.

Je l'ay vuë, je la connois, je say qui elle est, & où elle a esté menée.

CHEREA.

Quoy, mon cher Parmenon, tu sais qui elle est ?

PARMENON.

Ouy.

CHEREA.

Et où elle a esté menée ?

PARMENON.

Elle a esté menée icy chez Thaïs, à qui on en a fait present.

CHÆREA.

Quis is est tam potens cum tanto munere hoc?

PARMENO.

miles Thraso.
Phædriæ rivalis.

CHÆREA.

duras fratris partes prædicas.

PARMENO.

Imo enim, si scias quod donum huic dono contra comparet.
&ſ Tum magis id dicas.

CHÆREA.

quodnam, quæso hercle?

PARMENO.

Eunuchum.

CHÆREA.

illumne, obsecro,
Inhonestum hominem, quem mercatus est here,
senem, mulierem?

PARMENO.

Isthunc ipsum.

CHÆREA.

homo quatietur certe cum dono foras.
Sed istam Thaidem non scivi nobis vicinam.

PARMENO.

haud diu est.

CHÆREA.

70 Perii! nunquamne etiam me illam vidisse?
ehodum, dic mihi,
Esne, ut fertur, forma?

PARMENO.

sane.

CHÆREA.

at nihil ad nostram hanc?

L'EUNUQUE.

CHEREA.

Qui est le grand Seigneur qui peut faire un present de cette importance ?

PARMENON.

C'est le Capitaine Thrason, le Rival de Phedria.

CHEREA.

A ce que je voy, mon frere a affaire là à forte partie.

PARMENON.

Oh ! vraiment, si vous saviez le beau present qu'il pretend opposer à celuy-là, vous diriez bien autre chose.

CHEREA.

Eh quel, je te prie ?

PARMENON.

Un Eunuque.

CHEREA.

Quoy, ce vilain vieillard qu'il acheta hier ?

PARMENON.

Le mesme.

CHEREA.

En bonne foi il sera chassé avec son present. Mais je ne savois pas que Thaïs fût nostre voisine.

PARMENON.

Il n'y a pas long-temps qu'elle l'est.

CHEREA.

J'enrage ! faut-il que je ne l'aye jamais vûe ! Est-ce comme l'on dit une beauté si . . . ?

PARMENON.

Oüi, en verité, elle est tres-belle.

CHEREA.

Mais non pas comme la nostre.

Tome I.   Cc

EUNUCHUS.
PARMENO.
alia res est.
CHÆREA.
Obsecro te hercle, Parmeno, fac ut potiar.

PARMENO.
faciam sedulo, ac
Dabo operam, adjutabo. nunquid me aliud
vis?
CHÆREA.
quo nunc is?
PARMENO.
domum;
Ut mancipia hæc, ita ut jussit frater, deducam
ad Thaïdem.
CHÆREA.
750 O fortunatum istum eunuchum, qui quidem
in hanc detur domum?
PARMENO.
Quid ita?
CHÆREA.
rogitas? summa forma semper conservam domi.
Videbit, conloquetur, aderit unà in unis ædibus,
Cibum nonnumquam capiet cum ea, interdum
propter dormiet.

PARMENO.
Quid, si nunc tute fortunatus fias?
CHÆREA.
qua re, Parmeno?
80 Responde.
PARMENO.
capias tu illius vestem.

PARMENON.

C'est une autre affaire.

CHEREA.

Je te prie, Parmenon, que je la puisse posseder.

PARMENON.

J'y travaillerai tout de bon, & je ferai de mon mieux ; je vous aiderai. Ne me voulez-vous plus rien?

CHEREA.

Où vas-tu presentement ?

PARMENON.

Au logis, afin de mener ces Esclaves à Thaïs, comme vostre frere m'a commandé.

CHEREA.

Ah, que ce vilain homme est heureux d'entrer dans cette maison !

PARMENON.

Pourquoy cela?

CHEREA.

Peux-tu me faire cette demande ? sans sortir de chez-lui il verra à tous momens une compagne comme celle-là, belle comme le jour, il lui parlera, il sera dans la mesme maison, quelquefois il mangera avec elle, quelquefois mesme il couchera dans la mesme chambre.

PARMENON.

Et si presentement vous estiez cet heureux-là !

CHEREA.

Comment cela, Parmenon ? parle.

PARMENON.

Que vous prissiez ses habits.

EUNUCHUS.
CHÆREA.
vestem? quid tum postea?
PARMENO.
Pro illo te deducam.
CHÆREA.
audio.
PARMENO.
te esse illum dicam.
CHÆREA.
intellego.
PARMENO.
Tu illis fruare commodis, quibus tu illum dicebas modo:
Cibum unà capias, adsis, tangas, ludas, propter dormias:
Quandoquidem illarum neque quisquam te novit, neque scit qui sies.
285 Præterea forma, ætas ipsa est, facile ut te pro eunucho probes.
CHÆREA.
Dixti pulcre: nunquam vidi melius consilium dari.
Age eamus intro: nunc jam orna me, adduc, duc, quantum potest.
PARMENO.
Quid agis? jocabar equidem.
CHÆREA.
garris.
PARMENO.
perii, quid ego egi miser!
Quo trudis? perculeris jam tu me, tibi equidem dico, mane.
CHÆREA.
Eamus.

L'EUNUQUE.
CHEREA.
Ses habits ? Et bien, aprés cela ?
PARMENON.
Que je vous menasse en sa place.
CHEREA.
J'entends.
PARMENON.
Que je disse que vous estes celui qu'on lui envoye.
CHEREA.
Je comprends.
PARMENON.
Et que vous joüissiez des mesmes plaisirs dont vous dites qu'il joüira ; de manger avec elle, de la voir, de la toucher, de rire avec elle, & de coucher dans sa chambre ? puis qu'aussi bien aucune de toutes ces femmes ne vous connoît, & ne sait qui vous estes. De plus, vostre visage & vostre âge vous feront facilement passer pour ce qu'il est.
CHEREA.
On ne peut pas mieux parler ; je n'ai de ma vie vû donner un meilleur conseil ; marchons, allons au logis, ajuste-moy tout à l'heure, mene-moy, conduis-moy au plus viste.
PARMENON.
Que voulez-vous faire ? je riois en verité.
CHEREA.
Tu te moques.
PARMENON.
Je suis perdu ! qu'ai-je fait, miserable que je suis ? à quoy m'obligez-vous ? c'est à vous que je parle, au moins ; laissez-moy.

CHEREA.
Allons.

EUNUCHUS.
PARMENO.
Pergin'?
CHEREA.
certum est.
PARMENO.
vide ne nimium calidum hoc sit modo.
CHEREA.
Non est profecto. sine.
PARMENO
at enim isthac in me cudetur faba.
CHEREA.
ah!
PARMENO.
Flagitium facimus
CHEREA.
an id flagitium est, si in domum meretriciam
Deducar, & illis crucibus, quæ nos, nostramque adolescentiam
Habent despicatam & quæ nos semper omnibus cruciant modis,
Nunc referam gratiam, atque eas itidem fallam ut ab illis fallimur?
An potius hæc patri æquom est fieri, ut à me ludatur dolis?
Quod qui rescierint, culpent: illud merito factum omnes putent.

PARMENO.

Quid isthuc? si certum est facere, facias. verum ne post conferas
Culpam in me.
CHEREA.
non faciam.

L'EUNUQUE.
PARMENON.
Vous continuez?
CHEREA.
Cela est resolu.
PARMENON.
Prenez garde que cela ne soit trop perilleux.
CHEREA.
Il n'y a nul peril. Laisse-moy faire.
PARMENON.
Il n'y en a point pour vous, car tout l'orage tombera sur moy.
CHEREA.
Ahi!
PARMENON.
Nous allons faire une action malhonnête.
CHEREA.
Est-ce une action malhonnête de se faire mener dans la maison de ces Demoiselles, & de rendre la pareille à des coquines qui nous méprisent, qui se moquent de nôtre jeunesse, & qui nous font enrager de toutes sortes de manieres? Est-ce une vilaine action, de les tromper comme elles nous trompent tous les jours? Est-il plus juste que je trompe mon pere & que je le joüe, afin que je sois blâmé de tous ceux qui le sauront? Au lieu que tout le monde trouvera que j'aurai tres-bien fait de les traiter de la sorte.
PARMENON.
Vous le voulez ainsi? Si vous étes resolu de le faire, à la bonne heure; mais au moins dans la suite, n'allez pas rejetter toute la faute sur moy.
CHEREA.
Je ne le ferai pas.

EUNUCHUS.
PARMENO.
jubesne?
CHEREA.
jubeo, cogo, atque impero:
Nunquam defugiam auctoritatem.
PARMENO.
sequere: dii vortant bene.

L'EUNUQUE.
PARMENON.
Me le commandez-vous ?
CHEREA.
Je te le commande, je te l'ordonne, & je le veux absolument ; je ne refuserai de ma vie de dire que c'est moy qui t'ai obligé de le faire.
PARMENON.
Suivez-moy donc. Que les Dieux donnent un heureux succez à nôtre entreprise !

ACTUS TERTIUS,

SCENA I.

THRASO. GNATHO, PARMENO.

THRASO.

Magnas vero agere gratias Thaïs mihi?

GNATHO.

Ingentes.

THRASO.

ain' tu, læta est?

GNATHO.

non tam ipso quidem
Dono, quàm abs te datum esse: id vero serio
Triumphat.

PARMENO.

huc proviso, ut, ubi tempus siet,
5 Deducam. sed eccum militem.

THRASO.

est isthuc datum
Profecto mihi, ut sint grata, quæ facio om‑
nia.

ACTE TROISIE'ME.

SCENE I.

THRASON. GNATHON.
PARMENON.

THRASON.

Thaïs me fait de grands remerciemens, sans doute ?

GNATHON.

Tres-grands.

THRASON.

Dis-tu vrai ? est-elle bien-aise ?

GNATHON.

Elle n'est pas si touchée de la beauté du present, qu'elle est ravie de ce qu'il vient de vous ; c'est surquoy elle triomphe.

PARMENON.

Je viens voir quand il sera temps de presenter ces Esclaves. Mais voila le Capitaine.

THRASON.

Il faut avoüer que la nature m'a fait une grande grace ; c'est que je ne fais rien qui ne soit trouvé agreable, & dont on ne m'ait de l'obligation.

EUNUCHUS.

GNATHO.
Advorti hercle animum.

THRASO.
vel rex semper maxumas
Mihi agebat, quidquid feceram: aliis non
item.

GNATHO.
Labore alieno magno partam gloriam
10. *Verbis saepe in se transmovet, qui habet salem.*
Quod in te est.

THRASO.
habes.

GNATHO,
rex te ergo in oculis.

THRASO.
scilicet.

GNATHO.
Gestare.

THRASO,
vero. credere omnem exer-
citum,
Consilia.

GNATHO,
mirum.

THRASO.
tum, sicubi eum satietas
Hominum, aut negoti si quando odium cepe-
rat,
15. *Requiescere ubi volebat, quasi: nostin'?*

GNATHO.
scio.
Quasi ubi illam expueret miseriam ex animo.

GNATHON.

Cela est vrai, c'est ce que j'ai toûjours remarqué.

THRASON.

Aussi il falloit voir combien le Roy de Perse me remercioit des moindres choses que je faisois. Il n'en usoit pas de mesme avec les autres.

GNATHON.

Quand on a de l'esprit, on trouve toûjours le moyen de s'approprier par ses discours la gloire que les autres ont acquise avec bien de la peine & du travail, & c'est là ce que vous avez au souverain degré.

THRASON.

C'est bien dit.

GNATHON.

Le Roy donc n'avoit des yeux... ?

THRASON.

Sans doute.

GNATHON.

Que pour vous.

THRASON.

Non ; il me confioit la conduite de son armée & tout le secret de l'Etat.

GNATHON.

Cela est étonnant !

THRASON.

Et lors qu'il étoit las du monde, qu'il étoit fatigué des affaires, quand il vouloit se reposer ; comme pour.. entends-tu ?

GNATHON.

Fort bien ; comme pour chasser l'ennuy que la foule de ses Courtisans lui avoit causé.

EUNUCHUS.
THRASO.

Tum me convivam solum abducebat sibi.
GNATHO.
hui!

Regem elegantem narras.
THRASO.
imo sic homo
Est perpaucorum hominum.
GNATHO.
imo nullorum arbitror,
20. *Si tecum vivit.*
THRASO.
invidere omnes mihi,
Mordere clanculum : ego non flocci pendere!
Illi invidere misere. verum unus tamen
Impense, elephantis quem Indicis præfecerat:
Is ubi molestus magis est, quæso, inquam, Strato,
25. *Eone es ferox, quia habes imperium in belluas?*
GNATHO.
Pulcre mehercle dictum & sapienter: papæ!
Jugularas hominem. quid ille?
THRASO.
mutus illico.
GNATHO.
Quidni esset?
PARMENO.
dii vostram fidem, hominem perditum,
Miserumque, & illum sacrilegum!
THRASO.
quid illud, Gnatho,

L'EUNUQUE.

THRASON.

T'y voila. Alors il ne manquoit jamais de me prendre pour me faire manger avec lui teste à teste.

GNATHON.

Diantre ! Vous me parlez-là d'un Prince qui choisit bien son monde !

THRASON.

Ho, c'est un homme qui s'accommode de fort peu de gens.

GNATHON.

Ho ma foy, il ne s'accommode de personne, puis qu'il vous goûte.

THRASON.

Tous les Courtisans me portoient envie, & me donnoient des coups de dent sans faire semblant de rien ; mais moy je les méprisois ; ils me portoient tous une envie furieuse. Un entre autres, celui qui commandoit les Elephans Indiens ; Un jour qu'il me chagrinoit plus qu'à l'ordinaire : Dis-moy, je te prie, lui dis-je, Straton, est-ce parce que tu commandes à des bestes que tu fais tant le fier ?

GNATHON.

Par ma foy, c'est là ce qui s'appelle un bon mot ! Grands Dieux ! vous lui donnâtes-là un coup de massuë, que pût-il répondre ?

THRASON.

Il demeura muet.

GNATHON.

Comment ne l'auroit-il pas esté ?

PARMENON.

Grands Dieux ! voila un homme entierement perdu, il est achevé ; & ce scelerat !

THRASON.

Mais, Gnathon, ne t'ai-je jamais conté de

30. *Quo pacto Rhodium tetigerim in convivio,*
Nunquid tibi dixi?

GNATHO.

nunquam: sed narra, obsecro,
(*Plus millies jam audivi.*)

THRASO.

unà in convivio
Erat hic, quem dico, Rhodius adolescentulus.
Forte habui scortum: cœpit ad id alludere,
35 *Et me irridere. quid agis, inquam, homo impudens,*
Lepus tute es, & pulpamentum quæris?

GNATHO.

ha, ha, ha,

THRASO.

Quid est?

GNATHO.

facete, lepide, laute: nihil supra.
Tuumne, obsecro te, hoc dictum erat? vetu͡s
credidi.

THRASO.

Audieras?

GNATHO.

sæpe, & fertur in primis,

THRASO.

meum est.

GNATHO.

40. *Dolet dictum imprudenti adolescenti, & libero?*

quelle maniere je traitay un jour à table un Rhodien?
GNATHON.
Jamais; dites-le moy, je vous prie. *bas.* Il me l'a dit plus de mille fois.

THRASON.

Un jour que j'étois à un festin avec ce jeune homme dont je vous parle, & qui étoit de Rhodes; par hazard j'avois mené avec moy une Courtisane; il se mit à folâtrer avec elle & à se mocquer de moy. Que veux-tu dire, luy dis-je, impudent ✱✱✱✱✱✱.
GNATHON.
Ha, ha, ha, ha?
THRASON.
Qu'as-tu à rire?
GNATHON.
Que cela est fin, qu'il y a là de politesse, qu'il y a d'esprit? il ne se peut rien de mieux? Je vous prie, Monsieur, ce mot là est-il de vous? je l'ai toûjours pris pour un des meilleurs mots des Anciens
THRASON.
L'avois-tu oüi dire?
GNATHON.
Tres-souvent, & il est des plus estimez.
THRASON.
Il est de moy.

GNATHON.

Je suis fâché que pour une legere imprudence vous ayez piqué si vivement un jeune homme de bonne maison.
Tome I.

EUNUCHUS.
PARMENO.

At te Dî perdant.

GNATHO.

quid ille, quaso?

THRASO.

perditus.
Risu omnes, qui aderant, emoriri. denique
Metuebant omnes jam me.

GHATHO.

non injuria.

THRASO.

Sed heus tu, purgon' ego me de isthac Thaï-
di,
45. *Quod eam me amare suspicata est?*

GNATHO.

nihil minus.
Imo magis auge suspicionem.

THRASO.

cur?

GNATHO.

rogas?
Scin', si quando illa mentionem Phædriæ
Facit, aut si laudat, te ut male urat

THRASO.

sentio.

GNATHO.

id ut ne fiat, hæc res sola est
remedio:
50. *Ubi nominabit Phædriam, tu Pamphilam*
Continuo. si quando illa dicet, Phædriam
Commissatum intromittamus; tu, Pamphi-
lam
Cantatum provocemus. si laudabit hæc

PARMENON.
Que les Dieux te confondent ?
GNATHON.
Que vous répondit-il, je vous prie ?
THRASON.
Il fut déferré, & tous ceux qui étoient à table mouroient de rire. Enfin depuis ce temps-là tout le monde me craignoit.
GNATHON.
Ce n'étoit pas sans raison.
THRASON.
Mais à propos, dis-moy; dois-je me disculper auprés de Thaïs sur le soupçon qu'elle a eu que j'aime cette fille ?
GNATHON.
Rien moins que cela, au contraire, il faut que vous augmentiez ce soupçon de plus en plus.
THRASON.
Pourquoy ?
GNATHON.
Me le demandez-vous ? savez-vous bien ce que vous devez faire ? quand elle parlera de Phedria, ou qu'elle s'avisera de le loüer pour vous faire dépit....
THRASON.
J'entends.
GNATHON.
Voicy le seul moyen que vous avez de l'en empescher ; quand elle nommera Phedria, vous d'abord nommez Pamphila : & si elle vous dit faisons venir Phedria pour faire colation avec nous ; vous direz aussi-tost, faisons appeller Pamphila pour chanter devant nous. Si elle loüe la bonne mine de vostre ri-

Illius formam, tu hujus contra ; denique
Tu par pari referto, quod eam remordeat.

THRASO.

Siquidem me amaret, tum isthus prodesset,
Gnatho.

GNATHO.

Quando illud, quod tu das, expectat atque
  amat,
Jam dudum amat te : jam dudum illi facile fit
Quod doleat. metuit semper, quem ipsa nunc
  capit
60. Fructum, nequando iratus tu alio conferas.

THRASO.

Bene dixti. at mihi isthuc non in mentem venerat.

GNATHO.

Ridiculum ; non enim cogitaras : ceterum,
Idem hoc tute melius quanto invenisses, Thraso !

vaî ; de voftre cofté loüez la beauté de cette fille. Enfin fouvenez-vous de lui rendre toûjours la pareille, afin de la faire enrager à fon tour.

THRASON.

Cela feroit tres-bon fi elle m'aimoit un peu,
GNATHON.
Puis qu'elle attend avec impatience vos prefens, & qu'elle les aime, il n'y a point de doute qu'elle ne vous aime de tout fon cœur, & ce n'eft pas d'aujourd'hui qu'il eft facile de lui donner du chagrin fur voftre chapitre. Elle craint toûjours que fi elle vous fâche, vous ne portiez ailleurs le bien qu'elle reçoit de vous prefentement.
THRASON.
Tu as raifon, cela ne m'étoit pas venu dans l'efprit.
GNATHON.
Vous vous mocquez ; c'eft que vous n'y aviez pas penfé ; car fi vous y euffiez penfé, vous l'auriez encore beaucoup mieux trouvé que moy.

ACTUS TERTIUS.
SCENA II.

THAIS. THRASO. PARMENO.

GNATHO. PYTHIAS.

THAIS.

Audire vocem visa sum modo militis:
Atque eccum. salve, mi Thraso.

THRASO.
ô Thais mea,
Meum suavium, quid agitur? ecquid nos
amas
De fidicina isthac?

PARMENO.
quam venuste! quod dedit
Principium adveniens!
THAIS.
plurimum merito tuo.
GNATHO.
Eamus ergo ad cœnam: quid stas?

PARMENO.
hem alterum:
Ex homine hunc natum dicas.
THAIS.
ubi vis, non moror.

ACTE TROISIE'ME.
SCENE II.
THAIS. THRASON. PARMENON.
GNATHON. PYTHIAS.

THAIS.

Il m'a semblé entendre la voix du Capitaine. Le voila aussi. Bon jour, mon cher Thrason.

THRASON.

O ma chere Thaïs, mes delices, que faites-vous ? Eh bien, m'aimez-vous un peu pour le present que je vous ay fait de cette Joüeuse d'instrumens ?

PARMENON.

Qu'il est poli ! & le beau debut qu'il fait en arrivant !

THAIS.

Pourroit-on ne pas aimer un homme de vôtre merite ?

GNATHON.

Allons donc souper, à quoy vous arrestez-vous ?

PARMENON.

Voila-t-il pas l'autre ! vous diriez qu'il est fils de ce faquin, tant ils se ressemblent tous deux.

THAIS.

Nous irons quand vous voudrez, je suis toute preste.

EUNUCHUS.

PARMENO.

Adibo, atque adsimulabo quasi nunc exeam.
Ituran' Thaïs quopiam es?

THAIS.

ehem, Parmeno,
10 Bene pol fecisti: hodie itura.

PARMENO.

quo?

THAIS.

ecquid hunc vides?

PARMENO.

Video, & me tædet. ubi vis, dona adsunt tibi
A Phædria.

THRASO.

quid stamus? cur non imus hinc?

PARMENO.

Quæso hercle ut liceat, pace quod fiat tua,
Dare huic quæ volumus, convenire & conloqui.

THRASO.

15 Perpulcra credo dona, haud nostris similia.

PARMENO.

Res indicabit. heus jubete istos foras
Exire, quos jussi. Ocius procede tu huc.
Ex Æthiopia est usque hac.

THRASO.

hic sunt tres minæ.

GNATHO.

Vix.

PARMENON,

L'EUNUQUE.

PARMENON.

Je vais les aborder, & je feray comme si je ne faisois que de venir de chez nous. Madame, devez-vous aller quelque part ?

THAIS.

Ha, Parmenon, tu viens fort à propos, car je vais sortir.

PARMENON.

Où allez-vous donc ?

THAIS. *bas.*

Quoy, est-ce que tu ne vois pas cet homme ?

PARMENON.

Je le voy, & j'en enrage : quand il vous plaira vous aurez icy les presens que Phedria vous envoye.

THRASON.

Pourquoy nous tenons-nous icy ? d'où vient que nous n'allons pas ?

PARMENON.

Je vous prie qu'avec vostre permission nous puissions donner à Madame ce que nous avons à luy donner, qu'il nous soit permis de l'approcher, & d'avoir avec elle un moment de conversation.

THRASON.

Je croy que ce sont là de beaux presens, & qu'ils sont bien comparables aux nostres.

PARMENON.

On en jugera en les voyant. Hola, faites venir tout à l'heure ces Esclaves. Avancez. Cette fille est du fin fonds de l'Ethiopie.

THRASON.

Voila qui vaut huit pistoles.

GNATHON.

Tout au plus.

Tome I. E e

EUNUCHUS.

PARMENO.
ubi tu es, Dore? accede huc. hem eunuchum tibi,
20 Quam liberali facie, quam ætate integra!

THAIS.
Ita me di ament, honestus est.

PARMENO.
quid tu ais, Gnatho?
Nunquid habes quod contemnas? quid tu autem Thraso?
Tacent: satis laudant. Fac periclum in literis,
Fac in palæstra, in musicis: quæ liberum
25 Scire æquum est adolescentem, solertem dabo.

THRASO.
Ego illum Eunuchum, si sit opus, vel sobrius.

PARMENO.
Atque hæc qui misit, non sibi soli postulat
Te vivere, & sua causa excludi cæteros:
Neque pugnas narrat, neque cicatrices suas
30 Ostentat, neque tibi obstat, quod quidam facit.
Verum, ubi molestum non erit, ubi tu voles,
Ubi tempus tibi erit, sat habet, si tum recipitur.

THRASO.
Apparet servum hunc esse domini pauperis,
Miserique.

GNATHO.
nam hercle nemo posset, sat scio,
35 Qui haberet qui pararet alium, hunc perpeti.

PARMENON.

Et toy, Dorus, où es-tu ? approche. Tenez, Madame, voyez cet Esclave ; qu'il a bonne mine ! voyez quelle fleur de jeunesse !

THAIS.

Ouy en verité il a bon air.

PARMENON.

Qu'en dis-tu, Gnathon ? n'y trouves-tu rien à redire ? Et vous, Monsieur ? Ils ne disent rien ; c'est assez le loüer. Examinez-le sur les sciences ; éprouvez-le sur les exercices & sur la Musique ; je vous le donne pour un garçon qui sait tout ce que les jeunes gens de condition doivent savoir.

THRASON.

En verité, à un besoin il passeroit pour une fille, & sans avoir bû on s'y méprendroit.

PARMENON à Thaïs.

Cependant celuy qui vous fait ces presens ne demande pas que vous viviez toute pour luy, & que pour luy vous chassiez tous les autres ; il ne compte point ses combats, il ne fait point parade de ses blessures ; il ne vous gêne point comme un certain homme que nous connoissons ; mais lors qu'il ne vous incommodera point, quand vous luy permettrez de venir, quand vous aurez le loisir de le recevoir, il se trouvera trop heureux.

THRASON.

On voit bien que c'est là le Valet d'un gueux & d'un miserable.

GNATHON.

Vous avez raison, car un homme qui auroit dequoy en acheter un autre, ne pourroit jamais souffrir celuy-là.

PARMENO.

Tace tu, quem ego esse infra infimos omnes
 puto
Homines. nam, qui huic animum assentari in-
 duxeris,
E flamma petere te cibum posse arbitror.

THRASO.

Jamne imus?

THAIS.

   hos prius introducam, &, quæ
volo
40 Simul imperabo. postea, continuo exeo.

THRASO.

Ego hinc abeo: tu istam opperire.

PARMENO.

     haud convenit,
Unà cum amica ire imperatorem in via.

THRASO.

Quid tibi ego multa dicam? domini similis es.

GNATHO.

Ha, ha, hæ!

THRASO.

  quid rides?

GNATHO.

     isthuc quod dixti modo,
45 Et illud de Rhodio dictum cum in mentem
 venit.
Sed Thaïs exit.

THRASO.

  abi, præcurre, ut sint domi
Parata.

GNATHO.

 Sat.

PARMENON.

Tay-toy, le dernier des faquins; car puisque tu as la lâcheté de complaire en tout à cet homme-là, je suis sur qu'il n'y a point d'infamie que tu ne sois capable de faire pour remplir ta panse.

THRASON.

Nous en irons-nous donc enfin?

THAIS.

Je vais faire entrer auparavant ces Esclaves, & donner quelques ordres; je reviens dans un moment.

THRASON.

Pour moy je m'en vais, attends-la icy.

PARMENON.

Il n'est pas de la gravité d'un General d'Armée d'estre vû dans les ruës avec sa Maîtresse.

THRASON.

Que veux-tu que je te dise davantage? tel Maistre, tel Valet.

GNATHON.

Ha, ha, ha.

THRASON.

Qu'as-tu à rire?

GNATHON.

De ce que vous venez de dire; & quand ce que vous dites à ce jeune Rhodien, me vient dans l'esprit, je ne puis m'en empescher encore. Mais Thaïs sort de chez elle.

THRASON.

Va t-en devant, cours, afin que tout soit prest au logis.

GNATHON.

Soit.

THAIS

diligenter, Pythias,
Fac cures, si Chremes huc forte advenerit,
Ut ores, primum ut maneat : si id non commodum est,
50 Ut redeat : si id non poterit, ad me addu-
cito.

PYTHIAS.

Ita faciam.

THAIS.

quid ? quid aliud volui dicere ?
Hem, curate istam diligenter virginem.
Domi adsitis facite.

THRASO.

eamus

THAIS

vos me sequimini.

ACTUS TERTIUS.

SCENA III.

CHREMES. PYTHIAS.

CHREMES.

PRofecto, quanto magis magisque cogito,
Nimirum dabit hæc Thais mihi magnum
malum :
Ita me videt ab ea astute labefactarier.
Jam tum, cum primum jussit me ad se ar-
cesser,
5 (Roget quis, quid tibi cum illa ? ne noram
quidem)

THAIS

Aye bien soin de tout ce que je t'ay dit, Pythias ; si par hazard Chremes venoit icy, prie-le de m'attendre ; s'il n'en a pas le temps, prie-le de revenir une autre fois ; s'il ne le peut, amene-le moy.

PYTHIAS.

Je n'y manqueray pas.

THAIS.

Qu'y a-t-il encore ? que voulois-je dire ? Ha ! ayez bien soin de cette fille, & vous tenez à la maison.

THRASON.

Marchons.

THAIS.

Suivez-moy, vous autres.

ACTE TROISIEME.

SCENE III.

CHREMES. PYTHIAS.

CHREMES.

EN verité plus je pense à cette affaire, c'est un grand hazard si cette Thaïs ne me fait quelque tour de son mestier, de la maniere fine dont je voy qu'elle se prend à me vouloir faire tomber dans ses pieges. Lors qu'elle m'eut fait prier de l'aller voir, & que je fus chez elle, (on me demandera, quelles affaires aviez-vous avec cette creature là ? Je ne la connoissois pas seulement.) Quand je fus donc

Ubi veni, causam ut ibi manerem repperit:
Ait rem divinam fecisse, & rem seriam
Velle agere mecum. jam tum erat suspicio
Dolo malo hæc fieri omnia. ipsa accumbere
10 *Mecum, mihi sese dare, sermonem quære-*
   re.
Ubi friget, huc evasit. Quampridem pa-
 ter
Mihi & mater mortui essent. dico, Jam
 diu.
Rus Sunii ecquod habeam, & quam longe à
 mare.
Credo ei placere hoc: sperat se à me avel-
 lere.
15 *Postremo, ecqua inde parva periisset soror,*
Ecquis cum ea unà; quid habuisset, cum pe-
 rit,
Ecquis eam posset noscere. Hæc cur quæri-
 tet?
Nisi si illa forte, quæ olim periit parvola
Soror, hanc se intendit esse, ut est audacia:
20 *Verum ea, si vivit, annos nata est sede-*
 cim,
Non major: Thais, ego quam sum, majus-
 cula est.
Misit porro orare, ut venirem, serio.
Aut dicat quod volt, aut molesta ne siet:
Non hercle veniam tertio. heus, heus.

PYTHIAS.

hic quis est?
chez

chez elle, d'abord elle trouva un pretexte pour me retenir; elle me dit qu'elle avoit fait un facrifice, & qu'elle avoit à m'entretenir d'une affaire tres-importante. Dés ce moment là j'ay foupçonné que tout cela fe faifoit pour m'attraper. Elle fe mit à table auprés de moy, elle me fit toutes les avances imaginables, & épuifa tous les lieux communs. Enfin quand elle vid la converfation refroidie, elle me demanda combien il y avoit de temps que mon pere & ma mere eftoient morts; je luy répondis qu'il y avoit déja du temps. Elle voulut favoir enfuite fi je n'avois point de maifon de campagne à Sunium, & fi cette maifon eftoit bien éloignée de la mer. Je croy que cette maifon luy plaift, & qu'elle efpere de pouvoir me l'efcroquer. Enfin elle me demanda fi je ne perdis pas une petite fœur il y a quelques années, qui eftoit avec elle? quels habits, quels bijoux elle avoit quand elle fut prife, & qui la pourroit reconnoître? Pourquoy me fait-elle toutes ces demandes, fi ce n'eft, comme elle eft fort hardie, qu'elle a peut-eftre deffein de paffer pour cette petite fœur? Mais fi cette fille eft en vie, elle n'a que feize ans tout au plus, & je croy que Thaïs eft un peu plus âgée que moy. Depuis cela elle m'a encore envoyé prier de la venir trouver; mais qu'elle me dife, fi elle veut, ce qu'elle a à me dire, & qu'elle ne m'importune pas davantage, car en verité je ne reviendray pas une troifiéme fois. Hola, hola, quelqu'un.

PYTHIAS.

Qui eft-ce ?

CHREMES.
25 Ego sum Chremes.
PYTHIAS.
ô capitulum lepidissimum!
CHREMES.
Dico ego mî insidias fieri?
PYTHIAS.
Thais maxumo
Te orabat opere ut cras redires.
CHREMES.
rus eo.
PYTHIAS.
Fac, amabo.
CHREMES.
non possum, inquam.
PYTHIAS.
at apud nos hîc mane,
Dum redeat ipsa
CHREMES.
nihil minus.
PYTHIAS.
cur, mi Chremes?
CHREMES.
30 Malam rem abis hinc?
PYTHIAS
si isthuc ita certum est tibi,
Amabo, ut illuc transeas, ubi illa est.
CHREMES.
eo.
PYTHIAS.
Abi Dorias, cito hunc deduce ad militem.

L'EUNUQUE.
CHREMES.
C'est Chremes.
PYTHIAS.
Oh, le joly homme!
CHREMES.
N'ay-je pas bien dit qu'on me tend quelque piege?
PYTHIAS.
Thaïs vous conjure de revenir demain, si vous en avez la commodité.
CHREMES.
Je vais à la campagne.
PYTHIAS.
Faites-luy cette grace, je vous prie.
CHREMES.
Je ne puis pas, te dis-je.
PYTHIAS.
Attendez-la donc icy.
CHREMES.
Encore moins.
PYTHIAS.
Pourquoy cela, mon cher Chremes?
CHREMES.
Va te promener.
PYTHIAS.
Si vous avez absolument resolu de ne faire rien de tout cela, ayez la bonté d'aller trouver ma Maistresse où elle est, il n'y a que deux pas.
CHREMES.
Je le veux.
PYTHIAS.
Dorias, cours viste, mene Monsieur chez le Capitaine.

ACTUS TERTIUS.
SCENA IV.
ANTIPHO.

Heri aliquot adolescentuli coiimus in Piraeo,
In hunc diem ut de symbolis essemus. Chæream ei rei
Præfecimus: dati annuli: locus, tempus con-
stitutum est.
Præteriit tempus: quo in loco dictum est, pa-
rati nihil est.
5 Homo ipse nusquam est: neque scio, quid dicam, aut quid conjectem.
Nunc mihi hoc negoti ceteri dedere, ut illum
quæram:
Idque adeo visam, si domi est. quisnam hinc à
Thaïde exit?
Is est, an non est? ipsus est. quid hoc hominis? quis est hic ornatus?
Quid illud mali est? nequeo satis mirari,
neque conjicere:
10 Nisi quidquid est, procul hinc libet priu', quid
sit, sciscitari.

ACTE TROISIEME.
SCENE IV.
ANTIPHON.

QUelques jeunes gens que nous eſtions hier au port de Pyrée, nous fiſmes partie de manger aujourd'huy enſemble, & de payer chacun noſtre écot. Cherea fut chargé de commander le ſouper, & nous luy donnames nos anneaux pour gages. L'on convint du lieu & de l'heure; l'heure qu'on avoit priſe eſt paſſée, & il n'y a rien de preſt au lieu où l'on avoit dit que l'on mangeroit. Cherea meſme ne ſe trouve point, & je ne ſay que dire ni que croire. Preſentement les autres m'ont donné charge de le chercher; c'eſt pourquoy je vais voir s'il ſeroit chez luy. Mais qui eſt-ce qui ſort de chez Thaïs? eſt-ce luy, ou ne l'eſt-ce pas? C'eſt luy-meſme! Quelle eſpece d'homme eſt-ce là? & quel ajuſtement a-t-il? quel malheur peut-il luy eſtre arrivé? Je ne puis aſſez m'étonner de tout cecy, & je ne ſaurois deviner ce que ce peut eſtre. Mais avant que de l'aborder, je veux tâcher de découvrir d'icy ce que c'eſt.

ACTUS TERTIUS.
SCENA V.

CHÆREA. ANTIPHO.
CHÆREA.

Num quis hîc est ? Nemo est. Num quis hinc me sequitur ? nemo homo est.
Jamne erumpere hoc licet mihi gaudium ? pro Jupiter !
Nunc tempu' profecto est, cum perpeti me possum interfici.
Ne vita aliqua hoc gaudium contaminet ægritudine.
5 *Sed neminem curiosum intervenire nunc mihi,*
Qui me sequatur, quoquo eam, rogitando obtundat, enicet,
Quid gestiam, aut quid lætus sum, quo pergam, unde emergam, ubi siem
Vestitum hunc nactus, quid mihi quæram, sanus sim anne insaniam ?

ANTIPHO.

Adibo, atque adeo gratiam hanc, quam video velle, inibo.
10 *Chærea, quid est quod sic gestis ? quid sibi hic vestitus quærit ?*
Quid est, quod lætus sis ? quid tibi vis ? satisne sanus ? quid me
Aspectas ? quid taces ?

CHÆREA.

ô *festus dies hominis ! amice,*
Salve : nemo est omnium, quem ego magis nunc cuperem quam te.

ACTE TROISIE'ME.
SCENE V.
CHEREA, ANTIPHON.

CHEREA.

N'Y a-t-il icy perſonne ? Je ne voy rien. Perſonne de la maiſon ne me ſuit-il ? Perſonne. M'eſt-il enfin permis de faire éclater ma joye ? Oh, Jupiter ! c'eſt preſentement que je mourrois volontiers, de peur qu'une plus longue vie ne corrompe cette joye par quelque chagrin. Mais eſt-il poſſible qu'il ne viendra icy aucun curieux qui me ſuive par tout, & qui me rompe la teſte à force de me demander d'où vient cette grande émotion, pourquoy je ſuis ſi gay, où je vais, d'où je ſors, où j'ay pris cet habit, qui je cherche, ſi je ſuis ſage, ou ſi je ſuis fou ?

ANTIPHON.

Je vais l'aborder, & luy faire le plaiſir que je voy qu'il ſouhaite. Cherea, d'où vient cette grande émotion ? que veut dire cet habit ? qu'as-tu à eſtre ſi gay ? que veux-tu dire ? es-tu en ton bon ſens ? pourquoy me regardes-tu ? pourquoy ne me répons-tu pas ?

CHEREA.

Ha, mon cher ami, bon jour, il n'y a perſonne que je ſouhaite plus de rencontrer que toy.

ANTIPHO.

Narra isthuc, quaso, quid fiet.

CHÆREA.

imo ego te obsecro hercle, ut audias,
15 Nostin' hanc, quam frater amat?

ANTIPHO.

novi, nempe opinor Thaïdem.

CHÆREA.

Istam ipsam.

ANTIPHO.

sic commemineram.

CHÆREA.

quædam hodie est ei dono data
Virgo. quid ego ejus tibi nunc faciem prædi-
cem, aut laudem, Antipho,
Cum ipsum me noris, quam elegans formarum
spectator siem?
In hac commotus sum.

ANTIPHO.

ain' tu?

CHÆREA.

primam dices, scio, si videris.
20 Quid multa verba? amare cœpi, forte fortuna domi
Quidam erat Eunuchus, quem mercatus fuerat frater Thaïdi:
Neque is deductus etiam tum ad eam. sum-
monuit me Parmeno
Ibi servus, quod ego arripui.

ANTIPHO.

quid id est?

CHÆREA.

tace sis, citius audies:
Ut vestem cum illo mutem, & pro illo jubeam
me illuc ducier.

ANTIPHON.
Conte-moy donc ce qu'il y a, je t'en prie.
CHEREA.
Et moy je te prie de l'entendre. Connois-tu la Maiſtreſſe de mon frere ?
ANTIPHON.
Ouy, c'eſt Thaïs, à ce que je croy.
CHEREA.
Elle-meſme.
ANTIPHON.
Son nom m'eſtoit demeuré dans l'eſprit.
CHEREA.
On luy a fait preſent aujourd'huy d'une certaine fille; Mais à quoy bon m'arreſterois-je à te la loüer, tu ſais que je ſuis aſſez delicat en beauté, & que je ne m'y connois pas mal. Celle-là m'a charmé.
ANTIPHON.
Dis-tu vray ?
CHEREA.
Et je ſuis ſur que ſi tu la voyois, tu tomberois d'accord qu'elle ſurpaſſe toutes les autres beautez. En un mot, j'en ſuis devenu amoureux. Heureuſement il y avoit un certain Eunuque que mon frere a acheté pour Thaïs, & qui ne luy avoit pas encore eſté mené. Parmenon m'a donné un conſeil que j'ay ſuivi ſans balancer.
ANTIPHON.
Quel conſeil ?
CHEREA.
Ne m'interromps pas, je vais te le dire. Il m'a conſeillé de changer d'habit avec cet Eſclave, & de me faire mener chez Thaïs en ſa place.

ANTIPHO.
25 Pro eunuchon'?
CHÆREA.
sic est.
ANTIPHO.
quid tandem ex ea re ut caperes commodi?
CHÆREA.
Rogas? viderem, audirem, essem unà, qua cum cupiebam, Antipho;
Num parva causa, aut parva ratio est? traditus sum mulieri.
Illa illico ubi me accepit, læta verò ad se abducit domum,
Commendat virginem.
ANTIPHO.
cui? tibine?
CHÆREA.
mihi.
ANTIPHO.
satis tuto tamen.
CHÆREA.
30 Edicit, ne vir quisquam adeat, & mihi, ne abscedam, imperat,
In interiore parte ut maneam solus cum solâ. annuo,
Terram intuens modestè.
ANTIPHO.
miser!
CHÆREA.
ego, inquit, ad cœnam hinc eo:
Abducit secum ancillas: pauca, quæ circum illam essent, manent
Novitiæ. continuo hæc adornant, ut lavet.

ANTIPHON.

Comment ? en la place de cet Eunuque ?

CHEREA.

Ouy.

ANTIPHON.

Mais enfin à quoy bon ce changement, & quel avantage en pouvois-tu tirer ?

CHEREA.

Peux-tu me le demander ? Par là je pouvois voir & entretenir celle dont je suis amoureux, & eftre avec elle. Trouves tu que cela n'en vaille pas la peine ? J'ay donc efté donné à Thaïs, qui ne m'a pas eu plûtoft receu, qu'elle m'a mené chez elle, fort contente; & m'a recommandé cette fille.

ANTIPHON.

A qui, je te prie ? à toy ?

CHEREA.

A moy.

ANTIPHON.

Elle ne s'adreffoit pas mal, vraiment.

CHEREA.

Elle m'a commandé de ne laiffer approcher d'elle aucun homme, & de ne m'en éloigner pas, de demeurer feul avec elle dans la chambre la plus reculée de la maifon. En regardant la terre modeftement, j'ay fait figne de la tête que j'executerois fes ordres.

ANTIPHON.

Pauvre garçon !

CHEREA.

Je m'en vais fouper en ville, m'a-t-elle dit. En mefme temps elle a pris fes Filles avec elle, & n'en a laiffé que quelques jeunes fort novices pour fervir cette belle perfonne. D'abord elles fe font mifes à la deshabiller pour la met-

35 *Adhortor properent. Dum apparatur, virgo in conclavi sedet,*
Suspectans tabulam quandam pictam, ubi inerat pictura hæc, Jovem
Quo pacto Danæ misisse aiunt quondam in gremium imbrem aureum.
Egomet quoque id spectare cœpi, & quia consimilem luserat
Jam olim ille ludum, impendio magis animu' gaudebat mihi,
40 *Deum sese in hominem convertisse, atque per alienas tegulas*
Tucum factum mulieri venisse per impluvium clanculum.
At quem deum! qui templa cœli sonitu concutit;
Ego homuncio hoc non facerem? ego vero illud feci, ac lubens.
Hæc dum mecum reputo, arcessitur lavatum interea virgo.
45 *It, lavit, redit : deinde illam in lecto illa conlocarunt.*
Sto expectans, si quid mihi imperent. venit una, heus tu, inquit, Dore,
Cape hoc flabellum, ventulum huic sic facito, dum lavamus :
Ubi nos laverimus, si voles, lavato. accipio tristis.

ANTIPHO.

Tum equidem isthuc os tuum impudens videre nimium vellem,
50 *Qui esset status, flabellulum tenere te asinum tantum.*

CHÆREA.

Vix elocuta est hoc, foras simul omnes proruunt se :

tre au bain. Je leur dis de se depescher. Pendant qu'elles l'ajustoient dans une petite chambre, elle estoit assise, & regardoit un tableau, où l'on voyoit representé Jupiter, qui faisoit descendre une pluye d'or dans le giron de Danaé. Je me suis mis aussi à le regarder; & comme il avoit fait justement ce que j'avois dessein de faire, j'estois d'autant plus ravi de voir qu'un Dieu se fust metamorphosé en homme, & que pour tromper cette fille, il fust descendu à la sourdine par les tuiles d'une maison étrangere. Mais quel Dieu! celuy qui par la voix de son tonnerre ébranle toute la vaste étenduë des cieux. Et moy qui ne suis qu'un miserable mortel, je serois plus sage? non assurément. Pendant que je fais toutes ces reflexions, on l'appelle pour se mettre au bain. Elle va, elle se baigne, elle revient, aprés quoy les filles la mettent au lit. Je me tiens là debout, pour voir si elles ne me commanderoient rien. Il en est venu une à moy, qui m'a dit, Hola, Dorus, prens cet éventail, & fay * comme cela un peu de vent à cette fille pendant que nous allons nous baigner, quand nous aurons fait, tu te baigneras si tu veux. Je prens l'éventail en faisant le triste, comme si j'estois fasché d'avoir cette commission.

* Elle luy montre comment il fautqu'il fasse.

ANTIPHON.

Par ma foy je voudrois bien avoir vû ton impudence, & la contenance que tu avois! un grand Asne comme toy tenir un éventail!

CHEREA.

A peine a-t-elle achevé de parler, qu'elles sortent toutes ensemble pour aller au bain. El-

EUNUCHUS.

Abeunt lavatum, perstrepunt, ita ut fit, domini ubi absunt.
Interea somnus virginem opprimit, ego limis
specto
Sic per flabellum clanculum, & simul alia cir-
cunspecto,
Satin' explorata sint. video esse: pessulum ostii
obdo

ANTIPHO.
Quid tum?

CHÆREA.
quid? Quid tum? fatue?

ANTIPHO.
fateor.

CHÆREA.
egon' occasionem
Mihi ostentatam, tam brevem, tam optatam,
tam insperatam,
Amitterem? tum pol ego is essem vero, qui si-
mulabar,

ANTIPHO.
Sane, hercle, ut dicis. sed interim de symbolis
quid actum est?

CHÆREA.
Paratum est.

ANTIPHO.
frugi es. ubi? domin'?

CHÆREA.
imo apud libertum Discum.

ANTIPHO.
Perlonge est.

CHÆREA.
sed tanto ocius properemus.

ANTIPHO.
muta vestem,

les font un grand bruit, comme les Valets ont accoûtumé de faire quand les Maistres sont absens. Cependant cette fille s'endort ; je regarde du coin de l'œil, en mettant ainsi l'éventail devant moy ; je jette aussi les yeux de tous costez, pour voir s'il n'y avoit rien à craindre. Je voy que tout alloit le mieux du monde ; je ferme la porte au verrou.

ANTIPHON.

Aprés cela ?

CHEREA.

Comment ? aprés cela ? Sot.

ANTIPHON.

Je l'avoüe.

CHEREA.

Est-ce que j'aurois perdu une si belle occasion qui s'offroit à moy, & qui devoit si peu durer, que j'avois si peu attenduë ? Il auroit falu que j'eusse esté celui de qui je portois l'habit.

ANTIPHON.

Tu as raison. Mais à propos, quel ordre as-tu donné pour le souper ?

CHEREA.

Il est prest.

ANTIPHON.

Tu es un brave homme. En quel lieu ? chez toy ?

CHEREA.

Non, c'est chez nostre Affranchi Discus.

ANTIPHON.

C'est bien loin.

CHEREA.

C'est pourquoi il faut nous haster.

ANTIPHON.

Change d'habit.

CHÆREA.

Ubi mutem? perii: nam domo exulo nunc. metuo fratrem,
Ne intus sit: porro autem, pater ne rure redie-
rit jam.

ANTIPHO.

Eamus ad me: ibi proximum est ubi mutes.

CHÆREA.

recte dicis.
65. Eamus: & de isthac simul, quo pacto porro possim
Potiri, consilium volo capere unà tecum.

ANTIPHO.

fiat.

L'EUNUQUE.
CHEREA.

Où en puis-je changer ? je suis au desespoir, car presentement me voila banni de chez nous. J'apprehende d'y trouver mon frere, & peut-estre mesme que mon pere est revenu de la campagne.

ANTIPHON.

Allons chez-moy, c'est le lieu le plus proche où tu puisses aller quitter cét habit.

CHEREA.

C'est bien dit, allons ; aussi bien je veux consulter avec toy ce que je dois faire pour posseder toûjours cette fille.

ANTIPHON.

Tres-volontiers.

ACTUS QUARTUS.

SCENA I.

DORIAS.

Ita me dii ament, quantum ego illum vidi, non nihil timeo
Misera, ne quam ille hodie insanu' turbam faciat, aut vim Thaidi.
Nam postquam iste advenit Chremes, adolescens frater virginis,
Rogat illum admitti ut jubeat, ille continuo irasci, neque
5. Negare audere. Thaïs porro instare, ut hominem invitet. id
Faciebat retinendi illius causa: quia, illa quæ cupibat
De sorore ejus indicare, ad eam rem tempus non erat.
Invitat tristis. mansit. ibi illa cum illo sermonem occipit.
Miles vero sibi putare adductum ante oculos æmulum:
10. Voluit facere contra huic ægre: Heus, heus, inquit, puer, huc Pamphilam
Arcesse, ut delectet hic nos. illa exclamat, Mime gentium.
Tun' in convivium illam ? miles tendere: inde ad jurgium.

ACTE QUATRIE'ME.

SCENE I.

DORIAS.

EN verité, autant que j'en ay pû juger pendant le peu de temps que j'ai vû ce Capitaine, je crains bien que dans l'emportement où il est, il ne fasse quelque insulte à ma maîtresse; car le frere de la fille qui est au logis, ce Chremes que je viens de lui mener étant arrivé, elle a prié ce fou d'ordonner qu'on le fist entrer, mais d'abord il a pris feu, il n'a osé neanmoins la refuser. Ensuite elle l'a pressé de le faire mettre à table avec eux, & cela, afin de le retenir parce que ce n'étoit pas le temps de lui dire ce qu'elle desiroit qu'il seût de sa sœur. Enfin malgré lui il l'a invité, il est donc demeuré. Ma maîtresse a commencé à vouloir s'entretenir avec lui; le Capitaine croyant que c'étoit un rival qu'on lui amenoit à sa barbe, a voulu de son côté faire dépit à Thaïs, hola, a-t'il dit, qu'on fasse venir Pamphila pour nous divertir. Aussitôt Thaïs s'est mise à crier qu'on n'en fist rien; quoy la faire venir à un festin? Il continuë à s'opiniâtrer & à la vouloir faire venir; sur cela ils se sont querelez. Cependant, sans

EUNUCHUS.

Intereà aurum sibi clam mulier demit, dat mihi ut auferam.
Hoc est signi, ubi primum poterit, sese illius subducet, scio.

ACTUS QUARTUS.

SCENA II.

PHÆDRIA.

DUm rus eo, cœpi egomet mecum inter vias,
    Ita ut fit, ubi quid in animo est molestia,
Aliam rem ex alia cogitare, & ea omnia in
Pejorem partem. quid opu' est verbis? dum hæc puto,
Præterii imprudens villam. longe jam abieram
Cum sensi. redeo rursum, male vero me habens.
Ubi ad ipsum veni divorticulum, constiti:
Occepi mecum cogitare, Hem, biduum hic
Manendum est soli sine illa? Quid tum postea?
10 Nihil est. Quid, Nihil? si non tangendi copia est,
Eho, ne videndi quidem erit? si illud non licet,
Saltem hoc licebit. certe extrema linea
Amare, haud nihil est. villam prætereo sciens.
Sed quid hoc, quod timida subito egreditur Pythias?

faire semblant de rien, elle a ôté ses bijoux, & me les a donnez à apporter ; c'est une marque qu'elle se tirera de là, le plûtôt qu'il lui sera possible.

ACTE QUATRIE'ME.
SCENE II.
PHEDRIA.

EN m'en allant à nostre maison de campagne; par les chemins, comme il arrive d'ordinaire quand on a quelque chagrin dans l'esprit, il m'est venu mille pensées l'une après l'autre, que j'ai tournées du plus méchant costé. En un mot, occupé de toutes ces choses, j'ai passé la maison sans y prendre garde, & quand je m'en suis aperceu j'étois déja bien loin ; Je suis retourné sur mes pas, bien fâché ; quand j'ai esté au détour, je me suis arresté, & j'ai fait d'abord cette reflexion en moy-mesme, quoy ! pendant deux jours il me faudra demeurer seul ici sans elle ? Qu'importe ? ce n'est rien. Comment, ce n'est rien ? Est-ce que s'il ne m'est pas permis d'en approcher, il me sera aussi deffendu de la voir ? Si l'un m'est interdit, au moins l'autre ne le sera pas ; & en amour, la moindre douceur est toûjours quelque chose. Dans cette pensée je m'éloigne de la maison, à dessein cette fois. Mais qu'est-ce que ceci, d'où vient que Pythias sort avec tant de precipitation, & qu'elle est si troublée ?

ACTUS QUARTUS.
SCENA III.

PYTHIAS. PHEDRIA. DORIAS.

PYTHIAS.

Ubi illum ego scelerosum misera atque impium inveniam ? aut ubi
Quæram ? hoccine tam audax facinus esse ausum !

PHEDRIA.
perii. hoc quid sit, vereor.
PYTHIAS.
Quin insuper etiam scelu', postquam ludicatu' est virginem,
Vestem omnem misera discidit, eam ipsam capillo conscidit.

PHEDRIA.
Hem !
PYTHIAS.

qui nunc si detur mihi,
Ut ego unguibus facile illi in oculos involem venefico !
PHÆDRIA.

Profecto nescio quid absente nobis turbatum est domi
Adibo. quid isthuc ? quid festinas ? aut quem quæris, Pythias ?

ACTE QUATRIEME.
SCENE III.
PYTHIAS. PHEDRIA. DORIAS.

PYTHIAS.

MAl-heureuse que je suis, où pourrois-je trouver ce méchant, ce scelerat ? où le chercherai-je ? avoir osé entreprendre une action si hardie !

PHEDRIA.

Je suis perdu ! que j'apprehende ce que ce peut estre.

PYTHIAS.

Cet enragé ne s'est pas contenté de surprendre cette pauvre fille, il lui a encore brutalement déchiré ses habits, & arraché les cheveux.

PHEDRIA.

Oh !

PYTHIAS.

Ah, si je pouvois le trouver, ce maudit sorcier, que je me jetterois de bon cœur sur lui, & que je lui arracherois volontiers les yeux.

PHEDRIA.

En mon absence il est arrivé quelque desordre dans cette maison, il faut que je lui parle. Qu'est-ce que ceci, Pythias, pourquoy es-tu si troublée, & qui cherches-tu ?

EUNUCHUS.
PYTHIAS.

Hem, Phædria, egon' quem quæram? abi hinc
   quo dignu' es cum donis tuis
10. *Tam lepidis.*

PHÆDRIA.
   quid isthuc est rei?

PYTHIAS.

Rogas me? eunuchum quem dedisti nobis, quas
   turbas dedit!
Vitiavit virginem, quam hera dederat dono
   miles.

PHÆDRIA.
   quid ais?

PYTHIAS.

Perii.

PHÆDRIA,
   temulenta es.

PYTHIAS.
   utinam sic sient, mihi
qui male volunt.

DORIAS

Au! obsecro, mea Pythias, quid isthucnam
   monstri fuit?

PHÆDRIA.
15. *Insanis: qui isthuc facere eunuchus potuit?*

PYTHIAS.
   ego illum nescio
Qui fuerit: hoc, quod fecit, res ipsa indi-
   cat.
Virgo ipsa lacrumat, neque, cum rogites quid
   sit, audet dicere.
Ille autem bonus vir nusquam apparet. etiam
   hoc misera suspicor,
Aliquid domo abeuntem abstulisse.

PY-

PYTHIAS.

Ha, Monsieur, qui je cherche ? allez vous promener avec vos chiens de presens.

PHEDRIA.

Que veux-tu dire ?

PYTHIAS.

Vous me le demandez ? l'Esclave que vous nous avez donné a fait un beau ménage chez nous ! il a violé la fille que le Capitaine a donnée à ma Maistresse.

PHEDRIA.

Que dis-tu ?

PYTHIAS.

Je suis perduë.

PHEDRIA.

Tu es yvre.

PYTHIAS.

Que mes ennemis le fussent comme moy ?

DORIAS.

Ma chere Pythias, quel prodige est-ce donc que cela, je te prie ?

PHEDRIA.

Tu es folle, Pythias. Comment un homme comme lui auroit-il fait ce que tu dis ?

PYTHIAS.

Je ne sai ce qu'il est, mais la chose mesme fait voir la verité de ce que je dis. Cette fille pleure, & quand on lui demande ce qu'elle a, elle n'ose le dire ; & ce bon coquin ne paroît point ; je suis mesme bien trompée s'il n'a volé quelque chose en s'en allant.

PHÆDRIA.

nequeo mirari satis
20. Quo abire ignavos ille possit longius, nisi domum
Forte ad nos rediit,

PYTHIAS.

vise amabo, num sit.

PHÆDRIA.

jam, faxo, scies.

DORIAS.

Perii, obsecro. tam infandum facinus, mea tu, ne audivi quidem.

PYTHIAS.

At pol ego amatores mulierum esse audieram eos maxumos,
Sed nil potesse : verum misera non in mentem venerat :
Nam illum aliquo conclussem, neque illi commisissem virginem.

ACTUS QUARTUS.

SCENA IV.

PHÆDRIA. DORUS. PYTHIAS.

DORIAS.

PHÆDRIA.

Exi foras sceleste. at etiam restitas,
Fugitive ? prodi, male conciliate.

PHEDRIA.

Je ne saurois croire que lâche & mou comme il est, il soit allé fort loin. Sur ma parole, il sera retourné chez nous.

PYTHIAS.

Voyez je vous prie s'il y est.

PHEDRIA.

Tu le sauras tout à l'heure.

DORIAS.

Grands Dieux ! avoir osé faire une action si horrible ! Ma chere, je n'ai jamais oüi parler de pareille chose.

PYTHIAS.

J'avois bien oüi dire que ces sortes de gens aimoient fort les femmes. Mais ce qu'il a fait ne me seroit jamais venu dans l'esprit ; autrement je l'aurois enfermé quelque part, & je ne lui aurois pas confié cette fille.

ACTE QUATRIÉME.

SCENE IV.

PHEDRIA. DORUS. PYTHIAS.

DORIAS.

PHEDRIA.

Sors, scelerat ! tu te tiens encore là ? fugitif ! avance. Voila un bel achat que j'ai fait là !

EUNUCHUS.
DORUS.
obsecro.
PHÆDRIA.
oh,
Illud vide, os ut sibi distorsit carnufex.
Quid huc reditio est? quid vestis mutatio est?
5. *Quid narras? paulum si cessassem. Pythias,*
Domi non offendissem: ita jam ornabat fugam.

PYTHIAS.
Habesne hominem, amabo?
PHÆDRIA.
quidni?
PYTHIAS.
ô factum bene!
DORIAS.
Isthuc pol vero bene.
PYTHIAS.
ubi est?
PHÆDRIA.
rogitas? non vides?
PYTHIAS.
Videam, obsecro, quem?
PHÆDRIA.
hunc scilicet.
PYTHIAS.
quis hic est homo?
PHÆDRIA.
10. *Qui ad vos deductus hodie est.*
PYTHIAS.
hunc oculis suis
Nostrarum nunquam quisquam vidit, Phædria.
PHÆDRIA.
Non vidit?

L'EUNUQUE.
DORUS.
Je vous prie...

PHEDRIA.

Oh! voyez le bon coquin; comme ce pendard tord la bouche! d'où vient que tu es revenu ici? pourquoi ce changement d'habits? qu'as-tu à dire? Pythias, si j'eusse tant soit peu tardé, je ne l'eusse pas trouvé à la maison, il avoit déja fait son paquet.

PYTHIAS.

Avez-vous noftre homme, je vous prie?
PHEDRIA.
Sans doute.
PYTHIAS.
Ah, que j'en fuis aife!
DORIAS.
Ah, que j'en fuis ravie;
PYTHIAS.
Où eft-il?
PHEDRIA.
Quelle demande! ne le vois-tu pas?
PYTHIAS.
Je le voy? Qui donc, je vous prie?
PHEDRIA.
Eh, celui-là.
PYTHIAS.
Qui, celui-là?
PHEDRIA.
Celui qu'on a mené aujourd'hui chez vous.
PYTHIAS.
Et moy je vous dis que perfonne de chez nous n'a jamais vû cet homme-là.
PHEDRIA.
Perfonne de chez-vous ne l'a vû?

Hh iij

PYTHIAS.

au! tu hunc credidisti esse, obsecro,
Ad nos deductum?

PHÆDRIA.

namque alium habui neminem.

PYTHIAS.

au!
Hec comparandus hic quidem ad illum est. ille erat
15. Honesta facie, & liberali

PHÆDRIA.

ita visu' est
Dudum, quia varia veste exornatus fuit:
Nunc tibi videtur fœdus, quia illam non habet.

PYTHIAS.

Tace, obsecra: quasi vero paulum intersiet.
Ad nos deductus hodie est adolescentulus,
20. Quem tu videre vero velles, Phædria,
Hic est vetus, vietus, veternosus, senex,
Colore mustelino.

PHÆDRIA.

hem, quæ hæc est fabula?
Eo redigis me, ut, quid egerim, egomet ne sciam.
Eho tu, emin' ego te?

DORUS.

emisti.

PYTHIAS.

jube mihi denuo

15. Respondeat.

PYTHIAS.

Eh quoy, Monsieur, est-ce donc je vous prie que vous avez crû que cet homme avoit esté mené chez nous?

PHEDRIA.

Quel autre aurois-je pû croire qu'on y eust mené, puis que je n'avois que lui?

PYTHIAS.

Ho, vous vous moquez, il n'y a pas de comparaison à faire de celui-ci, à celui qu'on nous a amené. Il estoit bien-fait, & il avoit la mine d'un garçon de bonne maison.

PHEDRIA.

Tantost cela t'a paru ainsi, parce qu'il avoit des habits de diverses couleurs, & presentement qu'il en a d'autres, il te paroist mal basti.

PYTHIAS.

Ah, taisez-vous, je vous prie, comme s'il y avoit une petite difference. Je vous dis que celui qu'on a mené chez nous, est un jeune homme que vous feriez vous-mesme ravi de voir. Celui-ci est vieux, il ne peut se soûtenir, c'est un homme confisqué entierement & dans la derniere caducité, il a le tein de couleur de suye détrempée.

PHEDRIA.

Ho! quelle fable est-ce donc que cela? tu me reduis à ne savoir pas moy-mesme ce que j'ai fait. Hola, toy, parle, t'ai-je acheté?

DORUS.

Oüi, vous m'avez acheté.

PYTHIAS.

Ordonnez-lui de répondre à ce que je vais lui demander.

EUNUCHUS.

PHÆDRIA.
roga.

PYTHIAS.
venistin' hodie ad nos? negat.
At ille alter venit, annos natus sedecim:
Quem secum adduxit Parmeno.

PHÆDRIA.
agedum, hoc mihi expedi
Primum: unde habes istam, quam habes, vestem? taces?
Monstrum hominis! non dicturus?

DORUS.
venit Chærea.

PHÆDRIA.
30. Fraterne?

DORUS.
ita est.

PHÆDRIA.
quando?

DORUS.
hodie.

PHÆDRIA.
quam dudum?

DORUS.
modo.

PHÆDRIA.
Qui cum?

DORUS.
cum Parmenone.

PHÆDRIA.
norasne eum prius?

DORUS.
Non: nec, quis esset, unquam audieram dicier.

PHÆDRIA.
Unde igitur meum fratrem esse sciebas?

L'EUNUQUE.
PHEDRIA.

Interroge-le.

PYTHIAS.

Es-tu venu aujourd'hui chez nous ? vous voyez bien qu'il fait signe que non. Mais cet autre, que Parmenon nous a amené, ce jeune garçon de seize ans, y est venu.

PHEDRIA.

Oça, répons-moy premierement à ceci ; où as-tu pris l'habit que tu as ? tu ne dis rien, infame ? tu ne veux pas parler ?

DORUS.

Cherea est venu...

PHEDRIA.

Qui, mon frere ?

DORUS.

Oüi.

PHEDRIA.

Quand ?

DORUS.

Aujourd'hui.

PHEDRIA.

Combien y a-t-il de temps ?

DORUS.

Tantost.

PHEDRIA.

Avec qui estoit-il ?

DORUS.

Avec Parmenon.

PHEDRIA.

Le connoissois-tu avant cela ?

DORUS.

Non. Et jamais je n'avois oüi dire qui il étoit.

PHEDRIA.

Comment savois-tu donc que c'étoit mon frere ?

DORUS.
Parmeno
35. *Dicebat eum esse: is dedit mihi hanc.*
PHÆDRIA.
occidi.
DORUS.
Meam ipse induit: post unà ambo abierunt foras.
PYTHIAS.
Jam sati' credis sobriam esse me, & nil mentitam tibi?
Jam sati' certum est virginem vitiatam esse?
PHÆDRIA.
age nunc, bellus,
Credis huic quod dicat?
PYTHIAS.
quid isti credam? res ipsa indicat.
PHÆDRIA.
Concede isthuc paululum, audin'? etiam paululum sat est.
Dicdum hoc rursum, Chaream' tuam vestem detraxit tibi?
DORUS.
Factum.
PHÆDRIA.
& ea est indutus?
DORUS.
factum.
PHÆDRIA.
& pro te huc deductu' est?
DORUS.
ita.
PHÆDRIA.
Jupiter magne, ô scelestum, atque audacem hominem!

L'EUNUQUE.
DORUS.
Parmenon le diſoit. C'eſt ce Cherea qui m'a donné cét habit....

PHEDRIA.
Je ſuis perdu !

DORUS.
Et qui a pris le mien. Aprés quoy ils ſont ſortis tous deux.

PYTHIAS.
Croyez-vous preſentement que je ſois yvre, & que je ne vous aye pas dit la verité ? il me ſemble qu'il eſt aſſez clair que cette pauvre fille a raiſon de ſe plaindre.

PHEDRIA.
Allons, courage, beſte. Tu crois donc ce qu'il dit ?

PYTHIAS.
Qu'ai-je affaire de le croire ? la choſe ne parle-t-elle pas d'elle-meſme ?

PHEDRIA, à Dorus.
Avance-toy un peu de ce coſté-là, entens-tu ? encore un peu. Cela eſt bien, dis-moy encore tout ce que tu m'as dit ; Cherea t'a oſté ton habit ?

DORUS.
Il me l'a oſté.

PHEDRIA.
Et il s'en eſt habillé ?

DORUS.
Il s'en eſt habillé !

PHEDRIA.
Et il a eſté mené en ta place ?

DORUS.
Oüi, en ma place.

PHEDRIA.
Grand Jupiter ! voila un coquin qui eſt bien hardi !

EUNUCHUS.
PYTHIAS.
væ mihi,
Etiam nunc non credis indignis nos irrisas modis?

PHÆDRIA.
Mirum ni credis quod iste dicat. quid agam, nescio.
(Heus tu negato rursum.) possumne ego hodie ex te exculpere
Verum? vidistin' fratrem Chæream?

DORUS.
non.

PHÆDRIA.
non potest sine
Malo fateri, video. sequere me hac. modo ait, modo negat.
Ora me.

DORUS.
obsecro te vero, Phædria.

PHÆDRIA.
i intro nuncijam?

DORUS.
hoi, hei.

PHÆDRIA.
Alio pacto honeste quo modo hinc nunc abeam nescio:
Actum est siquidem. tu me hic etiam, nebulo, ludificabere?

PYTHIAS.

Que je suis mal-heureuse ! quoy vous ne croyez pas encore qu'on nous a traitées de la maniere du monde la plus indigne ?

PHEDRIA.

Ce sera un grand miracle si tu ne crois ce que dit ce maraut ; *il dit cecy bas*, je ne sai ce que je dois faire. Hola, nie tout ce que tu as dit. *haut*, pourrai-je aujourd'hui tirer la verité de toy ? as-tu vû mon frere Cherea ?

DORUS.

Non.

PHEDRIA.

Je voy bien qu'il n'avoüera rien sans estre battu. Vien, maraud, tantost il avoüe, tantost il nie. *bas*. Fais semblant de me prier.

DORUS.

Je vous prie assurément, & tout de bon.

PHEDRIA.

Entre presentement.

DORUS. *Phedria le bat.*

Ahi, ahi !

PHEDRIA. *bas.*

Je ne sai de quelle autre maniere j'aurois pû me tirer de ceci honnestement; je suis perdu si ce qu'il dit est vrai *haut*. Maraud, tu me joüeras de la sorte ? *Il s'en va.*

ACTUS QUARTUS.
SCENA V.

PYTHIAS. DORIAS.

PYTHIAS.

PArmenonis tam scio esse hanc technam, quam
me vivere.
DORIAS.
Sic est.
PYTHIAS.
inveniam parem ubi pol hodie referam
gratiam.
Sed nunc quid faciendum censes, Dorias?
DORIAS.
de isthac rogas
Virgine?
PYTHIAS.
ita: utrum taceamne, an pradicem?
DORIAS.
pol si sapis,
Quod scis, nescis, neque de eunucho, neque
de vitio virginis.
Hac re & te omni turba evolves, & illi gratum feceris.
Id modo dic, abisse Dorum.
PYTHIAS.
ita faciam.
DORIAS.
sed videon' Chremen?
Thaïs jam aderit.

ACTE QUATRIE'ME.
SCENE V.
PYTHIAS. DORIAS.

PYTHIAS.

IL est aussi vrai que c'est là un tour de Parmenon, qu'il est vrai que je suis en vie.
DORIAS.
Il n'y a pas de doute.
PYTHIAS.
Par ma foy la journée ne se passera pas que je ne luy rende la pareille. Mais presentement qu'es-tu d'avis que je fasse, Dorias ?
DORIAS.
Sur le sujet de cette fille ?
PYTHIAS.
Ouy. Dois-je dire ce qui luy est arrivé, ou le dois-je taire ?
DORIAS.
Si tu es sage, tu ignoreras ce que tu sais, & de l'Esclave & de la Fille. Par ce moyen tu te tireras d'embarras, & tu feras plaisir à Thais; dy seulement que Dorus s'en est allé.

PYTHIAS.
Je suivrai ton conseil.

DORIAS.
Mais est-ce Chremes que je voy ? Thais sera icy dans un moment.

EUNUCHUS.

PYTHIAS.
quid ita?

DORIAS.
quia, cum inde abeo, jam tunc cœperat
Turba inter eos.

PYTHIAS.
tu aufer aurum hoc, ego scibo ex hoc quid siet.

ACTUS QUARTUS.
SCENA VI.

CHREMES. PYTHIAS.

CHREMES.

ATat, data hercle verba mihi sunt: vicit
 vinum quod bibi.
At, dum accubabam, quam videbar mihi
 esse pulcre sobrius!
Postquam surrexi, neque pes, neque mens satis suum officium facit.

PYTHIAS.
Chreme.

CHREMES.
quis est? ehem, Pythias, vah, quanto
 nunc formosior
5 Videre, quam dudum!

PYTHIAS.
certe quidem tu pol multo alacrior.

PYTHIAS.

PYTHIAS.
Pourquoy cela?
DORIAS.
Parce que lorsque je suis venuë il commençoit à y avoir de la broüillerie entr'eux.
PYTHIAS.
Va-t-en porter ces bijoux au logis, & moy je sauray de Chremes ce qu'il y a.

ACTE QUATRIE'ME.
SCENE VI.
CHREMES. PYTHIAS.
CHREMES.

HA! ma foy j'en tiens; on m'a attrapé. Le vin que j'ay bû a le dessus; cependant quand j'estois le ventre à table, que je me trouvois sage, & en bon état! Mais si-tost que j'ay esté debout, je n'ay trouvé ni pied ni teste qui ait voulu faire son devoir.

PYTHIAS.
Chremes.
CHREMES.
Qui m'appelle? Ha, Pythias. Oh, que tu me parois bien plus jolie que tantost.
PYTHIAS.
En verité vous me paroissez aussi de plus belle humeur.

CHREMES.

Verbum hercle verum hoc est, Sine Cerere & Libero friget Venus.
Sed Thaïs multo ante venit?

PYTHIAS.
an abiit jam à milite?

CHREMES.
Jam dudum, ætatem. lites factæ sunt inter eos maxuma.

PYTHIAS.
Nil dixit tum, ut sequerere sese?

CHREMES.
nihil, nisi abiens mihi innuit.

PYTHIAS.
Eho, nonne id sat erat?

CHREMES.
at nesciebam id dicere illam, nisi quia
Correxit miles quod intellexi minus: nam me extrusit foras.
Sed eccam ipsam video: miror, ubi huic ego antevorterim.

CHREMES.

En bonne foy rien n'eſt plus vrai que ce proverbe, *ſans le bon vin & la bonne chere, l'amour eſt bien froid.* Mais Thaïs n'eſt-elle pas arrivée long-temps avant moy ?

PYTHIAS.

Eſt-elle déja ſortie de chez le Capitaine ?

CHREMES.

Il y a un ſiecle. Ils ſe ſont tout-à-fait broüillez.

PYTHIAS.

Ne vous a-t-elle point prié de la ſuivre ?

CHREMES.

Non ; elle m'a ſeulement fait ſigne en s'en allant.

PYTHIAS.

Eh quoy, cela ne ſuffiſoit-il pas ?

CHREMES.

Mais je ne ſavois pas que ce fuſt cela qu'elle vouloit me dire, ſi le Capitaine n'avoit pris ſoin d'éclaircir ce que je ne pouvois entendre, car il m'a mis dehors. Ha, la voila qui vient; je ſuis ſurpris comment j'ay pû la devancer.

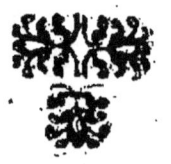

ACTUS QUARTUS.
SCENA VII.
THAIS. CHREMES. PYTHIAS.

THAIS.

Credo equidem illum jam affuturum esse, illam ut eripiat: sine
Veniat: atque si illam digito attigerit uno, oculi
 illico
Effodientur. usque eo ego illiu' ferre possum inep-
 tias,
Et magnifica verba, verba dum sint. verum
 enim, si ad rem
Conferentur, vapulabit.

CHREMES.
Thaïs, ego jam dudum hic adsum.

THAIS.
    ô. mi Chreme, te ipsum
 expectabam:
Scin' tu turbam hanc propter te esse factam?
 adeo ad te attinere hanc
Omnem rem?

CHREMES.
ad me? qui? quasi istbuc.

THAIS.
   quia, dum tibi sororem
 studeo
Reddere, & restituere, hæc atque hujusmodi
 sum multa passa.

ACTE QUATRIE'ME.
SCENE VII.
THAIS. CHREMES. PYTHIAS.

THAIS.

JE croy en verité qu'il fera icy dans un moment, pour m'enlever cette fille. Mais qu'il vienne; s'il la touche du bout du doigt, je luy arracheray les yeux. Je souffriray toutes ses impertinences & ses grands mots, pourvû qu'il en demeure là; mais s'il en vient aux effets, il s'en trouvera mal, sur ma parole.

CHREMES.

Thaïs, il y a déja long-temps que je suis icy.

THAIS.

Ha, mon cher Chremes, je vous attendois. Savez-vous bien que c'est vous qui estes cause de ce desordre, & qu'enfin toute cette affaire vous regarde?

CHREMES.

Moy? & comment? comme s'il y avoit de l'apparence.

THAIS.

Pendant que je fais tout ce que je puis pour vous remettre entre les mains une sœur dans l'état qu'elle vous doit estre renduë, j'ay souffert tout ce que vous avez vû, & mille autres choses semblables.

CHREMES.
Ubi ea est?
THAIS.
domi apud me.
CHREMES.
ehem.
THAIS.
quid est?
10 Educta ita uti teque illaque dignum est.
CHREMES.
quid ais?
THAIS.
id quod res est.
Hanc tibi dono do, neque repeto pro illa abs te
quidquam pretii.
CHREMES.
Et habetur & referetur, Thaïs, ita uti meri-
ta es,
Gratia.
THAIS.
at enim cave, ne prius quàm hanc à
me accipias, amittas.
Chreme; nam hæc ea est, quam miles à me
vi nunc venit ereptum.
15 Abi tu, cistellam, Pythias, domo affer cum
monumentis.
CHREMES.
Viden' tu illum, Thaïs?
PYTHIAS.
ubi sita est?
THAIS.
in risco. odiosa, cessas?
CHREMES.
Militem secum ad te quantas copias adda-
cere!
Ain?

CHREMES.

Où est-elle cette sœur?

THAIS.

Chez moy.

CHREMES.

Ah !

THAIS.

Qu'avez-vous ? ne craignez rien, elle a esté élevée d'une maniere digne d'elle & de vous.

CHREMES.

Que me dites-vous là ?

THAIS.

La verité. Je vous en fais present, & je ne vous demande quoy que ce soit pour elle.

CHREMES.

Je vous ay bien de l'obligation, & je vous témoigneray ma reconnoissance.

THAIS.

Mais prenez garde que vous ne la perdiez avant que de l'avoir entre vos mains ; car c'est elle que le Capitaine veut presentement venir m'enlever de force. Pythias, allez vous-en tout à l'heure au logis querir la cassete où sont les enseignes qui peuvent la faire reconnoître.

CHREMES.

Le voyez-vous, Thaïs ?

PYTHIAS.

Où est-elle cette cassete ?

THAIS.

Dans le cofre. Que vous estes haïssable avec vos lenteurs !

CHREMES.

Quelles troupes le Capitaine amene icy contre vous ! grands Dieux !

THAIS.
num formidolosus, obsecro, es, mi homo?

CHREMES.
apage sis,
Egon' formidolosus? nemo est hominum, qui vivat, minus.

THAIS.
20 Atque ita opu' est.

CHREMES.
ah, metuo, qualem tu me esse hominem existumes.

THAIS.
Imo hoc cogitato: quicum res tibi est, peregrinus est,
Minu' potens quam tu, minu' notus, amicorum hic habens minus.

CHREMES.
Scio isthuc: sed tu quod cavere possis, stultum admittere est.
Malo ego nos prospicere, quam hunc ulcisci accepta injuria
25 Abi tu, atque ostium obsera intus, ego dum hinc transcurro ad forum:
Volo ego adesse hic advocatos nobis in turba hac.

THAIS.
mane.

CHREMES.
Melius est.

THAIS.
mane.

CHREMES.
omitte, jam adero.

THAIS.
nil opus est istis, Chreme:

THAIS.

THAIS.

Je vous prie, mon cher Chremes, n'estes-vous point un peu poltron?

CHREMES.

Vous me faites injure; moy poltron? il n'y a personne au monde qui le soit moins.

THAIS.

C'est comme cela aussi que doit estre un honneste homme.

CHREMES.

Ha je crains de passer dans vostre esprit pour un....

THAIS.

N'en parlons plus; mais souvenez-vous que l'homme à qui vous avez affaire est un Étranger, qu'il est moins puissant & moins connu que vous, & qu'il a icy moins d'amis.

CHREMES.

Je sçay tout cela; mais c'est une sottise de laisser arriver le mal qu'on peut empescher; & je trouve qu'il est plus à propos de le prévenir, que de nous en vanger; allez-vous-en chez vous, & fermez bien vostre porte, pendant que je vais courir à la place; je veux avoir icy des gens pour nous secourir dans ce tumulte.

THAIS.

Demeurez.

CHREMES.

Il est mieux que j'aille.

THAIS.

Demeurez, vous dis-je.

CHREMES.

Laissez-moy, je seray icy dans un moment.

THAIS.

On n'a pas besoin de gens, dites seulement

Hoc dic modò, sororem illam tuam esse, &
te parvam virginem
Amisisse, nunc cognosse: signa ostende.

PYTHIAS.
adsunt.

THAIS.
cape.
30 *Si vim faciet, in jus ducito hominem in-*
tellextin'?

CHREMES.
probe.

THAIS.
Fac animo hæc præsenti dicas.

CHREMES.
faciam.

THAIS
attolle pallium.
Perii; huic ipsi opus patrono est, quem defen-
sorem paro.

ACTUS QUARTUS.

SCENA VIII.

THRASO. GNATHO. SANGA.

CHREMES. THAIS.

THRASO.

Hanccine ego ut contumeliam tam insignem
 in me accipiam, Gnatho?
Mori me satius est. Simalio, Donax, Syrisce,
sequimini.

que cette fille est vostre sœur, que vous l'aviez perduë toute petite enfant, & que vous venez de la reconnoistre. Faites-luy voir comment.

PYTHIAS.

Voicy la cassete.

THAIS.

Prenez-la ; s'il vous fait quelque violence, menez le aussi-tost devant les Juges, entendez-vous ?

CHREMES.

Fort bien.

THAIS.

Souvenez-vous de luy dire tout cela avec un esprit present.

CHREMES.

Je le feray.

THAIS.

Relevez vostre manteau. Me voila bien, celuy que j'ay choisi pour mon defenseur, a besoin de defenseur luy-mesme.

ACTE QUATRIEME.

SCENE VIII.

THRASON. GNATHON. SANGA.
CHREMES. THAIS.

THRASON.

Quoy Gnathon, souffriray-je un affront si insigne ? J'aime mieux mourir. Hola, Simalion, Donax, Syriscus, suivez-moy.

Primum ades expugnabo.
GNATHO.
recte.
THRASO.
virginem eripiam.
GNATHO,
probe.
THRASO.
5 *Male mulctabo ipsam.*
GNATHO.
pulcre.
THRASO.
in medium huc agmen cum vecti, Donax;
Tu, Simalio, in sinistram cornu; tu Syrisce, in dexterum
Cedo alios: ubi Centurio est Sanga, & manipulus furum?
SANGA.
eccum adest.
THRASO.
Quid, ignave, peniculon' pugnare, qui istum huc portes, cogitas?

THRASO.
10 *Egone? imperatoris virtutem noveram, & vim militum:*
Sine sanguine hoc fieri non posse: qui abstergerem volnera.

THRASO.
Ubi alii?
SANGA.
qui, malum, alii? solus Sannio servat domi.

L'EUNUQUE.

Premierement je prendray la maison d'assaut.

GNATHON.
Fort bien.

THRASON.
J'enleveray cette Fille.

GNATHON.
Encore mieux.

THRASON.
Et je donneray mille coups à Thaïs.

GNATHON.
C'est avoir du cœur.

THRASON.
Donax, viens icy avec ton levier, pour faire le corps de bataille ; toy, Simalion, passe à l'aisle gauche ; & toy, Syriscus, à la droite. Où sont les autres ? où est le Centurion Sanga, & la Brigade des voleurs ?

SANGA.
Les voicy.

THRASON.
Quoy donc, lâche, est-ce avec un torchon que tu viens combatre ? pour quel usage l'apportes-tu ?

SANGA.
Moy, je connois la valeur de nostre General, & le courage de nos Soldats ; je say que cecy ne se passera pas sans qu'il y ait bien du sang répandu, & c'est pour essuyer les blessures que j'ay apporté ce torchon.

THRASON.
Où sont les autres ?

SANGA.
Comment les autres, que voulez-vous dire ? Sannion tout seul garde la maison.

THRASO.

Tu hosce instrue: hic ego ero post principia: inde omnibus signum dabo.

GNATHO.

Illud est sapere: ut hosce instruxit ipsus sibi cavit loco.

THRASO.

35 Idem hocce Pyrrhus factitavit.

CHREMES.

    vid'n' tu, Thais, quam hic rem agit?
Nimirum consilium illud rectum est de occludendis ædibus.

THAIS.

Sane, quod tibi nunc vir videatur esse, hic nebulo magnus est:
Ne metuas

THRASO.

  quid videtur?

GNATHO.

    fundam tibi nunc nimis vellem dari,
Ut tu illos procul hinc ex occulto caderes: facerent fugam.

THRASO.

10 Sed eccam Thaidem ipsam video.

GNATHO.

  quam mox irruimus?

THRASO.

       mane.
Omnia prius experiri verbis, quam armis, sapientem decet.
Qui scis, an, quæ jubeam, sine vi faciat?

L'EUNUQUE.
THRASON.
Range ces gens-là en bataille. Pour moy je seray à l'arriere-garde, & de là je donneray le signal.
GNATHON.
C'est là estre sage ; aprés avoir rangé ses gens en bataille, il a soin de se mettre en sureté.
THRASON.
Pyrrhus en usoit toûjours de la sorte.
CHREMES.
Thaïs, voyez-vous bien ce que fait cet homme ? je suis bien trompé si le conseil que je vous donnois tantost de fermer vostre porte, n'est fort bon.
THAIS,
Je vous assure que cet homme qui vous paroist presentement si redoutable, n'est qu'un grand poltron ; ne l'apprehendez pas.
THRASON.
Que crois-tu qu'il faille faire, Gnathon ?
GNATHON.
Je donnerois quelque chose de bon, que vous eussiez maintenant une fronde, afin que caché icy derriere, vous les chargeassiez de loin, ils prendroient la fuite.
THRASON.
Mais voila Thaïs.
GNATHON.
Allons-nous les charger tout presentement?
THRASON.
Attends ; un homme sage, avant que d'en venir aux mains, doit tout mettre en usage, & employer les paroles plûtost que les armes; que sais-tu si elle ne fera pas de bonne grace ce que je veux ?

GNATHO.

Dii voſtram fidem,
Quanti eſt ſapere! nunquam accedo ad te,
quin abs te abeam doctior.

THRASO.

Thais, primum hoc mihi reſponde: cum tibi
do iſtam virginem,
25 Dixtin' hos mihi dies ſoli dare te?

THAIS.
quid tum poſtea?

THRASO.
rogitas,
Quæ mi ante oculos coram amatorem addu-
xiſti tuum?
Quid cum illo ut agas? & cum eo clam ſub-
duxiſti te mihi?

THAIS.
Libuit.

THRASO.
Pamphilam ergo huc redde, niſi ſi mavis
eripi.

CHREMES.
Tibi illam reddat? aut tu eam tangas? omnium....

GNATHO.
ah, quid agis? tace.

THRASO.
30 Quid tu tibi vis? ego non tangam meam?

CHREMES.
tuam autem, furcifer?

GNATHO.
Cave ſis: neſcis cui maledicas nunc viro.

L'EUNUQUE.
GNATHON.

Grands Dieux, quel avantage c'eſt que d'eſtre habile homme! jamais je n'approche de vous, que je ne m'en retourne plus ſavant.

THRASON.

Thaïs, répondez à ce que je vais vous dire. Quand je vous ay donné cette Fille, ne m'avez-vous pas promis que vous ne feriez qu'à moy ſeul pendant tous ces jours?

THAIS.

Eh bien, que voulez-vous dire par là?

THRASON.

Me le demandez-vous? vous qui à m n nez m'avez amené voſtre Galand, & qui vous eſtes dérobée de chez moy avec luy? pour quelles affaires donc, je vous prie?

THAIS.

Il me plaiſoit d'en uſer ainſi.

THRASON.

Rendez-moy donc Pamphila tout à l'heure, à moins que vous n'aimiez mieux que je vous l'oſte par force.

CHREMES.

Qu'elle te la rende? ou que tu l'oſtes par force? de tous les hommes le plus....

GNATHON.

Ha que dites-vous? ne parlez pas ainſi.

THRASON.

Que veux-tu dire? je ne prendray pas une fille qui m'appartient?

CHREMES.

Comment, faquin, qui t'appartient?

GNATHON.

Mon Dieu, prenez garde, vous ne ſavez pas à qui vous dites des injures.

EUNUCHUS.

CHREMES.

non tu hinc abis?
Scin' tu, ut tibi res se habeat? si quidquam
 hodie hic turba cœperis,
Faciam, hujus loci, dieique, meique semper memineris.

GNATHO.

Miseret tui me, qui hunc tantum hominem
 facias inimicum tibi.

CHREMES.

35 Diminuam ego caput tuum hodie, nisi abis.

GNATHO.

ain' vero, canis,
Siccine agis?

THRASO.

quis tu es homo? quid tibi vis? quid
 cum illa rei tibi est?

CHREMES.

Scibis principio eam esse dico liberam.

THRASO.

hem.

CHREMES.

civem Atticam.

THRASO.

hui.

CHREMES.

Meam sororem.

THRASO.

os durum.

CHREMES.

miles, nunc adeo edico tibi,
Ne vim facias ullam in illam. Thais, ego ad
 Sophronam eo

CHREMES à Thrason.

T'en iras-tu d'icy ? sçais-tu de quelle maniere cecy ira pour toy ? Si d'aujourd'huy tu fais le moindre bruit devant cette porte, je feray que toute ta vie tu te souviendras du lieu, du jour, & de moy.

GNATHON.

Vous me faites pitié, de vous attirer un si grand ennemi.

CHREMES.

Si tu ne t'en vas tout à l'heure, je vais te casser la teste.

GNATHON.

Est-ce donc ainsi que tu parles, impudent ? est-ce ainsi que tu en uses ?

THRASON.

Qui es-tu ? que veux-tu dire ? quel interest est-ce que tu prens à cette fille ?

CHREMES.

Tu vas l'apprendre. Premierement je soûtiens qu'elle est libre.

THRASON.

Oh !

CHREMES.

Qu'elle est citoyenne d'Athenes.

THRASON.

Ah !

CHREMES.

Qu'elle est ma sœur.

THRASON.

Tant pis.

CHREMES.

Presentement donc, Monsieur le Capitaine, je vous avertis de ne luy faire aucune violence. Thaïs, je m'en vais chercher Sophrona la

40 *Nutricem, ut eam adducam, & signa ostendam hac.*

THRASO.
    tun' me prohibeas,
Meam ne tangam?

CHREMES.
prohibeo, inquam.

GNATHO.
    audin' tu? hic furti se alligat,
Satin' hoc est tibi?

THRASO.
hoc idem tu ais?

THAIS.
    quere qui respondeat.

THRASO.
Quid nunc agimus?

GNATHO.
  quin redeamus: jam hac tibi aderit supplicans
Ultro.

THRASO.
credin'?

GNATHO.
    imo certe. novi ingenium mulierum:
45 *Nolunt ubi velis: ubi nolis, cupiunt ultro.*

THRASO.
bene putas.

GNATHO.
Jam dimitto exercitum?

THRASO.
ubi vis.

Nourrice de ma sœur, afin que je l'amene pour luy faire reconnoiftre ce qui eft dans cette caffete.

THRASON.

Tu m'empefcheras de prendre une fille qui eft à moy ?

CHREMES.

Ouy, te dis-je, je t'en empefcheray.

GNATHON.

Entendez-vous comme il se declare coupable de vol ? cela ne vous fuffit-il pas ?

THRASON.

Thaïs, en dites-vous autant ?

THAIS.

Cherchez qui vous réponde.

THRASON.

Que faifons-nous ?

GNATHON.

Si vous m'en croyez, retournons-nous-en ; fur ma parole elle viendra bien-tost d'elle-même vous demander quartier.

THRASON.

Le crois-tu ?

GNATHON.

Rien n'eft plus vray ; je connois l'efprit des femmes ; quand vous voulez quelque chofe, elles ne le veulent pas ; & quand vous ne le voulez plus, elles en meurent d'envie.

THRASON.

Tu as raifon.

GNATHON.

Je vais donc congedier les troupes.

THRASON.

Quand tu voudras.

EUNUCHUS.
GNATHO.
Sanga, ita uti fortes decet
Milites, domi focique fac vicissim ut memineris.

SANGA.
Jamdudum animus est in patinis.

GNATHO.
frugi es.

THRASO.
vos me hac sequimini.

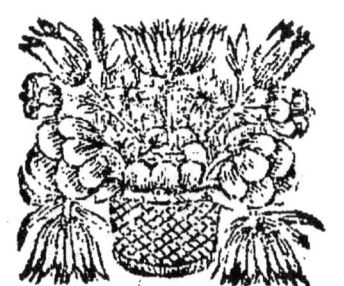

GNATHON.

Sanga, aprés cette expedition, allez vous repofer comme de braves Soldats, & goûter les plaifirs de la cuifine.

SANGA.

C'eft bien dit, il y a long-temps que j'ay l'efprit à la foupe.

GNATHON.

Tu vaux trop.

THRASON.

Suivez-moy.

ACTUS QUINTUS.

SCENA I.

THAIS. PYTHIAS.

THAIS.

PErgin', scelesta, mecum perplexe loqui?
  Scio, nescio: abiit: audivi, ego non affui.
Non tu isthuc mihi dictura aperte es quidquid
  est?
Virgo conscissa veste lacrumans obticet,
5. Eunuchus abiit. quamobrem? quid factum est?
  taces?

PYTHIAS.

Quid tibi ego dicam, misera? illum eunuchum negant
Fuisse.

THAIS.

quis fuit igitur?

PYTHIAS.

iste Chærea.

THAIS.

Qui Chærea?

PYTHIAS.

iste ephebus frater Phædriæ.

ACTÆ

ACTE CINQUIEME.

SCENE I.

THAIS, PYTHIAS.

THAIS.

Continueras-tu long-temps à me parler avec ces ambiguitez, méchante que tu es? Je le sai; je n'en sai rien; il s'en est allé; je l'ai oüi dire; je n'y étois pas. Ne veux-tu donc pas enfin me dire clairement ce que c'est. Cette fille a ses habits déchirez, elle pleure & ne parle point. L'Esclave s'en est allé; pourquoy cela? Qu'y a-t-il eu? ne veux-tu point parler?

PYTHIAS.

Que voulez-vous que je vous dise, malheureuse que je suis? on pretend que l'Esclave que Phedria vous a donné n'étoit pas ce qu'on s'imaginoit.

THAIS.

Qu'estoit-il donc?

PYTHIAS.

Cherea.

THAIS.

Qui, Cherea?

PYTHIAS.

Ce jeune frere de Phedria.

THAIS.

Quid ais, venefica?

PYTHIAS.

atqui certo comperi.

THAIS.

10. Quid is, obsecro? ad nos quamobrem adductus
est?

PYTHIAS.

nescio,
Nisi amasse credo Pamphilam.

THAIS.

hem misera, occidi,
Infelix, siquidem tu isthæc vera prædicas.
Num id lacrumat virgo?

PYTHIAS.

id opinor.

THAIS.

quid ais, sacrilega?
Isthuccine' interminata sum hinc abiens tibi?

PYTHIAS.

15. Quid facerem? ita ut tu justi, soli credita
est.

THAIS.

Scelesta ovem lupo commisti: dispudet
Sic mihi data esse verba.. quid illuc hominis
est?

PYTHIAS.

Hera mea, tace, obsecro, salva sumus: hominem
Habemus ipsum.

THAIS.

ubi is est?

THAIS.
Que me dis-tu là, Sorciere que tu es ?
PYTHIAS.
Ce que je vous dis est vrai, j'en suis seure.
THAIS.
Et je vous prie, qu'est-il venu faire chez nous ? pourquoy l'y a-t'on amené ?
PYTHIAS.
Je ne sai, si ce n'est qu'il estoit amoureux de Pamphila.
THAIS.
Ah, miserable ! je suis perduë, si ce que tu me dis est vrai ! Est-ce là le sujet des larmes de cette fille ?
PYTHIAS.
Je le croy.
THAIS.
Que me dis-tu là, pendarde ? Quand je suis sortie ne t'avois-je pas commandé expressément de ne la pas quitter, & d'en avoir soin ?
PYTHIAS.
Que pouvois-je faire ? je l'ai confiée à celui-là seul à qui vous m'aviez ordonné de la confier.
THAIS.
Malheureuse, tu as donné la brebis à garder au loup. Je meurs de honte qu'on m'ait fait un si vilain tour. Quelle espece d'homme est-ce donc ?
PYTHIAS.
Taisez-vous, Madame, taisez-vous, je vous prie, nous voila bien; nous tenons nostre homme.
THAIS.
Où est-il ?

PYTHIAS.
hem ad sinistram, non vides?

20 En.

THAIS.
video.

PYTHIAS.
comprehendi jube, quantum poteſt.

THAIS.
Quid illo facias? ſtulta?

PYTHIAS.
quid faciam, rogas,
Vide amabo, ſi non, cum aſpicias, os impudens
Videtur.

THAIS.
non.

PYTHIAS.
tum qua ejus confidentia eſt?

ACTUS QUINTUS.
SCENA II.

CHÆREA. THAIS. PYTHIAS.

CHÆREA.

Apud Antiphonem uterque mater, & pater,
   Quaſi dedita opera, domi erant, ut nullo
  modo
Introire poſſem, quin viderent me: interim
Dum ante oſtium ſto, notus mihi quidam obviam
5. Venit. ubi vidi, ego me in pedes, quantum queo,

L'EUNUQUE.
PYTHIAS.
St ! à voſtre main gauche. Le voyez vous ? le voila.
THAIS.
Je le voy.
PYTHIAS.
Faites-le prendre au plûtoſt.
THAIS.
Eh, qu'en ferions-nous, ſote que tu es ?
PYTHIAS.
Ce que nous en ferions ? me le demandez-vous ? voyez je vous prie s'il n'a pas l'air bien impudent ?
THAIS.
Point du tout.
PYTHIAS.
Et avec quelle aſſurance il vient ici.

ACTE CINQUIE'ME.

SCENE II.

CHEREA. THAIS. PYTHIAS.

CHEREA.

LE pere & la mere d'Antiphon ſe ſont tous deux trouvez chez lui, comme s'ils s'étoient donné le mot ; de ſorte que je ne pouvois entrer qu'ils ne me viſſent. Et comme je me tenois devant la porte j'ai veu un homme de ma connoiſſance qui venoit droit à moy. Si toſt que je l'ai apperçu, je me ſuis mis à courir de toute ma force dans une petite

EUNUCHUS.

In angiportum quoddam desertum, inde item
In aliud, inde in aliud, ita miserrimus
Fui fugitando, ne quis me cognosceret.
Sed estne hæc Thaïs, quam video? ipsa est. ha-
reo.
20 *Quid faciam? quid mea autem? quid faciet*
mihi?

THAIS.

Adeamus. bone vir Dore, salve: dic mihi,
Aufugisti'n?

CHÆREA.
   hera, factum.

THAIS.
     satin' id tibi placet?

CHÆREA.
Non.

THAIS.

credin' te impune abiturum?

CHÆREA.
     unam hanc noxiam
Mitte: si aliam unquam admisero ullam, occi-
dito.

THAIS.
15. *Num meam sævitiam veritus es?*

CHÆREA.
   non.

THAIS.
     quid igitur?

CHÆREA.
Hanc metui, ne me criminaretur tibi.

THAIS.
Quid feceras?

ruë détournée où il n'y a presque jamais personne, de celle-là dans une autre, & de là encore dans une autre : enfin pour empescher qu'on ne me connust, il m'a falu courir comme un miserable. Mais est-ce-là, Thaïs que je vois ? C'est elle-mesme, je ne sai ce que je dois faire. A quoy me resoudre ? que m'importe enfin ? que me fera-t-elle ?

THAIS.

Abordons-le. Dorus, l'honneste homme, eh bien dy-moy un peu, tu t'en es donc fuy ?

CHEREA.

Cela est vrai, Madame.

THAIS.

Approuves-tu cette action.

CHEREA.

Non. J'ay tort.

THAIS.

Et crois-tu que tu l'auras faite impunement ?

CHEREA.

Pardonnez-moy cette faute, je vous prie, si jamais j'en fais une autre, tuez-moy.

THAIS.

Apprehendois-tu que je ne fusse pas bonne Maistresse ?

CHEREA.

Non.

THAIS.

Que craignois-tu donc ?

CHEREA.

Que cette fille ne me rendît un mauvais office auprés de vous.

THAIS.

Qu'avois-tu fait ?

CHÆREA.
paululum quiddam.

PYTHIAS.
eho, Paululum impudens?
An Paululum esse hoc tibi videtur, virginem
Vitiare civem?

CHÆREA.
conservam esse credidi.

PYTHIAS.
20. *Conservam? vix me contineo, quin involem in*
Capillum. monstrum! etiam ultro derisum ad-
venit.

THAIS.
Abin' hinc, insana?

PYTHIAS.
quid ita vero? debeam,
Credo, isti quidquam furcifero, si id fecerim,
Præsertim cum se servom fateatur tuum.

THAIS.
25. *Missa hæc faciamus. Non te dignum, Chærea,*
Fecisti: nam, si ego digna hac contumelia
Sum maxime, at tu indignus qui faceres tamen.
Neque adepol, quid nunc consilii capiam, scio,
De virgine isthac: ita conturbasti mihi
30 *Rationes omnes, ut eam non possim suis,*
Ita ut aquom fuerat, atque ut studui, tradere,
ut
Solidum parerem hoc mihi beneficium, Chæ-
rea.

CHE-

CHEREA.

Quelque petite bagatelle.

PYTHIAS.

Ho, ho ! impudent, quelque petite bagatelle ? crois-tu que ce soit une bagatelle que d'avoir des-honoré une fille qui est Citoyenne d'Athenes ?

CHEREA.

Je croyois que ce fût une Esclave comme moy, & ma compagne de service.

PYTHIAS.

Ta compagne de service ! je ne sai qui me tient que je ne me jette à tes cheveux, monstre, qui as encore l'insolence de te venir moquer des gens.

THAIS.

T'en iras-tu d'ici, extravagante ?

PYTHIAS.

Pourquoy cela ? vrayment j'en devrois beaucoup de reste à ce pendard quand j'aurois fait ce que je dis, sur tout puis qu'il avoüe, comme il fait, qu'il est vostre Esclave.

THAIS.

Finissons ces discours. Cherea, l'action que vous avez faite est fort mal-honneste, car quand mesme j'aurois merité cet affront, la chose ne laisseroit pas neantmoins d'estre indigne d'un homme comme vous. En verité je ne sai presentement ce que je dois faire de cette fille, vous avez si bien rompu toutes mes mesures, que je ne la puis plus rendre à ses parens dans l'état où elle devroit estre, & où je voulois qu'elle fût pour leur rendre un service entier, & dont ils pussent m'avoir quelque obligation.

EUNUCHUS.
CHÆREA.

At nunc dehinc spero æternam inter nos gratiam
Fore, Thaïs, sæpe ex hujusmodi re quapiam, &
35. Malo ex principio magna familiaritas
Conflata est. Quid, si hoc quispiam voluit Deus?

THAIS.

Equidem pol in eam partem accipioque & volo.

CHÆREA.

Imo ita quæso. unum hoc scito, contumeliæ
Non me fecisse causa, sed amoris.

THAIS.
scio.
40 Et pol propterea magis nunc ignosco tibi.
Non adeo inhumano ingenio sum, Chærea,
Neque tam imperita, ut, quid amor valeat, nesciam.

CHÆREA.

Te quoque jam, Thaïs, ita me Dii bene ament amo.

PYTHIAS.

Tu pol ab isthoc tibi, hera, cavendum intellego.

CHÆREA.

45. Non ausim.

PYTHIAS.
nihil tibi quidquam credo.

THAIS.
desinas,

CHEREA.

Mais, Thaïs, j'espere que desormais il y aura entre nous une éternelle union; il est souvent arrivé qu'une chose fâcheuse & embarassée dans son commencement, a fait naistre une fort grande amitié; que savons-nous si ce n'est point quelque Dieu qui l'a voulu?

THAIS.

En verité c'est ainsi que je le prends, & je souhaite que cela soit.

CHEREA.

Je vous en prie aussi; soyez bien persuadée que ce que j'ai fait n'a point esté dans la vûë de vous faire un affront, c'est l'amour qui m'y a forcé.

THAIS.

Je le sai; & c'est ce qui fait que j'ai moins de peine à vous pardonner; je ne suis pas d'un naturel si sauvage, Cherea, & je n'ai pas si peu d'experience que je ne sache ce que peut l'amour.

CHEREA.

Que je meure, Thaïs, si je ne vous aime déja de tout mon cœur.

PYTHIAS.

Si ce qu'il dit est vrai, je vous conseille, Madame, de vous donner bien garde de lui; il y a trop de peril à en estre aimée.

CHEREA.

J'ai trop de consideration pour Thaïs, je ne ferai rien qui la puisse fâcher.

PYTHIAS.

Je ne me fie nullement à vous.

THAIS.

Tay-toy.

CHÆREA.

Nunc ego te in hac re mihi oro ut adjutrix
    sies:
Ego me tua commendo & committo fidei.
Te mihi patronam cupio, Thaïs: Te obsecro:
Emoriar, si non hanc uxorem duxero.

THAIS.

50. Tamen, si pater.

CHÆREA.

          quid? ah, volet, certo scio,
Civis modo hæc sit.

THAIS.

             paululum opperirier
Si vis, jam frater ipse hic aderit virginis:
Nutricem arcessitum iit, quæ illam aluit par-
    volam:
In cognoscendo tute ipse hic aderis, Chærea.

CHÆREA.

55. Ego vero maneo.

THAIS.

        visne interea, dum is venit,
Domi opperiamur potius, quam hic ante ostium?

CHÆREA.

Imo percupio.

PYTHIAS.

          quam tu rem actura, obse-
cro, es?

THAIS.

Nam quid ita?

PYTHIAS.

           rogitas: hunc tu in ædes
    cogitas
Recipere posthac?

THAIS.

        cur non?

L'EUNUQUE.
CHEREA.

Presentement je vous prie de m'aider en cette rencontre, je me mets entre vos mains, je vous prends pour ma protectrice, ne me refusez pas voſtre ſecours, je mourrai aſſurément ſi je n'épouſe cette fille.

THAIS.

Cependant ſi voſtre pere...

CHEREA.

Quoy ? Ah ! il le voudra, j'en ſuis ſur, pourvû qu'elle ſoit Citoyenne d'Athenes.

THAIS.

Si vous voulez attendre un peu, ſon frere ſera ici dans un moment ; il eſt allé faire venir la nourrice qui l'a élevée, vous ſerez preſent à la reconnoiſſance.

CHEREA.

J'en ſerai ravi.

THAIS.

Voulez-vous cependant que nous l'allions attendre à la maiſon, plûtoſt que de nous tenir ici devant cette porte ?

CHEREA.

De tout mon cœur.

PYTHIAS.

Madame, qu'allez-vous faire, je vous prie ?

THAIS.

Comment cela ?

PYTHIAS.

Me le demandez-vous ? vous ſongez encore à recevoir cet homme dans voſtre maiſon, aprés ce qu'il a fait ?

THAIS.

Pourquoy non ?

PYTHIAS
            crede hac mea fide,
60. Dabit hic aliquam pugnam denuo,
    THAIS.
            au, tace. obsecro.
    PYTHIAS.
Parum perpexisse ejus videre audaciam.
    CHÆREA.
Non faciam, Pythias.
    PYTHIAS.
            non pol credo, Chærea,
Nisi si commissum non erit.
    CHÆREA.
                    quin, Pythias,
Tu me servato.
    PYTHIAS.
            neque pol servandum tibi
65. Quidquam dare ausim, neque te servare, apa-
ge te.
    THAIS.
Optime. adest ipse frater.
    CHÆREA.
            perii hercle obsecro,
Abeamus intro, Thais: nolo, me in via
Cum hac veste videat.
    THAIS.
        quamobrem tandem ? an
quia pudet?
    CHÆREA.
Id ipsum.
    PYTHIAS.
            id ipsum? virgo vero.
    THAIS.
i præ, sequor.
Tu isthic mane, ut Chremem introducas, Py-
thias.

L'EUNUQUE.
PYTHIAS.

Croyez-m'en ; sur ma parole il vous fera encore quelque desordre.

THAIS.

Mon Dieu, tay-toy, je te prie.

PYTHIAS.

Il semble que vous n'ayez pas encore assez de preuves de ce qu'il sait faire.

CHEREA.

Je ne ferai nul desordre, Pythias.

PYTHIAS.

Non vrayment, pourvû qu'on ne vous la donne pas en garde,

CHEREA.

Mais garde-moy plûtost, Pythias.

PYTHIAS.

Ma foy je n'oserois, ni vous garder, ni vous donner qui que ce soit en garde. Allez vous promener.

THAIS.

Ha, cela va le mieux du monde. Voyci le frere de Pamphila.

CHEREA.

Ah, mon Dieu, je suis au desespoir ; entrons je vous prie ; je ne veux pas qu'il me voye dans la ruë avec cet habit.

THAIS.

Pourquoy donc? Est-ce que vous avez honte?

CHEREA.

C'est cela mesme.

PYTHIAS.

Cela mesme ! voyez la jeune pucelle !

THAIS.

Entrez, je vous suy. Toy, Pythias, demeure pour faire entrer Chremes.

ACTUS QUINTUS.

SCENA III.

PYTHIAS. CHREMES.

SOPHRONA.

PYTHIAS.

Quid? quid venire in mentem nunc possit mihi?
Quidnam? qui referam sacrilego illi gratiam,
Qui hunc supposuit nobis?

CHREMES.

move vero ocius
Te, nutrix.

SOPHRONA.
moveo.

CHREMES.
video, sed nil promoves.

SOPHRONA.

5. Jamne ostendisti signa nutrici?

CHREMES.

omnia.

PYTHIAS.

Amabo, quid ait, cognoscitne?

CHREMES.

ac memoriter.

ACTE CINQUIEME.
SCENE III.
PYTHIAS. CHREMES.
SOPHRONA.

PYTHIAS.

Que pourrois-je trouver ? Que pourroit-il presentement me venir dans l'esprit ? Quoy ? Comment me vangerai-je de ce scelerat qui nous a fait ce beau present ?

CHREMES.
Marchez-donc, Nourrice.

SOPHRONA.
Je marche aussi.

CHREMES.
Je le voy bien, mais vous n'avancez guere.

PYTHIAS.
Avez-vous déja fait voir à cette nourrice toutes les marques qui sont dans la cassette.

CHREMES.
Toutes.

PYTHIAS.
Et qu'en dit-elle, je vous prie ? les connoît-elle ?

CHREMES.
Comme si elle ne les avoit jamais perdu de vûë.

PYTHIAS.

Bene adepol narras: nam illi faveo virgini.
Ite intro.: jam dudum hera vos expectat domi.
Virum bonum eccum Parmenonem incedere
10, Video: viden' ut otiosus it, si diis placet?
Spero me habere, qui hunc meo excruciem modo
Ibo intro, de cognitione ut certum sciam.
Post exibo, atque hunc perterrebo sacrilegum.

ACTUS QUINTUS.
SCENA IV.

PARMENO. PYTHIAS.

PARMENO.

Reviso, quidnam Chærea hic rerum gerat.
Quod si astu rem tractavit, Dii vostram fidem,
Quantam & quam veram laudem capiet Parmeno!
Nam ut mittam, quod ei amorem difficillimum, &
5 Carissimum ab meretrice avara, virginem
Quam amabat, eam confeci sine molestia,
Sine sumptu, sine dispendio: tum hoc alterum,

PYTHIAS.

En verité cela me fait un grand plaisir ! car je souhaite beaucoup de bien à cette jeune fille. Entrez, s'il vous plaist, il y a déja du temps que ma Maistresse vous attend. Mais voila cet honneste homme de Parmenon, voyez avec quelle nonchalance marche ce maraud ! Je croy que j'ai trouvé le moyen de me vanger de lui comme je le souhaite, & de le faire enrager. Mais je veux entrer auparavant pour savoir si cette fille est reconnuë, aprés quoy je reviens pour faire une belle peur à ce scelerat.

ACTE CINQUIE'ME.

SCENE IV.

PARMENON. PYTHIAS.

PARMENON.

JE viens voir ce que fait icy Cherea ; S'il peut avoir achevé son entreprise finement & sans bruit, Grands Dieux, quelle joye ! combien de loüanges en recevra Parmenon ! car sans parler de la facilité avec laquelle je luy ay fait trouver la satisfaction qu'il desiroit dans un amour qu'il estoit tres-difficile de satisfaire, & qui luy auroit coûté fort cher, s'il se fut mis entre les mains d'une Courtisane avare, je luy ay fait posseder sans aucun embarras, sans aucune dépense, sans qu'il luy en ait rien coûté, une personne dont il estoit amoureux. Mais j'ai fait encore une cho-

Id vero est, quod ego mihi puto palmarium,
Me repperisse, quo modo adolescentulus
10 *Meretricum ingenia & mores posset noscere:*
Mature ut cum cognorit, perpetuo oderit.
Quæ dum foris sunt, nihil videtur mundius,
Nec magis compositum quidquam, nec magis
  elegans:
Quæ, cum amatore suo cum cœnant, ligur-
  riunt.
15 *Harum videre ingluviem, sordes, inopiam,*
Quam inhonestæ solæ sint domi, atque avidæ
  cibi,
Quo pacto ex jure hesterno panem atrum vo-
  rent;
Nosse omnia hæc, salus est adolescentulis.

PYTHIAS.

Ego pol te pro istis dictis & factis, scelus,
20 *Ulciscar; ut ne impune in nos inluseris.*

ACTUS QUINTUS.

SCENA V.

PYTHIAS. PARMENO.

PYTHIAS.

PRo Deûm fidem, facinus fœdum! ô infeli-
  cem adolescentulum!
O scelestum Parmenonem, qui istum huc
  adduxit!

PARMENO.
quid est?

se bien plus glorieuse, & qui doit, sans vanité, rèmporter le prix, j'ay trouvé le moyen de faire connoistre à ce jeune homme les mœurs & les manieres des Courtisanes, afin que les connoissant de bonne heure, il les haïsse toute sa vie. Quand elles vont dans les ruës, rien ne paroist plus propre, plus composé, plus ajusté : quand elles soupent avec leurs Galands, elles font les delicates. Mais quand elles sont seules chez elles, il faut voir comme elles sont mal-propres, dégoutantes; tout est en desordre dans leur maison, & elles sont si affamées, qu'elles devorent du pain noir qu'elles trempent dans de méchant boüillon du jour de devant. Le salut d'un jeune homme, c'est de connoistre cela de bonne heure.

PYTHIAS.

Je me vengeray assurément de tous tes dits & faits, scelerat, & tu ne te seras pas moqué de nous impunément.

ACTE CINQUIE'ME.

SCENE V.

PYTHIAS. PARMENON.

PYTHIAS.

Grands Dieux, quelle horrible action! ah, le pauvre jeune homme! oh, le méchant Parmenon qui l'a amené chez nous!

PARMENON,

Qu'y a-t-il ?

PYTHIAS.

Miseret me. itaque, ut ne viderem, misera
huc effugi foras.
Quæ futura exempla dicunt in eum indigna!

PARMENO.

ô Jupiter,
5 Quæ illæc turba est? numnam ego perii? adibo. quid isthuc, Pythias?
Quid ais? in quem exempla fient?

PYTHIAS.

rogitas, audacissime?
Perdidisti istum, quem adduxti pro Eunucho,
adolescentulum,
Dum studes dare verba nobis.

PARMENO.

quid ita? aut quid factum
est? cedo.

PYTHIAS.

Dicam. virginem istam, Thaidi hodie quæ
dono data est,
10 Scin' eam hinc civem esse? & ejus fratrem
adprime nobilem?

PARMENO.

Nescio.

PYTHIAS.

atqui sic inventa est. eam iste vitiavit
miser.
Ille ubi rescivit factum frater violentissimus.

PARMENO.

Quidnam fecit?

PYTHIAS.

conligavit primum eum miseris modis.

PARMENO.

Conligavit? hem.

L'EUNUQUE.
PYTHIAS.

Il me fait compassion, & je suis sortie pour ne pas le voir. Quel exemple terrible on dit qu'on va faire de luy !

PARMENON.

Oh Dieux, quel desordre est-ce là ! ne suis-je point perdu ? il faut que je luy parle Qu'est-ce que c'est, Pythias ? que dis-tu ? de qui va-t-on faire un exemple ?

PYTHIAS.

Le peux-tu demander, le plus hardi & le plus impudent de tous les hommes ? En voulant nous tromper, n'as-tu pas perdu le jeune homme que tu nous as amené au lieu de l'Esclave qui avoit esté donné à Thaïs ?

PARMENON.

Comment cela ? & qu'est-il arrivé ? dis-le moy.

PYTHIAS.

Je le veux. La fille que l'on a donné aujourd'huy à ma Maistresse, sais-tu qu'elle est citoyenne de cette Ville, & que son frere en est un des principaux ?

PARMENON.

Je ne say pas cela.

PYTHIAS.

Et moy je te l'apprens. Ce miserable l'a violée. Son frere, qui est l'homme du monde le plus emporté, l'ayant sceu....

PARMENON.

Qu'a-t-il fait ?

PYTHIAS.

D'abord il a lié ce pauvre garçon d'une maniere qui faisoit pitié.

PARMENON.

Il l'a lié ? ho, ho !

EUNUCHUS.

PYTHIAS.
atque equidem orante, ut ne id faceret, Thaide.

PARMENO.
15 Quid ais?

PYTHIAS.
nunc minitatur porro sese id, quod mœchis solet:
Quod ego nunquam vidi fieri, neque velim.

PARMENO.
qua audacia
Tantum facinus audet?

PYTHIAS.
quid ita, tantum?

PARMENO.
annon hoc maxumum est?
Quis homo pro mœcho unquam vidit in domo meretricia
Deprehendi quenquam?

PYTHIAS.
nescio.

PARMENO.
at, ne hoc nesciatis,
Pythias,
20 Dico, edico vobis, nostrum esse illum herilem filium....

PYTHIAS.
hem,
Obsecro, an is est?

PARMENO.
ne quam in illum Thaïs vim fieri sinat.
Atque adeo autem cur non egomet intro eo?

PYTHIAS.
vide, Parmeno,
Quid agas, ne neque illi prosis, & tu pereas.
Ouy,

L'EUNUQUE.
PYTHIAS.
Ouy, quoique Thaïs l'ait extremement prié de ne le pas faire.
PARMENON.
Que me dis-tu là !
PYTHIAS.
A present il le menace encore de le traiter comme on traite les adulteres ; chose que je n'ay jamais vuë, & que je ne veux jamais voir.
PARMENON.
Est-il bien si hardi que d'entreprendre une action si temeraire ?
PYTHIAS.
Comment, si temeraire ?
PARMENON.
Quoy, elle ne te paroist pas d'une temerité horrible ? Qui a jamais vû prendre qui que ce soit pour adultere dans la maison d'une Courtisane ?
PYTHIAS.
Je ne say pas cela.
PARMENON.
Mais afin que vous le sachiez, Pythias, je vous dis & vous declare que ce jeune homme est fils de mon Maistre....
PYTHIAS.
Ah ! cela est-il bien vrai ?
PARMENON.
Afin que Thaïs ne souffre pas qu'on luy fasse aucune violence. Mais pourquoy n'entrer pas moy-mesme dans cette maison ?
PYTHIAS.
Songe à ce que tu vas faire, mon pauvre Parmenon, prens garde que tu ne luy serves de rien, & que tu ne t'ailles jetter toy-mesme

nam hoc putant,
Quidquid factum est, ex te esse ortum.

PARMENO.

quid igitur faciam miser?
25 Quidve incipiam? ecce autem video rure
redeuntem senem.
Dicam huic, an non? dicam hercle, etsi mihi
magnum malum
Scio paratum. sed necesse est, huic ut subve-
niat.

PYTHIAS.

sapis.
Ego abeo intro: tu isti narrato ordine, ut factum siet.

ACTUS QUINTUS.

SCENA VI.

LACHES. PARMENO.

LACHES.

Ex meo propinquo rure hoc capio commodi:
Neque agri, neque urbis odium me unquam
percipit.
Ubi satias coepit fieri, commuto locum.
Sed estne ille noster Parmeno? & certe ipsus
est.
5 Quem praestolare, Parmeno, hic ante ostium?

dans un peril d'où tu ne pourras te tirer : car ils sont persuadez que c'est par ton conseil qu'il a tout fait.

PARMENON.

Malheureux que je suis ! que feray-je donc ? & à quoy me resoudre ? Oh ! voila nostre bon-homme qui revient de la campagne. Luy diray-je ce qui est arrivé ? ou ne luy diray-je pas ? Ma foy je luy veux dire, quoique je sache tres-bien qu'il m'en arrivera un tres-grand mal ; mais il faut necessairement qu'il le sache, afin qu'il aille secourir son fils.

PYTHIAS.

C'est estre sage. Je m'en vais ; tu ne saurois mieux faire que de luy conter bien exactement tout ce qui s'est passé.

ACTE CINQUIE'ME.

SCENE VI.

LACHES. PARMENON.

LACHES.

LE peu de chemin qu'il y a d'ici à ma maison de campagne, m'est d'une grande commodité ; cela fait que je ne suis jamais las ni de la Ville, ni des champs ; car si-tost que l'ennuy commence à me prendre en un lieu, je vais à l'autre. Mais est-ce là Parmenon ? C'est luy-mesme. Parmenon, qui attends-tu devant cette porte ?

EUNUCHUS.

PARMENO.
Quis homo est? hem, salvum te advenire, here, gaudeo.

LACHES.
Quem præstolare?

PARMENO.
perii. lingua hæret metu.

LACHES.
hem, Quid est? quid trepidas? sati' ne salva? dic mihi.

PARMENO.
Here, primum te arbitrari id, quod res est velim:
10 Quidquid hujus factum est, culpa non factum est mea.

LACHES.
Quid?

PARMENO.
recte sano interrogasti: oportuit Rem prænarrasse me. emit quendam Phædria Eunuchum, quem dono huic daret.

LACHES.
cui?

PARMENO.
Thaïdi

LACHES.
Emit? perii hercle. quanti?

PARMENO.
viginti minis.

LACHES.
15 Actum est.

PARMENO.
tum quandam fidicinam amat hic Chærea.

PARMENON.
Qui est-ce ? Ha, Monsieur, je me réjouïs de vous voir en bonne santé.

LACHES.
Qui attends-tu là ?

PARMENON.
Je suis mort ! la peur me lie la langue.

LACHES.
Ho, qu'y a-t-il ? pourquoy trembles-tu ? tout va-t-il bien ? parle.

PARMENON.
Premierement, Monsieur, je vous prie d'estre bien persuadé de cette verité, que tout ce qui vient d'arriver icy, n'est point du tout arrivé par ma faute.

LACHES.
Quoy ?

PARMENON.
Vous avez raison de me faire cette demande, je devois, avant toutes choses, vous conter le fait. Phedria a acheté un certain Eunuque pour en faire present à cette femme.

LACHES.
A quelle femme ?

PARMENON.
A Thaïs.

LACHES.
Il a acheté un Eunuque ? je suis perdu ! Combien l'a-t-il acheté ?

PARMENON.
Soixante pistoles.

LACHES.
C'en est fait, je suis ruiné.

PARMENON.
De plus, son frere Cherea est amoureux d'une certaine joüeuse d'instrumens.

LACHES.

Hem, quid, amat? an scit jam ille, quid meretrix fiet?
An in astu venit? aliud ex alio malum.

PARMENO.

Here, ne me spectes: me impulsore hæc non facit.

LACHES.

Omitte de te dicere ego te furcifer,
20 *Si vivo... sed isthuc, quidquid est, primum expedi.*

PARMENO.

Is pro illo eunucho ad Thaidem deductus est.

LACHES.

Pro eunuchon'?

PARMENO.

sic est. hunc pro mœcho postea,
Comprehendêre intus & constrinxêre.

LACHES.

       occidi.

PARMENO.

Audaciam meretricum specta.

LACHES.

      nunquid est
25 *Aliud mali damnive, quod non dixeris,*
Reliquom?

PARMENO.

tantum est.

LACHES.

    cesson' huc introrumpere?

PARMENO.

Non dubium est, quin mihi magnum ex hac re sit malum,
Nisi, quia necesse fuit hoc facere. id gaudeo,
Propter me hisce aliquid esse eventurum mali.

L'EUNUQUE.

LACHES.

Comment, il est amoureux ? est-ce qu'il fait déja ce que c'est que ces Demoiselles ? seroit-il revenu à Athenes ? voila mal sur mal.

PARMENON.

Ne me regardez point, ce n'est pas par mon conseil qu'il fait tout cela, au moins.

LACHES.

Cesse de parler de toy. Eh pendard, si je vis, je te... Mais conte moy premierement ce qu'il y a.

PARMENON.

Il a esté mené chez Thaïs, au lieu de l'Eunuque.

LACHES.

Au lieu de l'Eunuque !

PARMENON.

Cela est comme je vous le dis. Ils l'ont pris ensuite pour un adultere, & ils l'ont lié.

LACHES.

Je suis mort !

PARMENON.

Voyez l'audace de ces coquines !

LACHES.

Est-ce là toutes les mauvaises nouvelles que tu avois à me dire ? n'en oublies-tu point ?

PARMENON.

Non, voila tout.

LACHES.

Pourquoy differe-je d'entrer là-dedans ?

PARMENON.

Il ne faut pas douter qu'il ne m'arrive bien du mal de tout cecy ; mais il estoit absolument necessaire de faire ce que j'ay fait, & je suis ravi d'estre cause qu'on traite ces coquines comme elles meritent ; car il y a long-

30 *Nam jamdiu aliquam causam quærebat senex,*
Quamobrem insigne aliquid faceret iis: nunc
repperit.

ACTUS QUINTUS.
SCENA VII.

PYTHIAS. PARMENO.

PYTHIAS.

Nunquam *adepol quidquam jamdiu, quod*
  magis vellem evenire,
Mi evenit, quam quod modo senex intro ad
  nos venit errans.
Mihi sola ridiculo fuit, quæ, quid timeret,
  scibam.

PARMENO.
Quid hoc autem est?

PYTHIAS.

nunc id prodeo, ut conveniam Parmenonem.
Sed ubi, obsecro, est?

PARMENO.
  me quærit hæc.
PYTHIAS.
    atque eccum video,
adibo.
PARMENO.
Quid est, inepta? quid tibi vis? quid rides?
  pergin'?

temps que noſtre bon homme cherchoit une occaſion de leur joüer quelque méchant tour, il l'a enfin trouveé.

ACTE CINQUIE'ME.
SCENE VII.
PYTHIAS. PARMENON.

PYTHIAS.

MA foy, il ne m'eſt de ma vie rien arrivé qui m'ait fait plus de plaiſir que de voir tout à l'heure ce bon homme entrer chez nous tout éſouflé, & l'eſprit rempli d'une choſe qui n'eſtoit point. Le plaiſir n'a eſté que pour moy ſeule qui ſavois la frayeur où il eſtoit.

PARMENON.
Qu'eſt-ce donc que cecy?

PYTHIAS.
Je ſors maintenant pour trouver Parmenon. Mais où eſt-il?

PARMENON.
Elle me cherche.

PYTHIAS.
Ha, le voila, je vais l'aborder.

PARMENON.
Qu'y a-t-il, impertinente? que veux-tu? qu'as-tu à rire? ne ceſſeras-tu jamais?

EUNUCHUS.
PYTHIAS.
perii.
Defessa jam sum, misera, te ridendo.
PARMENO.
quid ita?
PYTHIAS.
rogitas?
Nunquam pol hominem stultiorem vidi, nec
videbo, ah,
Non pote satis narrari, quos ludos præbuerit
intus.
10 At etiam primo callidum & disertum credidi
hominem.
PARMENO.
Quid?
PYTHIAS.
illicone credere ea, quæ dixi, oportuit te?
An pœnitebat flagitii, te auctore quod fecisset
Adolescens, ni miserum insuper etiam patri
indicares?
Nam quid illi credis animi tum fuisse, ubi
vestem vidit
15 Illam esse eum indutum pater? quid? jam
scis te periisse?
PARMENO.
Ehem, quid dixti, pessima? an mentita es?
etiam rides?
Itan' lepidum tibi visum est, scelus, nos irridere?
PYTHIAS.
nimium.
PARMENO.
Siquidem istbuc impune habueris.
PYTHIAS.
verum.
PARMENO.
reddam hercle

PYTHIAS.

Je n'en puis plus, je me suis mise entierement hors d'haleine à force de rire à tes dépens.

PARMENON.

Pourquoy cela ?

PYTHIAS.

Belle demande! Je n'ay jamais vû, & je ne verray de ma vie un si sot homme que toy. Je ne saurois dire le divertissement que tu as donné chez nous. Vraiment autrefois je te prenois pour un homme fin & rusé.

PARMENON.

Comment ?

PYTHIAS.

Faloit-il croire si viste ce que je te disois ? n'estois-tu pas content de la faute que tu avois fait faire à ce jeune homme, sans aller encore le découvrir à son pere ? en quel état penses-tu qu'il a esté quand son pere l'a vû avec ce bel habit ? Eh bien, crois-tu enfin estre perdu ?

PARMENON.

Ah, méchante, que me dis-tu là ? ne ments-tu point encore? tu ris ? trouves-tu un si grand plaisir à te moquer de moy, coquine ?

PYTHIAS.

Tres-grand.

PARMENON.

Pourvû que tu le fasses impunément.

PYTHIAS.

Cela s'entend.

PARMENON.

Je te le rendray sur ma parole.

PYTHIAS.

credo.
Sed in diem isthuc Parmeno, est fortasse, quod minitare:
20 Tu jam pendebis, qui stultum adolescentulum nobilitas
Flagitiis, & eundem indicas: uterque in te exempla edet.

PARMENO.

Nullus sum.

PYTHIAS.

hic pro illo munere tibi honos est habitus. abeo.

PARMENO.

Egomet meo indicio miser, quasi sorex, hodie perii.

ACTUS QUINTUS,
SCENA VIII.
GNATHO. THRASO.

GNATHO.

Quid nunc? qua spe, aut quo consilio huc imus? quid inceptas, Thraso?

THRASO.

Egone? ut Thaidi me dedam, & faciam quod jubeat.

GNATHO.

quid est?

PYTHIAS.

Je le croy. Mais, mon pauvre Parmenon, peut-estre que ce n'est que pour l'avenir que tu me fais ces menaces, & dés aujourd'huy tu seras traité comme il faut, toy qui rends un jeune garçon celebre par des crimes que tu luy fais commettre, & qui es en suite le premier à le declarer à son pere ; ils feront l'un & l'autre un exemple en ta personne.

PARMENON.

Je suis mort.

PYTHIAS.

C'est là la recompense qui t'est duë pour le beau present que tu nous as fait. Adieu.

PARMENON.

Malheureux ! je me suis aujourd'huy découvert moy-mesme par mon babil.

ACTE CINQUIE'ME.

SCENE VIII.

GNATHON. THRASON.

GNATHON.

QUe faisons-nous donc presentement ? sur quelle esperance, & à quel dessein venons-nous icy ? Que voulez-vous faire ?

THRASON.

Moy ? je veux me rendre à Thaïs à discretion, & faire tout ce qu'elle ordonnera.

GNATHON.

Comment ?

EUNUCHUS.
THRASO.

Quî minus huic, quam Hercules servivit
  Omphalæ?

GNATHO.

                                    exemplum placet.
Utinam tibi commitigari videam sandalio caput.
5 Sed quid? fores crepuere ab ea. quid autem
  hoc est mali?
Hunc ego nunquam videram etiam. quidnam
  properans hinc prosiliit?

ACTUS QUINTUS.
SCENA IX.

CHÆREA. PARMENO. GNATHO.
  THRASO.

CHÆREA.

O Populares, ecquis me vivit hodie fortuna-
  tior?
Nemo hercle quisquam: nam in me plane Diï
  potestatem suam
Omnem ostendêre, cui tam subito tot congrue-
  rint commoda.

PARMENO.

Quid hic lætus est?

CHÆREA.

ô Parmeno mi, ô mearum voluptatum omnium
5 Inventor, inceptor, perfector, scin' me in quibus sim gaudiis?
Scis Pamphilam meam inventam civem?

THRASON.

Pourquoy luy ferois-je moins foûmis qu'Hercule ne l'eſtoit à Omphale?

GNATHON.

L'exemple me plaiſt. Dieu veüille que je vous voye auſſi careſſer à coups de pantoufles. Mais pourquoy ouvre-t-on la porte de Thaïs?

THRASON.

Ho, ho! je n'avois jamais vû celuy-là; qu'eſt-ce que cecy? eſt-ce encore un Rival? d'où vient qu'il ſort avec tant de haſte?

ACTE CINQUIE'ME.

SCENE IX.

CHEREA. PARMENON. GNATHON. THRASON.

CHEREA.

O Mes concitoyens! y a-t-il perſonne au monde plus heureux que je le ſuis? Non aſſurément il n'y a perſonne, & les Dieux ont voulu faire voir ſur moy toute leur puiſſance; car dans un moment tous les biens me ſont venus en foule.

PARMENON.

De quoy a-t-il tant de joye?

CHEREA.

Oh, mon cher Parmenon, qui es l'auteur de tous mes plaiſirs, qui as tout entrepris, tout achevé! ſais-tu la joye où je ſuis? ſais-tu que ma Pamphila eſt citoyenne d'Athenes?

EUNUCHUS.

PARMENO.
audivi.

CHÆREA.
scis sponsam mihi?

PARMENO
Bene, ita me di ament, factum!

GNATHO.
audin' tu illum quid ait?

CHÆREA.
tum autem Phædriæ,
Meo fratri, gaudeo amorem esse omnem in
 tranquillo: una est domus:
Thais patri se commendavit: in clientelam &
 fidem
10 Nobis dedit se.

PARMENO.
fratris igitur Thais tota est?

CHÆREA.
scilicet.

PARMENO.
Jam hoc aliud est quod gaudeamus, miles
 pellitur foras.

CHÆREA.
Tum tu, frater, ubi ubi est, fac quamprimum
 hæc audiat.

PARMENO.
visam domi.

THRASO.
Nunquid, Gnatho, dubitas, quin ego nunc
 perpetuo perierim?

GNATHO.
sine
Dubio opinor.

CHÆREA.
quid commemorem primum, aut
 quem laudem maxumè?

L'EUNUQUE.
PARMENON.
Je l'ay oüi dire.
CHEREA.
Sais-tu qu'on me l'a accordée ?
PARMENON.
J'en suis ravi.
GNATHON.
Entendez-vous ce qu'il dit ?
CHEREA.
De plus, j'ay un grand plaisir de voir mon frere en état de joüir tranquillement de son amour. Nostre maison & celle de Thaïs ne seront qu'une desormais ; elle s'est jettée entre les bras de mon pere, elle luy a demandé sa protection, & s'est donnée toute entiere à nous.
PARMENON.
Elle est donc toute à vostre frere ?
CHEREA.
Sans doute.
PARMENON.
Voicy encore un autre sujet de joye ; le Capitaine est chassé.
CHEREA.
Mais fay que mon frere sache tout cela bien viste, en quelque lieu qu'il soit.
PARMENON.
Je vais voir s'il est au logis.
THRASON.
Presentement, Gnathon, doutes-tu que je ne sois perdu ?
GNATHON.
Je n'en doute nullement.
CHEREA.
Qui diray-je qui a le plus contribué à ce bonheur ? & qui de nous deux dois-je le plus

15 *Illum qui mihi dedit consilium ut facerem, an*
    me, qui id ausu' sim
  Incipere? an fortunam collaudem, quæ gu-
    bernatrix fuit,
  Quæ tot res, tantas, tam opportune in unum
    conclusit diem? an
  Mei patris festivitatem & facilitatem? ô Ju-
    piter,
  Serva, obsecro, hæc nobis bona.

ACTUS QUINTUS.
SCENA X.

PHÆDRIA. CHÆREA. PARMENO.
GNATHO. THRASO.

PHÆDRIA.

Di *vostram fidem! incredibilia*
20 *Parmeno modo quæ narravit! sed ubi est*
  frater?

CHÆREA.
    præsto est.

PHÆDRIA.
                  gaudeo.

CHÆREA.
Satis credo. nihil est Thaide hac, frater, tua
  dignius
Quod ametur, ita nostra est omni fautrix fa-
  milia.

PHÆDRIA.
              hui, mihi
Illam laudas?

THRASO.
  perii, quanto spei est minu', tanto magis amo.
5 *Obsecro, Gnatho, in te spes est.*

loüer? luy de m'avoir donné ce conseil, ou moy d'avoir osé l'executer? Donneray-je l'honneur du succés à la Fortune qui a tout conduit, & qui a fait arriver si à propos dans un seul jour tant & de si favorables conjonctures? Ne loüeray-je point aussi la facilité de mon pere, & sa complaisance? O Jupiter, conservez-nous, je vous prie, tous ces biens.

ACTE CINQUIE'ME.

SCENE X.

PHEDRIA. CHEREA. PARMENON.
GNATHON. THRASON.

PHEDRIA.

GRands Dieux, les choses surprenantes que me vient de dire Parmenon! Mais où est mon frere?

CHEREA.

Le voicy.

PHEDRIA.

Je suis ravi....

CHEREA.

J'en suis persuadé. En verité, mon frere, personne ne merite plus d'estre aimée que vostre Thaïs, pour tous les bons offices qu'elle nous rend.

PHEDRIA.

Ho, ho, allez-vous me la loüer?

THRASON.

Je suis perdu! moins j'ay d'esperance, plus je suis amoureux. Je te conjure, Gnathon, de m'aider de tes conseils, car je n'ay d'esperance qu'en toy.

EUNUCHUS.
GNATHO.
quid vis faciam?
THRASO.
perfice hoc
Precibus, pretio, ut hæream aliqua in parte
tamen apud Thaidem.
GNATHO.
Difficile est.
THRASO.
si quid conlibuit, novi te. hoc si effe-
ceris,
Quodvis donum, præmium à me optato, id
optatum feres.
GNATHO.
Itane?
THRASO.
sic erit.
GNATHO.
hoc si efficio, postulo ut tua mihi domus,
10 *Te præsente, absente, pateat, invocato ut sit*
locus
Semper.
THRASO.
do fidem ita futurum.
GNATHO.
accingar.
PHÆDRIA.
quem hic ego audio?
O Thraso.
THRASO.
salvete.
PHÆDRIA.
tu fortasse facta quæ hîc sient
Nescis.
THRASO.
scio.

L'EUNUQUE.

GNATHON.

Que voulez-vous que je fasse ?

THRASON.

Obtiens-moi ou par prieres ou par argent, que je puisse estre receu quelquefois chez Thaïs.

GNATHON.

Cela est difficile.

THRASON.

Je te connois, tu n'as qu'à le vouloir, tu m'auras bien-tost fait ce plaisir. Si tu le fais, tu peux me demander tout ce que tu voudras, tu ne seras pas refusé.

GNATHON.

Cela est-il bien sur ?

THRASON.

Tres-sur.

GNATHON.

Et bien, si j'en viens à bout, je demande que vostre maison me soit toûjours ouverte, soit que vous y soyez, ou que vous n'y soyez pas ; & que sans estre prié, je puisse toute ma vie y aller manger quand il me plaira.

THRASON.

Je te donne ma parole que cela sera ainsi.

GNATHON.

J'y vais travailler.

PHEDRIA.

Qui entends-je icy ! Oh, Thrason !

THRASON.

Bonjour, Messieurs.

PHEDRIA.

Vous ne savez peut-estre pas ce qui est arrivé icy.

THRASON.

Pardonnez-moy.

PHÆDRIA.

cur te ergo in his ego conspicor regionibus?

THRASO.
Vobis fretus.

PHÆDRIA.
scis quam fretus? Miles, edico tibi,
15 Si in platea hac te offendero post unquam, quod dicas mihi,
Alium quaerebam, iter hac habui: peristi.

GNATHO.
eia, haud sic decet.

PHÆDRIA.
Dictum est.

GNATHO.
non cognosco vestrum tam superbum.

PHÆDRIA.
sic erit.

GNATHO.
Prius audite paucis: quod cum dixero, si placuerit,
Facitote.

PHÆDRIA.
audiamus.

GNATHO.
tu concede paulum isthuc,
Thraso.
20 Principio ego vos ambo credere hoc mihi vehementer velim,
Me, hujus quidquid faciam, id facere maxume causa mea:
Verum idem si vobis prodest, vos non facere inscitia est.

PHÆDRIA.
Quid est?

PHEDRIA.

D'où vient donc que je vous y trouve encore?

THRASON.

M'appuyant sur vostre generosité....

PHEDRIA.

Savez-vous bien l'appuy que vous avez là, Monsieur le Capitaine ? je vous declare que si desormais je vous trouve dans cette place, vous aurez beau dire, je cherchois quelqu'un, c'étoit mon chemin de passer par icy ; il n'y aura point de quartier.

GNATHON.

Ha, Monsieur, cela ne seroit pas honneste.

PHEDRIA.

Cela est dit.

GNATHON.

Je ne pensois pas que vous fussiez si fier.

PHEDRIA.

Cela sera comme j'ay dit.

GNATHON.

Avant que de rien resoudre, écoutez ce que j'ay à vous dire ; si ce que je vous diray vous plaist,, faites-le.

PHEDRIA.

Ecoutons.

GNATHON *à Thrason.*

Vous, Monsieur, éloignez-vous un peu. Premierement je vous prie d'estre bien persuadez l'un & l'autre que tout ce que je fais en cette affaire, ce n'est que pour mon propre interest ; mais si mon interest s'accommode avec le vostre, ce seroit une folie à vous de ne pas faire ce que je vais vous conseiller.

PHEDRIA.

Et bien qu'est-ce que c'est ?

GNATHO.

militem ego rivalem recipiundum censeo.

PHÆDRIA.

hem,
Recipiundum!

GNATHO.

cogita modo. tu hercle cum illa, Phædria,
25 Et libenter vivis, (etenim bene libenter victitas,)
Et quod des paulum, & necesse est multum accipere Thaidem:
Ut tuo amori suppeditare possit sine sumptu tuo; ad
Omnia hæc magis opportunus, nec magis ex usu tuo.
Nemo est. Principio & habet quod det, & dat nemo largius:
30 Fatuus est, insulsus, tardus, stertit noctesque, & dies:
Neque tu istum metuas ne amet mulier: pellas facile, ubi velis.

PHÆDRIA.

Quid agimus?

GNATHO.

præterea hoc etiam, quod ego vel primum puto,
Accipit homo nemo melius prorsus, neque prolixius.

PHÆDRIA.

Mirum ni illoc homine quoquo pacto opus est.

GNATHON.

GNATHON.

Je suis d'avis que vous souffriez que le Capitaine soit receu chez vostre Maistresse.

PHEDRIA.

Quoy ? que je souffre qu'il y soit receu ?

GNATHON.

Songez-y bien seulement. Vous ne pouvez vivre sans Thaïs, vous aimez tous deux la bonne chere ; ce que vous avez à donner est peu de chose, & Thaïs n'est pas d'humeur à se contenter de peu ; il faut faire de la dépense auprés d'elle, si vous voulez vous conserver ses faveurs. Il est donc question de trouver quelqu'un qui vous défraye ; voyez-vous, il n'y a personne qui soit plus propre à cela, ni qui soit mieux vostre fait que l'homme dont il s'agit : premierement il a dequoy donner, & personne n'est plus liberal que luy. De plus, c'est un fat qui n'a nul esprit ; c'est une masse de chair sans mouvement, qui ronfle nuit & jour ; & vous ne devez pas craindre qu'il soit aimé de la Dame ; vous le chasserez facilement quand vous voudrez.

PHEDRIA.

Que ferons-nous ?

GNATHON.

Une autre chose que j'estime encore plus que tout, c'est que personne ne donne mieux à manger que luy, ni avec plus de profusion.

PHEDRIA.

De quelque maniere que ce soit, je ne say si nous n'avons point besoin de cet homme-là.

CHÆREA.
idem arbitror.
GNATHO.
35 Recte facitis. unum etiam hoc vos oro, ut me in voſtrum gregem
Recipiatis. ſatis diu hoc jam ſaxum volvo.

PHÆDRIA.
recipimus.
CHÆREA.
Ac libenter.
GNATHO.
at ego pro iſthoc, Phædria, & tu, Chærea,
Hunc comedendum & deridendum vobis propino.

CHÆREA.
placet.
PHÆDRIA.
Dignus eſt.
GNATHO.
Thraſo, ubi vis, accede.
THRASO.
obſecro te, quid agimus?
GNATHO.
40 Quid? iſti te ignorabant. poſtquam eis mores oſtendi tuos,
Et collaudavi ſecundum facta & virtutes tuas,
Impetravi.
THRASO.
bene feciſti. gratiam habeo maximam.
Nunquam etiam fui uſquam, quin me omnes amarent plurimum.

CHEREA.
Je ne fay auffi.
GNATHON.
Vous m'obligez extrémement. Mais j'ay encore une priere à vous faire, c'eft de me recevoir dans voftre focieté, il y a affez long-temps que je roule cette pierre.
PHEDRIA.
Nous te recevons.
CHEREA.
Et avec plaifir.
GNATHON.
En revanche. Meffieurs, je vous le livre, mangez-le, devorez-le, & vous moquez de luy tant qu'il vous plaira.
CHEREA.
Cela eft bien.
PHEDRIA.
Il le merite.
GNATHON à *Thrafon*.
Monfieur, vous pouvez approcher quand vous voudrez.
THRASON.
Eh bien, en quel état font nos affaires ?
GNATHON.
En quel état ? en fort bon état ; ces Meffieurs ne vous connoiffoient pas ; fi-toft que je leur ay eu appris qui vous eftiez, & que je leur ay eu parlé de voftre merite & de vos grandes actions, j'ay obtenu ce que je demandois.
THRASON.
Tu m'as fait un grand plaifir. Meffieurs, vous pouvez eftre affurés de ma reconnoiffance. Je n'ay encore jamais efté en aucun lieu où je ne me fois fait aimer de tout le monde.

EUMUCHUS.

CNATHO.

Dixin' ego vobis, in hoc esse Atticam elegantiam?

PHÆDRIA.

45 Nil præter promissum est. ite hac. vos valete, & plaudite.

L'EUNUQUE.

GNATHON *à Phedria & à Cherea.*

Ne vous ay-je pas bien dit que Monsieur a toute l'elegance & toute la politesse Attique?

PHEDRIA.

Rien n'y manque. Allez-vous-en par là; & vous, Messieurs les Spectateurs, battez des mains. Adieu.

REMARQUES
SUR
L'EUNUQUE
DE
TERENCE.

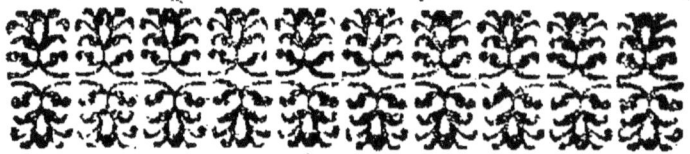

REMARQUES SUR LE TITRE.

CE qui a été remarqué sur le titre de l'Andrienne, suffit pour tous les titres des autres pieces. Il est seulement necessaire d'avertir que l'on a oublié de marquer dans celle-ci le prix que les Ediles donnerent pour cette Comedie ; Suetone nous apprend que Terence en eut huit mille pieces, c'est à dire deux cens écus, qui en ce temps-là étoient une somme fort considerable. Cela étoit marqué dans les anciennes Didascalies.

Eunuchus quidem bis die acta est, meruitque pretium quanta nulla antea cujusdam Comoedia, id est octo millia nummûm, propterea summa quoque titulo ascribitur. L'Eunuque fut joüé deux fois en un jour, & Terence en eut beaucoup plus d'argent qu'on n'en avoit jamais eu d'aucune piece, car on lui donna deux cens écus ; c'est pourquoy cette somme est marquée au titre.

3. *Elle fut joüée deux fois.*] *Acta II.* Donat nous apprend qu'elle fut joüée trois fois.

Hæc edita tertium est, & pronuntiata Teren-

tii Eunuchus, quippe jam adulta commendatione poëta, ac meritis ingenii notioribus populo. Cette piece fut joüée trois fois, la reputation de Terence estant dans sa force, & son merite estant déja generalement reconnu. Pourquoy a-t-on donc mis dans cette Didascalie *Acta II.* Il est certain qu'il manque quelque chose à ce titre, & qu'il faut écrire *Acta II. die. acta bis die.* Qu'elle fut joüée deux fois en un mesme jour, & c'est ce que Suetone dit dans le passage que je viens de rapporter. *Eunuchus quidem bis die acta est.*

Où il employa les deux flutes, la droite & la gauche,] C'est ce que Donat nous apprend. Mais il faut entendre cela de la premiere representation ; car dans les autres je croy qu'elle fut joüée *tibiis dextris,* avec deux flûtes droites. On peut voir les Remarques sur la premiere Didascalie.

Elle est prise du Grec de Menandre.] *Menandru,* c'est un Genitif Grec pour *Menandrou.*

Sous le Consulat de Marcus Valerius Messala, & de Caïus Fannius Strabon] C'étoit l'an de Rome 592. 159. ans avant la naissance de nostre Seigneur, cinq ans après la premiere representation de l'Andrienne.

SUR LE PROLOGUE.

1. A Tout ce qu'il y a d'honnestes gens.] *Bonis quam plurimis.* L'on avoit mal traduit ce passage, *S'il y a quelqu'un qui tâche de plaire*

REMARQUES.

plaire plûtost aux honnestes gens qu'à la vile populace. Car *quamplurimis* est tout en un mot, comme dans ce passage de Ciceron dans le III. livre de *finibus : impellimur autem natura ut prodesse velimus quamplurimis.* Nonius Marcellus est le premier qui s'y est trompé : *quamplurimis* répond à *minimè multos*.

4. *Si un certain homme.*] C'est le mesme Luscius dont il a esté parlé dans le Prologue de l'Andrienne.

Qui en traduisant beaucoup de Comedies Greques.] *Qui bene vertendo,* mot à mot : *qui en bien traduisant. Bien* est là pour *beaucoup,* & quelquefois il a cette signification en nostre Langue. On s'y est trompé, & Monsieur Guyet a eu tort de vouloir corriger ce passage, & lire *qui male vertendo.*

9. *Le Phantôme de Menandre.*] Voici le sujet de cette piece de Menandre : Une femme qui avoit une fille d'un de ses Amans sans qu'on le sust, se maria avec un homme qui avoit un fils d'un premier lit, & comme elle aimoit tendrement sa fille, elle la faisoit élever secretement dans une maison qui touchoit à la sienne ; & pour n'estre pas privée de la liberté de la voir, elle fit percer le mur mitoyen dans le lieu le plus reculé & le plus bas de sa maison ; elle cachoit soigneusement cette ouverture, & elle avoit mis là un Autel qu'elle couvroit tous les jours d'herbes & de fleurs, & où elle faisoit semblant d'aller faire ses prieres. Le fils dont j'ai parlé ayant un jour épié sa belle-mere, vit cette fille qu'il prit d'abord pour un phantôme ; mais enfin l'ayant vûë de plus prés, & connu ce que c'étoit, il en devint si passionément amoureux,

Tome I. Qq

qu'on fut obligé de consentir qu'il l'époufât. J'ai voulu expliquer le fujet de cette piece, afin qu'on ne la confondît pas avec le Phantôme de Plaute.

10. *Et fur le fujet d'un threfor qui fe trouve dans un tombeau.*] *Atque in thefauro fcripfit.* Ce paffage a fait de la peine à tous ceux qui ont travaillé fur Terence, & on s'y eft trompé, car on a crû que *le trefor* étoit le nom d'une Comedie differente de celle du Phantôme. Mais *in thefauro* fignifie *fur le fujet d'un trefor* Comme dans le Prologue de l'Andrienne, *in eo difputant*, fignifie, *ils difputent fur cela.* Ce Lufcius avoit fourré dans fon Phantôme un incident de quelque trefor qu'on avoit caché dans le tombeau du pere du garçon dont il a efté parlé dans la remarque précedente ; ce tombeau eftoit dans un champ qu'un autre vieillard avoit acheté de ce garçon. Un jour donc que ce jeune homme voulut envoyer faire des libations à fon pere, le valet, à qui il donna cét ordre, ne pouvant ouvrir tout feul la porte du tombeau, employa le vieillard qui avoit acheté ce champ. Quand le tombeau fut ouvert, on y trouva un trefor caché dont ce bon homme fe faifit, en difant que c'étoit lui qui l'y avoit mis pendant la guerre. Le jeune homme s'y oppofa & redemanda le trefor, & dans la Comedie on voyoit les plaidoyers de l'un & de l'autre. Ce qui a pû tromper les gens fur ce paffage, & leur faire croire que le trefor eftoit ici le nom d'une piece ; c'eft que dans le Prologue du *Trinummus* de Plaute, il eft parlé d'une piece appellée *le Trefor* ; mais on devoit prendre garde que cette piece eftoit de Philemon, & non pas de Menandre.

Huic nomen Græce est thesauro fabula,
Philemo scripsit, Plautus vertit barbare.
Cette Comedie s'appelle en Grec le Tresor, Philemon l'a faite, & Plaute l'a traduite en Latin.

11. *Il fait plaider celui qui l'a enlevé.*] *Prius unde petitur, &c. Unde petitur* c'est le deffendeur : *qui petit,* le demandeur : Et voila la sottise que Terence reproche avec raison à Luscius, d'avoir fait plaider le deffendeur avant le demandeur, contre la coûtume & contre le droit ; car c'est à celui qui demande à exposer le premier ses pretentions, & c'est en suite au deffendeur à les combattre.

21. *Il fit tout ce qu'il pût pour avoir la permission de la voir.*] *Perfecit sibi ut inspiciendi esset copia.* Ce passage est tres-remarquable, car il nous apprend que quand les Magistrats avoient acheté une piece, ils la faisoient joüer dans leur maison avant qu'on la joüât en public pour le peuple.

24. *Que cependant il n'avoit pas trompé ces Messieurs, puis qu'au lieu d'une méchante piece de sa façon.*] *Et nihil dedisse verborum tamen.* J'ai tâché d'expliquer la pensée de ce Poëte médisant, qui en accusant Terence d'avoir volé la piece de Nevius & de Plaute, vouloit faire entendre que cela estoit plus avantageux pour ceux qui l'avoyent achetée, parce que si la piece eût esté de Terence elle n'auroit rien valu.

30. *Menandre a fait une piece intitulée le Colax.*] *Colax Menandri est. Colax* est un mot Grec qui signifie un flateur, c'est pourquoy les Anciens donnoient ce nom aux Parasites.

Mais qu'il ait jamais sû que ces pieces eussent esté traduites en Latin] Il paroit presque incroyable que Terence eût pû ignorer que Plaute & Nevius eussent traduit ces pieces-là, mais on n'aura pas de peine à en estre persuadé, quand on fera cette reflexion que les Manuscrits estant en fort petit nombre, & par consequent peu communs, tout le monde ne pouvoit pas les avoir, & que d'ailleurs comme on n'avoit pas encore eu le soin de ramasser en un seul corps tous les Ouvrages d'un mesme Poëte, on pouvoit en avoir vû une partie sans les avoir tous vûs.

35. *Que s'il n'est pas permis aux Poëtes d'aujourd'hui, &c*] *Quod si personis iisdem uti aliis non licet.* Ce passage estoit fort difficile, & toute la difficulté consistoit dans le mot *aliis*, qu'il faut joindre avec *iisdem*; & *iisdem aliis* c'est pour *iisdem ac alii utuntur*, s'il n'est pas permis de se servir des mesmes personnages dont les autres se servent

36. *Pourquoy leur permet-on plûtost d'y representer des valets qui courent de toute leur force?*] *Qui magis licet currentes servos scribere?* En effet le caractere d'un Parasite & celui d'un Soldat, sont des caracteres aussi marquez & aussi connus que celui d'un Esclave, d'une honneste femme, d'une Courtisane, & d'un vieillard. Si on deffend donc à un Poëte d'imiter ces caracteres, parce qu'un autre les aura peints avant lui, il faudra aussi lui deffendre de mettre sur le Theatre les passions dont on aura parlé en d'autres pieces, car les passions sont toûjours les mesmes dans tous les siecles, & ne changent non plus que les caracteres. Terence dit cela pour faire voir qu'un Poëte peut ressembler à un autre Poëte dans la description d'un mesme caractere & d'une mesme passion,

fans avoir pourtant rien pris de lui, & mefme fans l'avoir vû.

40. *En un mot, Meſſieurs, ſi cette maxime eſt receüe, on ne pourra plus parler ni écrire, car on ne peut rien dire aujourd'hui qui n'ait eſté dit autrefois.*] Denique nullum eſt jam dictum quod non dictum ſit prius. J'ai un peu étendu ce Vers dans ma Traduction, pour faire mieux ſentir la force du raiſonnement de Terence. C'eſt une reduction à l'abſurde, comme parlent les Philoſophes, & c'eſt ce que l'on n'avoit pas bien ſenti : Donat meſme s'y eſt trompé, & aprés lui ſon Diſciple ſaint Jerôme, qui raporte ce mot de lui ; *pereant qui ante nos noſtra dixerunt.* Terence ne témoigne ici aucun chagrin contre ceux qui avoient traité avant lui les meſmes caracteres qu'il traite, au contraire il veut faire voir qu'on a la liberté de faire ce qu'ils ont fait, comme on a celle de ſe ſervir des meſmes lettres, des meſmes mots, des meſmes noms, des meſmes nombres ; & que ſi l'on veut ſe faire un ſcrupule de ſuivre les idées communes & generales, il faudra auſſi s'empeſcher de parler, parce qu'il n'eſt pas plus difficile de dire des choſes nouvelles, qu'il l'eſt d'inventer des caracteres nouveaux. Ce paſſage eſt plein de force.

REMARQUES

Sur la premiere Scene du premier Acte.

*v.*1. *Que ferai-je donc?*] *Quid igitur faciam?* Horace a parfaitement imité cet endroit dans la troisiéme Sat. du second livre. On ne peut que prendre un singulier plaisir à voir son imitation.

7. *Quand personne ne vous demandera.*] *Cum nemo expetet.* Monsieur Guyet a eu grand tort de vouloir mettre *nenu* à la place de *nemo*. Ce *nemo* donne ici une grace merveilleuse, & est tres-naturel; & *nenu* y est ridicule.

20. *Moy? j'irois la voir? elle qui m'a preferé mon rival? elle qui, &c.*] *Egone illam? quæ illum? quæ me? quæ non?* Ce Vers Latin marque bien mieux que ma traduction la colere de Phedria, car il est plein d'ellipses qui sont ordinaires dans la colere, mais nostre Langue ne s'accommode pas toûjours de ces frequentes omissions, & pour le faire voir il n'y a personne qui n'eust esté choqué si j'avois traduit; *moy j'irois-là? elle qui l'a? qui m'a? qui hier me?* C'est pourtant la mesme chose que dans le texte, mais le genie des Langues est different.

39. *Mais la voyci la gresle qui ravage tout nostre heritage.*] *Sed ecca ipsa egreditur nostri fundi calamitas.* Antoine De Baïf traduisit cette piece en Vers sous le regne de Charles IX. Sa traduction est fort bonne, à la reserve d'u-

ne vingtaine de passages qu'il a mal pris, tout y est fort ingenieusement tourné. Voici comme il a mis ce passage.

—————— Oh voici l'orage
Qui gresle tout nostre heritage,
Et vient rafler & parcevoir
Tous les fruits que devions avoir.

On ne sauroit mieux faire. *Calamitas* est un mot des champs, il signifie proprement une tempeste de gresle qui brise & qui emporte tout. De *calamus* on a fait *calamitas*, Ciceron s'en est servi en ce sens-là dans la premiere Oraison contre Verres Sect. 26. *Nam ut iste profectus est quacumque iter fecit, ejusmodi fuit, non ut Legatus populi Romani, sed ut quædam calamitas pervadere videretur.* Dés qu'il fut parti, par tout où il passa, il ne sembloit pas que ce fust un Envoyé du peuple Romain, mais un orage qui ravageoit le païs.

REMARQUES

sur la seconde Scene du premier Acte.

8. *ET de la porte fermée, il ne s'en parle point.*] *Caterum de exclusione verbum nullum.* De Baïf a fort bien traduit cela.

Au Diable le mot de l'entrée
Qui nous fut hier refusée.

11. *Plût à Dieu que l'amour fût également partagé entre nous.*] L'expression Latine est merveilleuse.

―――― *ô Thaïs, Thaïs, utinam esset mihi*
Pars æqua amoris tecum, ac pariter fieret.
Ce *pariter fieret* est une metaphore tirée de l'attelage des chevaux ; on dit qu'ils traînent également quand ils sont aussi forts l'un que l'autre, & qu'ils marchent d'un pas égal ; & c'est sans doute cet endroit qui a donné à Horace cette idée dans l'Ode 35. du liv. 1.

―――――――――――― *amici*
Ferre jugum pariter dolosi.
Mot à mot, *des amis trompeurs à porter également le joug.* Il auroit donc fallu traduire dans Terence ; *Plût à Dieu que l'amour fust egalement partagé entre nous, & que nous portassions également son joug, &c.* mais cela m'a paru trop long.

14. *Ou que je ne m'en souciasse pas plus que vous.*] *Aut ego istuc abs te factum nihili penderem,* car ce seroit une marque qu'il n'auroit pas tant d'amour.

27. *Ma mere estoit de Samos, & elle demeuroit à Rhodes.*] Elle dit honnestement que sa mere estoit une Courtisane ; car les femmes qui passoient leur vie ailleurs que dans le lieu de leur naissance, n'étoient pas en bonne odeur, c'est pourquoy les Courtisanes estoient ordinairement appellées *des Estrangeres*.

28. *Cela se peut taire.*] Cette réponse est plus malicieuse qu'elle ne paroist ; c'est comme si Parmenon disoit ; *il est vray, vostre mere estoit une coureuse, je n'ay rien à dire à cela.*

63. *Ne s'est-il rien passé entr'eux.*] C'est assurément le sens de ces mots, *etiamne amplius,* comme la réponse de Thaïs le fait assez connoistre. Pamphile se sert des mesmes termes dans l'Andriene, quand il demande à Carinus.

REMARQUES. 465

Num quidnam amplius tibi cum illa fuit, Cha-
rine?

Et la precaution que Terence prend ici eſtoit neceſſaire pour la bien-ſéance, car il faloit oſter les ſoupçons que les Spectateurs auroient pû avoir contre cette fille.

67. *Je n'ay icy perſonne qui me protege.*] Comment peut-elle parler ainſi, puis qu'elle avoit Phedria? c'eſt parce que les jeunes gens n'oſoient pas toûjours appuyer ces ſortes de femmes, & paroiſtre ouvertement pour elles, de peur de ſe deshonorer par cette conduite, & d'obliger leurs peres à les desheriter.

89. *Hier encore je donnai ſoixante piſtoles pour eux-deux*] Il y a dans le texte *vingt mines*. La mine Attique valoit à peu prés vingt & huit livres de noſtre monnoye ; mais pour faire le compte rond je l'ai miſe à dix écus. Vingt mines font donc ſoixante piſtoles, deux cens eſcus, & j'ay mieux aimé compter ainſi à noſtre maniere, que de mettre vingt mines, ce qui n'eſt point du tout agreable en noſtre langue.

99 *Qu'eſt-ce que vous avez jamais exigé de moy, meſme en riant.*] *Quam joco rem voluiſti à me tandem, &c.* Le ſeul mot *joco*, *meſme en riant*, fonde tout le raiſonnement de Thaïs ; car elle dit à Phedria, vous ne m'avez jamais rien demandé, non pas meſme en raillant, que je ne l'aye fait : & quand je vous demande fort ſerieuſement une choſe qui m'eſt tres-importante, je ne ſaurois l'obtenir de vous. Cela fait voir que ceux qui ont voulu changer *joco* en *rogo, je vous prie,* n'en ont pas connu la beauté.

REMARQUES

Sur la troisiéme Scene du premier Acte.

Que je suis malheureuse!] Il faut bien remarquer ici l'adresse de Terence, qui fait que Thaïs ne parle du frere de cette fille, qu'aprés que Phedria & Parmenon sont sortis ; afin que rien ne puſt empeſcher Parmenon de donner à Cherea le conseil qu'il luy donne dans la suite, car il n'auroit osé le faire, s'il avoit ſû que cette fille eſtoit Athenienne, & qu'elle avoit déja trouvé ſes parens.

11. *Et qu'il juge de moy par les autres.*] Terence fait voir par là aux Spectateurs, qu'il a le ſecret de mettre ſur la Scene des caracteres nouveaux, qui ne ſont pas moins naturels que ceux qu'on y avoit déja mis, & qui font autant de plaiſir.

REMARQUES

Sur la troisiéme Scene du second Acte.

5. *Courbé sous le faix des années.*] *Pannis annisque obsitum.* Terence a dit *obsitum annis*, comme Virgile *obsitus ævo: ibat rex obsi-*

tus avo, & Plaute , *senectute obsitus.*

7. *Tous ceux qui me connoissent, tous mes amis m'abandonnent.*] *Omnes noti me atque amici deserunt.* Noti est ici actif, & veut dire ceux qui me connoissent.

13. *Je ne puis, ni estre bouffon, ni souffrir les coups.*] *Neque ridiculus esse, neque plagas pati possum.* C'est la veritable definition du Parasite, qui souffroit tout, c'est pourquoy Plaute l'appelle *Plagipatidam*, dans ces beaux Vers des Captifs Acte 3. Scene 1.

Ilicet Parasitica arti maximam in malam crucem,
Ita juventus jam ridiculos inopesque abs se segregat.
Nihil morantur jam Lacones imi subsellii viros,
Plagipatidas, quibus sunt verba sine penu & pecunia.

Il faut dire adieu à la profession de Parasite, elle s'en va à vauleau. La jeunesse ne fait plus de cas de ces pauvres boufons, elle ne se soucie plus de braves Lacedemoniens, de ces gens du bas bout, de ces souffre douleurs qui n'ont que des paroles pour tout bien.

22. *On n'a qu'à lui donner des sots, il en fera bien tost des fous.*] *Hic homines prorsum ex stultis insanos facit.* Il faut suivre necessairement la correction de mon pere, qui lisoit *faxit*, c'est à dire *fecerit*.

25. *Tous les Confiseurs.*] *Cupedinarii omnes.* Cupedinarii étoient proprement des gens qui vendoient *cupedia*, des friandises, c'est pourquoy j'ai traduit des *Confiseurs.*

26. *Les Pescheurs, les Chasseurs.*] *Piscatores, Aucupes :* On pretend que le mot *Aucupes* ne

peut entrer dans le Vers, & mon pere soûtient mesme que ce mot n'est qu'une explication de *fartores*, qui sont proprement des *Rotisseurs* en blanc, des gens qui engraissent toute sorte de volaille, *Aviarii*. Horace a pourtant joint *Aucupes* avec les *Pescheurs* dans la Satire 3. du second livre.

Edicit piscator uti, Pomarius, Auceps.
Il fait afficher par tou que les *Pescheurs, les Vendeurs de fruit, les Chasseurs.* Et il y a bien de l'apparence qu'Horace avoit ce passage de Terence devant les yeux.

32. *Comme les sectes des Philosophes.*] *Philosophorum disciplinæ*, *disciplina* signifie secte Ciceron s'est souvent servi de ce mot, comme dans les livres de la nature des Dieux, *Trium enim disciplinarum principes convenistis*. Les Grecs les appellent *Diadochas*, des *successions*.

59. *Car il est presentement de garde.*] *Nam ibi custos publice est nunc.* Les jeunes Atheniens commençoient leur apprentissage de guerre à l'âge de dix-huit ans, & d'abord on les employoit à garder la ville. Quand ils s'étoient bien acquitez de cette fonction, on les envoyoit garder les Chasteaux de l'Attique, les Ports, &c.

REMARQUES

Sur la troisiéme Scene du second Acte.

6. *JE ne puis plus souffrir toutes ces beautez ordinaires & communes.*] *Tædet quotidianarum harum formarum.* On ne peut jamais traduire ce Vers sans lui faire perdre beaucoup de sa grace, qui consiste dans ces trois desinances *arum*, qui marquent admirablement bien le dégoust, & qui le font mesme sentir. Ciceron a fort bien imité ce Vers, je ne me souviens pas de l'endroit.

18. *Allez badin.*] *Age inepte* Parmenon ne veut pas croire, ou fait semblant de ne pas croire ce que Cherea lui dit, comme la réponse de Cherea le prouve manifestement,

48. *Pour m'aider à soûtenir mon droit.*] *Advocatus* n'estoit pas alors ce que nous appellons un *Avocat*. *Advocati* estoient les amis qui accompagnoient ceux qui avoient des affaires, & qui les suivoient, ou pour leur faire honneur, ou pour leur servir de témoins, ou pour leur servir de quelqu'autre maniere.

77. *Et si presentement vous estiez cet heureux-là.*] Il faut necessairement lire comme mon pere a corrigé : *Quid ? si nunc tute is fortunatus sias.* Au lieu de *si vous estiez heureux*, il faut lire *si vous estiez cet heureux-là*. C'est ce qui donne une toute autre grace à ce passage.

89. *Car tout l'orage tombera sur moy.*] *At*

enim iſtæc in me cudetur faba. On battra ces féves ſur moy, ou *l'on briſera ces féves ſur moy,* comme on fait aux méchans Cuiſiniers quand les féves ne ſont pas bien cuites. On explique auſſi ce paſſage de certains foüets, où l'on mettoit des féves aux nœuds de chaque cordon. Mais de quelque maniere qu'on l'entende cela auroit eſté inſupportable en noſtre Langue.

98. *Je ne refuſeray de ma vie de dire que c'eſt moy qui t'ay obligé de le faire.*] *Defugere autoritatem*, eſt proprement ne vouloir pas avoüer que l'on ſoit l'Auteur de ce qui a eſté fait, rejetter tout ſur les autres. Plaute.

Si autoritatem poſtea defugeris,
Ubi ſolutus tu ſies, ego pendeam.

Si vous allez dire après cela que ce n'eſt pas vous qui l'avez fait faire, on vous délivrera & moy j'auray le foüet.

Et Ciceron dans l'Oraiſon pour Sylla: *Itaque attende jam, Torquate, quam ego non defugiam autoritatem conſulatus mei.* Prenez donc garde, Torquatus, à ce que je vais vous dire, je ſuis ſi éloigné de deſavoüer tout ce qui s'eſt fait ſous mon Conſulat, &c.

REMARQUES

ſur la ſeconde Scene du cinquiéme Acte.

56. *Comme pour chaſſer l'ennuy.*] *Quaſi ubi illam expueret miſeriam ex animo.* *Expuere* ſignifie éloigner, chaſſer, faire ſortir;

& ce n'est pas un vilain mot comme Donat l'a crû. Lucrece s'en est servi dans les sujets les plus nobles, comme dans le livre 2. *expuere ex animo rationem*: & Pline dans le chap. 2. du livre 2. *A Sydere cœlestis ignis expuitur*. *Miseria, misere* est aussi un fort beau mot pour dire ennui, chagrin. Saluste s'en est servi dans la Preface de la guerre de Catilina : *Igitur ubi animus ea multis miseriis atque periculis requievit*. *Quand donc aprés mille chagrins & mille dangers, mon esprit fut tranquile*.

22. *Ils me portoient tous une envie furieuse.*] *Illi invidere misere*. Cette repetition est bien d'un Sot, c'est ce qui marque les caracteres, voila pourquoy il faut estre exact à conserver ces petits traits-là sans y rien changer.

Celuy qui commandoit les Elephans Indiens.] Le mot *Indiens* ne devoit pas estre oublié, car ce pauvre Sot croit qu'il ajoûte beaucoup à sa hardiesse, & qu'un homme qui commande des Elephans Indiens est bien plus redoutable qu'un homme qui commanderoit d'autres Elephans : Au reste les Elephans Indiens passoient pour les plus grands de tous. Lucien dans le Menteur en parlant des chiens d'Hecate, dit qu'ils étoient ἐλεφάντων ὑψλότεροι τῶν Ἰνδικῶν. *plus grands que les Elephans des Indes*.

28. *Voila un homme entierement perdu, il est achevé, & ce scelerat!*] *Hominem perditum miserumque, & illum sacrilegum*. Les mots *hominem perditum miserumque*, sont dits du Capitaine, & ceux-ci, *& illum sacrilegum*, sont dits de Gnathon. Ma Traduction le fait assez entendre. On s'y est trompé.

30. *Un Rhodien.*] Il choisit un Rhodien, parce que les Rhodiens passoient pour des peuples courageux, superbes & peu endurans, Homere mesme les appelle ἀγερώχους, leur reputation estoit donc bien ancienne.

33. *Qui estoit de Rhodes.*] Il a peur qu'on oublie que cet homme estoit Rhodien, & que son action ne paroisse point si hardie.

38. *Je l'ai toûjours pris pour un des meilleurs mots des Anciens.*] *Vetus credidi.* Quand Voiture a traduit *vetus, un vieux quolibet,* il n'a pas pris garde que *vetus* est pris ici en bonne part, car il signifie un bon mot de quelque Ancien.

43. *Ce n'estoit pas sans raison.*] *Non injuria.* Cela est équivoque, le Capitaine l'entend parce qu'il est redoutable, & le valet le dit pour faire entendre qu'il est fou; car on a toûjours raison de craindre les fous.

REMARQUES

Sur la seconde Scene du troisiéme Acte.

IL *m'a semblé entendre la voix du Capitaine.*] Il faut bien remarquer que quand elle parle à elle-mesme elle l'appelle *miles*, qui est un terme de mépris. Et quand elle lui adresse la parole, & qu'elle l'a vû, elle le nomme par son nom *mi Thraso*, ce qui est une douceur. Cette remarque est de Donat.

6. *Voila-t-il pas l'autre, vous diriez qu'il est fils de ce faquin.*] *Hem alterum, &c.* Ce passage

avoit fait naistre une grande dispute entre Voiture & Costar, & M. de Chavigni mesme s'en étoit meslé. Costar lui donnoit le mesme sens que moy, & Voiture lui répond dans la lett. 136. *Pour vostre explication de* hem alterum *je ne l'approuve pas, car Gnathon estant vrai-semblablement plus vieux que Thrason, ou du moins de mesme âge, quelle apparence que Terence voulust dire qu'il sembloit que Thrason eust fait l'autre?* & dans la lettre 186. il lui écrit: *je demeure en quelque façon d'accord de vostre explication de* hem alterum; *mais ce sens-là ne me semble guere digne de Terence. J'eusse bien voulu pour l'amour de lui en trouver un autre.* Voiture avoit tort, à mon avis, de trouver ce sens indigne de Terence, car il me paroît au contraire qu'il n'y a que celui-là qui en soit digne. La raison qu'il donne de ce sentiment n'est pas bonne ; assurément le Parasite Gnathon estoit plus jeune que le Capitaine, & Parmenon en le voyant si grossier pouvoit fort bien dire, qu'il sembloit qu'il fût né de ce Faquin, qui étoit le plus brutal, & le plus sot homme du monde. M. de Chavigni lui donnoit une autre explication, que Voiture rapporte dans la lettre 147. *Le lendemain M. de Chavigni me dit qu'il croyoit qu'il faloit mettre un point interrogant,* ex homine hunc natum dicas? *croiriez-vous que celui-là soit fils d'un homme? ne prendriez-vous pas ce brutal-là pour une beste? Pour moy,* ajoûte Voiture, *cela ne me déplaist pas, je doute seulement si un homme qui parle tout seul, peut user d'interrogant, comme s'il parloit à une troisiéme personne.* Cette difficulté sur le point interrogant, n'est pas ce qui doit empescher de recevoir le sens de M. de Chavigni, car il est constant qu'un homme qui parle seul peut se servir d'intrrrogant, il y en a plusieurs exemples dans Terence mesme. Mais il me semble que parce qu'un homme est sot, on ne peut pas inferer de là qu'il n'est pas né d'un homme, mais d'une beste, cela est trop éloigné & me paroît froid.

18. *Cette fille est du fin fonds de l'Ethiopie.*] J'ai voulu me servir ici d'un mot qu'on a eu tort de laisser perdre en nostre Langue, & qui seul peut exprimer la force du mot *usque*, qui signifie de l'extremité, *ex Æthiopia est usque hæc*, *du fin fonds de l'Ethiopie*. Ce *fin* peut venir du Latin *finis*, ou de l'Italien *fino*, qui sont tous deux employez dans le mesme sens.

33. *L'on voit bien que c'est le valet d'un gueux & d'un miserable.*] Le Capitaine tire cette consequence du compliment que Parmenon vient de faire à Thaïs. Dans ce compliment il n'y a rien qui ne soit d'un homme fort humble & fort soûmis ; & il paroist à ce Capitaine que ce ne doit pas estre la maniere d'un Amant riche, & qui fait des presens ; car le bien rend fier & superbe. C'estoit là la pensée de Thrason, mais Gnathon, pour se moquer de Parmenon, le prend en un autre sens.

38. *Je suis sur qu'il n'y a point d'infamie que tu ne sois capable de commettre pour remplir ta pance.*] Il y a dans le texte, *è flamma petere te cibum posse arbitror*. *Je suis sur que tu irois enlever la viande du milieu du bucher.* Quand on brûloit les corps morts, on jettoit dans le bûcher du pain & des viandes ; & le plus grand affront qu'on pouvoit faire à une personne, c'estoit de luy dire qu'elle estoit

REMARQUES.

capable d'aller enlever ces viandes du milieu des flammes. *è flamma*, c'eſt pour *è rogo*. Lucilius en voulant donner le caractere du plus grand coquin du monde, dit, *mordicus petere aurum è cœno expediat, è flamma cibum*. Il iroit prendre à belles dents de l'argent au milieu d'un bourbier, & des viandes au milieu d'un bûcher. Cela eſt plus ſatirique que d'entendre ſimplement *è flamma*, du milieu du feu, ἐκ πυρὸς αἰθομένοιο, comme dit Homere; mais comme cette coûtume eſt entierement éloignée de nos manieres, & que cela ne ſeroit pas ſeulement entendu en noſtre Langue, j'ay pris la liberté de le changer dans la traduction; ce que j'y ay mis fait le meſme ſens.

REMARQUES
Sur la troiſiéme Scene de l'Acte troiſiéme.

1. *EN verité plus je penſe.*] J'ay ſuivi dans ma traduction l'idée que Donat m'a donnée du caractere de Chremes. Donat dit que dans Menandre comme dans Terence, c'eſt le caractere d'un homme groſſier, c'eſt pourquoy ſon diſcours n'eſt pas trop ſuivi; naturellement il devroit dire, *quanto magis magiſque cogito, nimirum invenio*: Plus je penſe à cette affaire, plus je ſuis perſuadé que cette Thaïs. Mais il n'y regarde pas de ſi prés, & il neglige la conſtruction; & ce ſont ces ſortes de choſes qu'il eſt bon de faire ſentir.

3. *A me vouloir faire tomber dans ses pieges.*] Il soupçonne que Thaïs ne songe qu'à le rendre amoureux d'elle.

10. *Elle me fit toutes les avances imaginables, & épuisa tous les lieux communs.*] Je ne saurois mieux dire en François ce que le Latin dit, *mihi sese dare, sermonem quærere*; car *sese dare* se dit d'une personne qui ne ménage rien, & qui fait toutes les avances qu'on pourroit souhaiter; & il faut se souvenir du soupçon de Chremes qui croit toûjours que Thaïs veut l'engager. Pour *sermonem quærere*, c'est proprement ce que nous disons, *épuiser tous les lieux communs*, lors qu'on cherche à entretenir quelqu'un, & à l'amuser. Donat a fort bien remarqué que *sermonem quærere* c'est quand pour fournir à la conversation, on demande aux gens des nouvelles de leur famille, de leur santé, & qu'on leur parle de la pluye & du beau temps.

REMARQUES

Sur la quatriéme Scene du troisiéme Acte.

1. *Quelques jeunes gens que nous estions hier au port de Pirée.*] *Heri aliquot adolescentuli coiimus in Piræo.* Il y a eu une grande dispute sur ce Vers, pour savoir si Terence avoit écrit, *in Piræo*, ou, *in Piræum*; & la chose n'est pas encore decidée : je m'en étonne, car il estoit facile d'établir la veritable leçon par des raisons incontestables. Si ces

jeunes gens qui font partie de souper ensemble, estoient allez d'Athenes au Pirée, Terence n'auroit pas manqué d'écrire, *coiimus in Piræum.* Mais il faut se souvenir qu'ils demeuroient au Pirée, & qu'ils y estoient de garde; c'est pourquoy Terence n'a pû dire que *coiimus in Piræo,* & cela ne sauroit estre détruit par le témoignage de Ciceron, qui dans la Lettre III. du VII. Livre à Atticus, cite ce Vers, *coiimus in Piræum*; car ce peut estre ou une faute de memoire de Ciceron, ou une faute des Copistes.

8. *Est-ce luy, ou ne l'est-ce pas?* Il ne faut pas s'étonner que Cherea eust trompé Thaïs & tous ses domestiques, puisqu'Antiphon, qui estoit son meilleur ami, a de la peine d'abord à le reconnoistre. Cette remarque est de Donat.

REMARQUES

sur la cinquiéme Scene du troisiéme Acte.

5. *Mais est-il possible qu'il ne viendra icy aucun curieux?*] Dans le premier Vers il n'ose faire éclater sa joye sans avoir vû auparavant si personne ne l'observoit: & icy il souhaite de trouver des gens à qui conter son bonheur. Cela paroist d'abord contraire, mais il ne l'est pas pourtant, un seul petit mot du premier Vers rajuste tout, c'est *hinc,* qu'il ne faut pas oublier dans la traduction. Cherea en sortant apprehende d'estre suivi par quelqu'un

du logis, il meurt d'envie de conter son avanture, mais il veut la cacher à ceux de la maison. cela est naturel.

20. *Heureusement il y avoit chez nous.*] *Forte fortuna.* Je croy avoir observé que les bons Auteurs n'ont jamais employé *forte fortuna*, que pour marquer quelque joye, quelque bonheur ; & c'est à quoy ceux qui écrivent, doivent prendre garde.

31. *Dans la chambre la plus reculée de la maison.*] En Grece les femmes n'occupoient jamais le devant de la maison, leur apartement estoit toûjours sur le derriere, & l'on n'y laissoit jamais entrer que les parens, & les Esclaves necessaires pour les servir.

34. *D'abord elles se sont mises à la deshabiller pour la mettre au bain.*] *Continuo hac adornant ut lavet.* Cet *hac* est remarquable, car il est pour *hæ*. Plaute a dit de mesme *istac* pour *istæ* dans la Mostellaire. *Nam istac veteres quæ se unguentis unctitant* : Car ces Vieilles qui se parfument. Et *illac* pour *illæ* dans les Bacchides. *Quid illac duæ.* Cela est venu de ce qu'on disoit *hace, istace, illace*; en suite on a supprimé l'*e*.

40. *Qu'un Dieu se fust metamorphosé en homme.*] Il paroist par ce passage, que ce tableau estoit fait de maniere que l'on y voyoit d'un costé la pluye d'or tomber dans la chambre de Danaé ; & de l'autre, Jupiter qui sous une forme humaine passoit par le chemin que cette pluye luy avoit ouvert. Jupiter n'estoit donc pas changé en pluye, comme on le peint aujourd'huy.

42. *Celuy qui par la voix de son tonnerre.*] *Qui templa cœli summa sonitu concutit.* Ce

REMARQUES.

vers est dans le genre sublime, Terence l'avoit pris sans doute de quelque ancien Poëte Tragique. Donat assure que c'est une parodie d'Ennius; je l'ay traduit le plus noblement que j'ay pû. De Baïf avoit bien senti cette grandeur, & il l'a fort bien conservée dans sa Traduction.

Mais quel Dieu ? le Dieu Roy des Dieux
Qui des plus hauts temples des Cieux
Hoche le plus orgueilleux faiste
D'un seul éclat de sa tempeste.

Templa est un ancien mot dont on se servoit pour dire les grands espaces, la vaste étendüe. *Neptunia templa, Acherusia templa.*

43. *Et moy je serois plus sage ? non assurément*] *Ego vero illud feci.* Il faut lire comme mon pere, *ego vero illud faciam,* puisque Cherea parle des reflexions qu'il faisoit avant que d'avoir rien entrepris.

REMARQUES

Sur la premiere Scene du quatriéme Acte.

10. *Hola, dit-il, qu'on fasse venir Pamphila.*] Voila comme il se sert brutalement des leçons que Gnathon luy avoit données dans la premiere Scene du second Acte.

12. *Quoy! la faire venir à un festin*] En Grece les filles & les femmes ne paroissoient jamais à table quand il y avoit des Etrangers; celles qui auroient esté à un festin, auroient passé pour infames.

Cependant ma Maiſtreſſe, ſans faire ſemblant de rien, a oſté ſes bijoux.] Deux choſes l'obligeoient à les oſter; la premiere, parce qu'elle apprehendoit que le Capitaine ne les luy oſtaſt; & la ſeconde, parce qu'il n'eſtoit pas permis aux Courtiſanes de porter de l'or ni des pierreries dans les ruës: quand elles vouloient eſtre parées, elles faiſoient porter leurs ornemens dans les lieux où elles devoient aller, elles les prenoient & les quittoient là.

REMARQUES

Sur la ſeconde Scene du quatriéme Acte.

12. *ET en amour la moindre douceur eſt toûjours quelque choſe.*] Certe extrema linea amare haud nihil eſt. Mot à mot, *certainement, aimer dans la derniere ligne, c'eſt quelque choſe*. Ce paſſage a eſté expliqué fort diverſement; ceux qui ont le plus approché du but, ont dit que c'eſtoit une metaphore priſe des courſes de chevaux & de chariots, dans leſquelles celuy qui court dans la premiere ligne, eſt plus prés de la borne, que celuy qui court dans la ſeconde; & celuy qui court dans la ſeconde, en eſt plus prés que celuy qui court dans la troiſiéme, & ainſi des autres juſqu'au dernier, qui eſt le plus éloigné du but, mais qui ne laiſſe pas de le voir, & de courir ſans quitter la partie. Mon pere diſoit que c'eſtoit une metaphore tirée de la Peinture,

où

où les premiers essais sont de peindre les corps par les dernieres lignes, que S. Augustin appelle *extrema lineamenta*, *les derniers lineaments*. Mais il me semble que cette explication est dure, & gêne l'esprit : on trouvera que Mr Dacier a mieux rencontré quand il a expliqué ce Vers par un passage de Lucien, qui dit que l'Amour a une échelle, dont chaque degré fait un de ses plaisirs. Le premier degré est le plus petit plaisir, & c'est celuy de la vuë. Ce premier degré donc c'est ce que Terence appelle icy *extrema linea* ; car le premier degré pour ceux qui veulent monter, est le dernier pour ceux qui descendent.

REMARQUES

Sur la troisiéme Scene du quatriéme Acte.

6. *AH si je pouvois trouver ce maudit Sorcier.*] Donat a cru que Pythias appelle cet Esclave *veneficum*, parce que l'Amour est un poison. Mais icy *veneficus* est proprement un Sorcier qui change les objets ; & elle dit cela, parce qu'il estoit tout autre qu'il ne paroissoit.

13. *Que mes ennemis le fussent comme moy.*] Elle souhaite que ses ennemis soient yvres comme elle, car elle n'est pas yvre de vin, mais yvre de malheur, si l'on peut parler ainsi. *Non negat se esse ebriam, sed non vino, verum malo ebriam vult intelligi*. Donat.

REMARQUES
Sur la quatriéme Scene de l'Acte quatriéme.

14. *Vous vous moquez, il n'y a pas de comparaison de celuy-cy à celuy qui est venu chez nous.*] Nec comparandus hic quidem ad illum est. Il est bon de remarquer ici la beauté des termes dont Terence se sert. Il y a bien de la difference entre *nec cōparandus ad illum*, & *nec comparandus illi*, ou *cum illo*: le premier marque une difference infinie, & le dernier marque seulement qu'il n'y a pas de comparaison à faire, quoique cela ne soit pas inégal en tout. Il n'y a que Ciceron & Terence où l'on puisse trouver cette justesse & cette proprieté de termes.

20. *Que vous serez vous-mesme ravi de voir.*] Vous mesme, vous qui vous connoissez si fort en beauté. Et il faut bien remarquer l'adresse de Terence, qui pour mieux relever la beauté de Cherea, trouve le secret de le faire loüer par la personne qui est le plus en colere contre luy.

22. *Il a le teint de couleur de suye détrempée.*] Le Latin dit, *colore Mustelino*, de couleur de Belete. Donat accuse Terence de n'avoir pas entendu le Grec de Menandre, qui avoit écrit, ἔστι ᾽δὴν γαλεώπις γέρων, & qu'il faloit traduire, *colore Stellionis*, de couleur de Lezard, & non pas *colore Mustelę*. Menandre vouloit dire que l'Esclave dont il estoit question avoit le teint marqueté comme un Lezard. Le mesme Donat ajoûte que cette faute vient de ce que Terence a confondu γαλῆ, qui signifie une Belete, avec γαλεώπις, qui signifie un

REMARQUES. 483

Lezard. Pour savoir si cette critique est juste, il faudroit savoir si Menandre a voulu dire que cet Esclave avoit le teint basané, tané, ou qu'il estoit *lentiginosus*, marqueté, qu'il avoit des taches sur le visage : car pour ce qui est de γα‑λεώτης, les Grecs l'ont souvent mis pour γαλῆ.

26. *Ce jeune garçon de seize ans.*] Il faloit qu'il en eust pour le moins dix-neuf, puisqu'il estoit de garde au Pirée. Mais il ne faut pas sur cela accuser Terence d'avoir oublié ce qu'il a dit ailleurs. Cherea estoit si beau, que cette fille pouvoit bien le prendre pour plus jeune qu'il n'estoit.

42. *Voila un scelerat qui est bien hardi*] Phedria parle de Dorus, & non pas de son frere, ni de Parmenon, la réponse de Pythias le fait assez voir.

44. *Ce sera un grand miracle si tu ne crois ce que dit ce maraud.*] *Mirum ni credas, &c.* Phedria veut dire que les valets sont toûjours portez à croire ce que disent les valets.

48. *Fay semblant de me prier.*] *Ora me.* La réponse de Dorus n'auroit pas esté fondée en nostre Langue, si j'avois mis simplement comme Terence, *prie-moy* : pour la faire sentir il faloit traduire comme j'ay fait, *fay semblant de me prier* ; car c'est le veritable sens de ce passage, comme le *vero* de la réponse le fait voir.

REMARQUES

Sur la cinquiéme Scene de l'Acte IV.

6. *Et tu feras plaisir à Thaïs.*] Il y a dans le Latin, *& tu luy feras plaisir, & illi gratum feceris.* Il est question de savoir à qui elle fe‑

roit plaisir, où à la fille à qui ce malheur venoit d'arriver, ou à Thaïs. Tous ceux qui ont expliqué Terence, n'ont pas fait la moindre difficulté sur cela, & ils ont embrassé le premier sentiment. Mais je ne saurois les suivre. Pamphila estoit trop bien née pour vouloir taire ce qui luy estoit arrivé, ç'auroit esté y consentir en quelque maniere, que de le cacher, la vertu ne connoist pas ces déguisemens, elle peut estre malheureuse, mais elle ne peut estre coupable. Il est donc certain que c'est à Thaïs que Pythias devoit faire plaisir en cachant ce qui estoit arrivé à Pamphila; car Thaïs devoit souhaiter que cela fust tenu secret jusqu'à ce que Chremes eust reconnu sa sœur, de peur que si cela éclatoit auparavant, l'affront qui retomberoit sur luy, ne l'empêchast de la reconnoistre.

REMARQUES

sur la Scene septiéme du quatriéme Acte.

2. *JE luy arracheray les yeux.*] Donat remarque fort bien que ce sont les menaces ordinaires des femmes & qu'elles en veulent toûjours aux yeux; comme on le voit non seulement dans les Comedies, mais dans les Tragedies mesme; témoin ce qu'Hecube fait à Polymnestor dans Euripide.

9. *Ah.*] C'est un cri de douleur. Chremes est au desespoir d'apprendre que sa sœur est chez une Courtisane. C'est pour la bienseance.

18. *Mon cher Chremes, n'estes-vous point un peu poltron ?*] Elle a raison de luy faire cette demande sur ce qu'il vient de dire, *quelles troupes !* il prend quatre ou cinq coquins pour une Armée.

24. *Mais c'est une sotise de laisser arriver le mal.*] Il fait allusion au proverbe Grec qui est dans Platon, ὅσπερ νήπιον πάθοντα γνῶναι, *accepta injuria stultorum more sapere*.

Relevez vostre manteau.] Son manteau traînoit, parce que Thaïs l'avoit toûjours tenu par là.

REMARQUES

sur la huitiéme Scene du quatriéme Acte.

4. *JE donneray mille coups à Thaïs*] *Male mulctabo ipsam.* Il faut lire comme mon pere, *male mulcabo*. *Mulcare* veut dire *meurtrir de coups*, & *mulctare* est autre chose.

Donax, avance icy avec ton levier.] C'est de cet endroit que Lucien a pris l'ordonnance de bataille dans l'assaut que Polemon va donner à des Courtisanes, dans un de ses Dialogues.

6. *Où est le Centurion Sanga, & la Brigade des Voleurs ?*] Le Centurion estoit un Capitaine de cent hommes, & ces cent hommes étoient partagez en quatre Corps ou Brigades, que les Romains appelloient *Manipulos* ; & au lieu de dire *Manipulus hastatorum*, ou *velitum*, ou *triariorum*, il a dit *furum*, des Voleurs, sans y penser, & comme entraisné par la ve-

rité, car il n'avoit avec luy que des Bandits.

11. *Pour moy je seray à l'arriere-garde.*] *Hic ego ero post principia.* Les premiers Latins appelloient *principes* & *principia* l'avant-garde, les premiers Bataillons que l'on opposoit aux ennemis. Mais cet ordre de milice ayant changé, on fit passer ces Bataillons aux secondes lignes, & on les mit aprés ceux que l'on appelloit *hastatos*, entre les *hastati* & les *triarii*; & on ne laissa pas de leur laisser leur premier nom, & de les appeller toûjours *Principes*. Ce Capitaine se met donc icy après le corps de bataille, pour estre plus en sureté, & pour ne pouvoir estre pris par derriere. Proprement il fait la teste de l'arriere-garde, & c'estoit le lieu le moins exposé, car il faloit que l'avant-garde & le corps de bataille fussent battus avant qu'on vinst à luy ; ainsi d'un costé il estoit à couvert des coups, & de l'autre il estoit en lieu propre pour gagner au pied facilement en cas de besoin.

16. *Que crois-tu qu'il faille faire ?*] *Quid videtur ?* Ce caractere du Capitaine est merveilleusement bien conduit. D'abord, quand il est loin des ennemis, il dit à ses Soldats, *suivez-moy*, *sequimini*, comme si effectivement il alloit les mener à l'attaque. Quand il approche un peu plus prés, cette impetuosité diminuë, il trouve à propos de se mettre à l'arriere-garde, *hic ero post principia* ; & enfin quand il est en presence, il ne sait plus que faire, & il demande conseil à Gnathon. Cela va par degrez, & n'est point precipité, & c'est le principal dans les caracteres.

Je donnerois quelque chose de bon que vous eussiez une fronde] Cette réponse du Parasite est merveilleuſe, en ce qu'elle eſt proportionnée à la lâcheté du Capitaine, & à ſa vanité : car ſi d'un coſté on ſe bat de loin avec une fronde, c'eſt toûjours ſe battre, & dans les Armées il y avoit ordinairement des Soldats armez de frondes, *funditores*. Cela eſt fort adroit.

25. *Pour quelles affaires donc ?*] *Quid cum illo ut agas ?* J'ay ſuivi ceux qui donnent ces paroles à Thraſon. Donat & quelques autres les ont pourtant données à Thaïs, & ont lû, *quid cum illo agas ? que feriez-vous avec cet homme-là ?* Thaïs voudroit dire par là que ce Capitaine eſt un ſot qui ne merite pas qu'on luy rende raiſon.

35. *Je vais te caſſer la teſte.*] *Diminuam ego caput tuum hodie.* Donat remarque fort bien que Terence fait parler Chrêmes comme un homme groſſier. Naturellement il devoit dire, *diminuam tibi caput*; mais au lieu de cela il dit comme un payſan, *diminuam tuum caput*. Pour conſerver la grace de ce paſſage, il auroit falu traduire, *je vais caſſer ta teſte* ; mais je n'ay pas voulu le hazarder, de peur que ceux qui ne liroient que ma traduction, & qui ne connoiſtroient pas la naïveté de l'original, ne m'accuſaſſent d'avoir fait cette faute-là moy-meſme, & d'avoir parlé fort groſſierement.

36. *Tant pis.*] *Os durum !* Donat & les autres ont expliqué cet *os durum ! quel impudent !* en prenant *os* pour le viſage, *os oris* ; mais ce n'eſt point là du tout le ſens. Ce que Chremes dit que cette fille eſt libre, citoyenne d'Athenes, & ſa ſœur, ſont trois coups de foudre qui étourdiſſent le Capitaine. Au premier il dit, *hem, oh* ; au ſecond, *hui* ; & au troi-

tiéme, qui est le plus grand de tous, il dit, *os durum!* comme s'il disoit, *voila un coup bien rude à parer, un os bien dur*, car c'est *os ossis*.

42. *Entendez-vous comme il se declare coupable de vol ? Audin' tu ? hic furti se alligat.* Gnathon dit cela sur ce que Chremes dit qu'il empeschera Thrason de prendre la fille qui luy appartient : car en avoüant que cette fille étoit à luy, & en disant qu'il l'empêcheroit de la prendre, c'estoit declarer ouvertement qu'on vouloit retenir son bien ; & cela donnoit lieu au Capitaine d'avoir action contre Chremes. Gnathon ne cherche qu'à faire cesser la dispute, c'est pourquoy il fait cette chicane, & il tâche de prendre Chremes par ses propres paroles. Il voudroit bien faire la même chose à Thaïs, mais elle connoist ses finesses.

47. *Goûter les plaisirs de la cuisine.*] *Domi focique fac vicissim ut memineris.* Il est impossible de conserver dans la traduction la grace de ce passage, qui consiste toute dans les mots, *domi focique*, & dans le verbe *memineris*. Quand on vouloit exhorter de braves Soldats à bien combatre, on leur disoit qu'ils se souvinssent *de leurs maisons & de leurs foyers. Domi focique fac memineris :* Et icy on s'en sert pour les congedier, & pour leur faire quitter les armes, en prenant *domi* pour le repos, & *foci* pour la cuisine. Le verbe *memineris* estoit encore un terme ordinaire dans les exhortations que l'on faisoit aux Soldats, comme dans Homere μνήσασθε ἢ θουρίδος ἀλκῆς. Cela ne peut jamais estre conservé en nostre Langue.

REMARQUES

Sur la premiere Scene du cinquiéme Acte.

4. *Elle pleure, & ne parle point.*] *Lacrimans obticet* Donat fait icy une remarque tres-considerable, pour faire connoître le genie de la Langue Latine. Il dit que *tacere* se dit proprement des desseins, *tacemus consilia*; que *reticere* se dit de la douleur, *reticemus dolores*; & qu'*obticere* se dit des choses qu'on a honte de découvrir : c'est pourquoy Terence a dit icy de cette fille, *obticet*. Cela fait voir que les Anciens ont eu raison de dire que personne n'approchoit de Terence pour la proprieté des termes.

18. *Taisez-vous, Madame, taisez-vous.*] Ce n'est pas pour luy commander de se taire, mais pour luy faire prendre courage : *Non silentium indicentis est, sed securam facientis*, comme Donat l'a fort bien remarqué.

REMARQUES

Sur la seconde Scene du cinquiéme Acte.

1. *Le pere & la mere d'Antiphon.*] Cherea rend icy des raisons fort naturelles pourquoy il n'a pas changé d'habit; & c'est en cela

qu'il faut bien remarquer l'adreſſe de Terence, car la ſuite du ſujet demandoit neceſſaire-
ment que Cherea paruſt encore devant Thaïs
avec le meſme habit qu'il avoit chez elle.

20. *Je ne ſçy ce qui me tient que je ne me
jette à tes cheveux.*] *Vix me contineo quin involem in capillum.* Pythias eſt offencée de ce que
Cherea vient de dire qu'il n'avoit deshonoré
cette fille que parce qu'il avoit crû que c'é-
toit ſa compagne de ſervice ; car c'eſtoit dire
que les Valets pouvoient abuſer impunément
des Servantes.

Que je ne me jette à ſes cheveux.] Il faut ſe
ſouvenir que cette Comedie eſt Greque. Les
Romains portoient les cheveux fort courts,
mais les Grecs les portoient fort longs : c'eſt
pourquoy Homere les appelle Καρηκομόωντες,
Chevelus.

REMARQUES

Sur la quatriéme Scene du cinquiéme Acte.

14. *Quand elles ſoupent avec leurs Galans,
elles mangent proprement & delicatement.* *Qua cum amatore ſuo quum cœnant, liguriunt.* Ligurire c'eſt manger proprement, delicatement. Lucien a profité de cet endroit dans
le Dialogue de Crobyle & de Corinne, & il
explique admirablement ce *liguriunt* de Terence. Crobyle parle d'une Courtiſane qui
avoit beaucoup de reputation ἣν δ᾽ πότε καὶ
ἀπέλθῃ ἐπὶ δεῖπνα λαβοῦσα μίσθωμα, ὔτε με-

REMARQUES. 491

θύσκεται, καταπλάτον γὰρ ἡ μισοῦσιν οἱ ἄνδρες τὰς τοιαύτας, ὔτε προεμφορεῖται τοῦ ὄψου ἀπεριεργάλως, ἀλλὰ προσάπτεται μὲν ἄχρις τοῖς δακτύλοις, ζωπῇ δὲ τὰς ἐνθέσεις οὐκ ἐπ᾽ ἀμφότερας ὀρθρύεται τὰς γνάθους, πίνει δὲ ἠρέμα οὐ χανδὸν ἀλλ᾽ ἀναπαυομένη. Si on la prie à quelque festin, elle ne s'enyvre point ; car cela est horrible, & il n'y a rien que les hommes haïssent tant ; elle ne se gorge pas de viande, & ne remplit pas sa bouche des deux costez ; mais elle prend de petits morceaux proprement avec le bout de ses doigts : elle boit aussi à petits traits, & non pas tout d'un coup.

15. *Elles sont mal-propres.*] Au lieu de *Ingluviem*, qui signifie *gloutonnerie*, j'ai lû comme il y a dans quelques editions *inluviem*, qui signifie *malpropreté*.

17 *Elles devorent du pain noir, qu'elles trempent dans de méchant boüillon.*] *Quo pacto ex jure hesterno panem atrum vorent. Panis ex jure* c'est proprement du pain trempé dans du boüillon, & ils le trempoient à mesure qu'ils le mangeoient. Varron a dit de mesme, *panem ex aceto* du pain trempé dans du vinaigre, & *brassicam ex aceto*, des choux trempez dans du vinaigre. Aristophane a dit de la mesme maniere, κρέας ἐκ ζωμοῦ, de la viande dans du boüillon ; & Homere πυρὸν ἐξ ὕδατος, du froment trempé dans de l'eau.

19. *Je me vangerai assurément.*] La conduite de Terence est merveilleuse, d'avoir fait en sorte que Pythias conserve toûjours la mesme animosité contre Parmenon, & que Parmenon par tout ce qu'il dit l'irrite toûjours davantage, car c'est ce qui amene le denouëment. Pythias fait peur à Parmenon, cette

peur oblige. Parmenon de tout découvrir au vieillard, & c'est ce qui fait entrer le vieillard chez Thaïs, où la reconnoissance se fait, & où il confirme le mariage. Cela est tres-naturel, & Donat a eu raison d'appeller cette adresse *mirum artificium*, & de dire, *hæc ergo artificibus & eruditis, cætera spectatoribus Poëta exhibet*: Terence propose ces coups aux Maistres de l'Art, & aux Savans; le reste est pour les Spectateurs.

REMARQUES

Sur la sixiéme Scene du cinquiéme Acte.

1. *Le peu de chemin qu'il y a d'ici à ma maison de campagne.*] Voici un vieillard paisible qui n'a aucun souci dans la teste, qui ne soupçonne rien de mal, & qui ne pense qu'à la commodité qu'il y a d'avoir une maison de campagne qui ne soit pas trop éloignée de la ville: Et cela est fort bien ménagé, afin que ce bon homme sente plus vivement la nouvelle que Parmenon va lui apprendre, & que ce changement d'état soit mieux marqué, & divertisse davantage les Spectateurs.

17. *Seroit-il venu à Athenes?*] *An in astu venit? astu* est un mot Grec qui signifie ville. au commencement il se disoit de la seule ville d'Athenes, toutes les autres villes étoient appellées πόλις, mais peu à peu le mot *astu* devint plus commun; de *astu* on a fait *astutus, fin, rusé*, parce que les habitans des villes sont plus fins que ceux de la campagne.

REMARQUES
Sur la septiéme Scene du cinquiéme Acte.

10. V*Rayment autrefois je te prenois pour un homme fin & rusé.*] *At etiam primo callidum & disertum credidi hominem.* La signification de ce mot *disertus* est remarquable, car il ne signifie pas ce que nous disons, *disert, eloquent,* mais rusé, qui a un discernement juste, qui n'est jamais trompé ni surpris.

12. *N'estois-tu pas content de la faute?*] *An pœnitebat flagitii.* Ces mots ne signifient pas, comme quelques-uns l'ont crû, *ne te repens-tu pas?* mais *n'estois-tu pas content? n'estoit-ce pas assez pour toy?* Cela paroistra plus clair par cet exemple de Plaute.

Et si duarum pœnitebit, inquit, addentur duæ

Et si tu n'en as pas assez de deux, dit-il, on en ajoutera deux autres.

23. *Mal-heureux, je me suis aujourd'huy découvert moy-mesme par mon sot babil.*] Il y a dans le texte, *j'ay fait comme la souris qui perit en se decouvrant elle-mesme.* Mais cela n'est pas agreable en nostre Langue.

REMARQUES

Sur la huitiéme Scene du cinquiéme Acte.

1. *Que faisons-nous donc presentement ?*] Ce Parasite est toûjours fâché de quitter la cuisine, & de voir que son Maistre va s'exposer à de nouveaux affronts.

2. *Je veux me rendre à Thaïs à discretion.*] Thrason parle toûjours en guerrier, c'est pourquoy j'ai traduit *me rendre à discretion*, qui sont des termes de guerre, comme en Latin *dedere*.

4. *Dieu veüille que je vous voye aussi caresser à coups de pantoufle.*] *Utinam tibi commitigari videam sandalio caput.* Il y avoit sans doute à Athenes quelque Comedie des amours d'Hercule & d'Omphale. On y voyoit ce Heros filer prés de sa Maistresse qui lui donnoit des coups sur la teste avec son soulier.

REMARQUES

Sur la neuviéme Scene du cinquiéme Acte.

19. *O Jupiter, conservez-nous je vous prie tous ces biens !*] *O Jupiter serva obsecro hæc nobis bona.* Les Latins se servoient de cette façon de parler, pour dire, *ô Jupiter, nous*

sommes contens de vos biens-faits, nous ne vous en demandons pas davantage.

REMARQUES

Sur la dixiéme Scene du cinquiéme Acte.

16. *JE ne savois pas que vous fussiez si fiers.*] *Non cognosco vestrum tam superbum.* C'est le Parasite qui dit cela à Phedria ; *vestrum :* Il faut sous-entendre *ingenium*, ou *animum*. Donat l'explique autrement, car il met *vestrûm* au genitif pluriel, & il fait dire à Gnathon *je ne savois pas que vos gens fussent si fiers.*

22. *Je suis d'avis que vous souffriez que le Capitaine soit receu chez vostre Maistresse*] *Militem ego rivalem recipiendum censeo.* C'est ainsi, à mon avis, que ce passage doit estre entendu ; Gnathon ne dit pas à Phedria qu'il doit recevoir le Capitaine qui est son rival, mais qu'il le doit recevoir pour rival. Ce qui est encore davantage, car estant rival, il fournira à la dépense, au lieu que si on lui deffendoit de parler de son amour, il se rebuteroit & ne donneroit rien.

35. *Il y a assez long-temps que je roule cette pierre.*] *Satis diu hoc jam saxum volvo.* Il se compare plaisamment à Sysiphe, & il compare le Capitaine au rocher qu'il rouloit.

37. *En revanche, Messieurs, je vous le livre, mangez le.*] *Hunc comedendum & deridendum vobis propino.* La grace de ce passage ne peut estre conservée dans la traduction. *Propinare,*

προπίνειν se disoit proprement de ceux qui aprés avoir beu, donnoient la coupe à celui à qui ils portoient la santé qu'ils venoient de boire ; mais ce qu'il y a de plaisant, c'est que Gnathon change l'usage du mot, que l'on n'employe en ce sens-là que pour boire, & il s'en sert en parlant d'une chose solide qu'il donne à manger ; Platon a dit aussi de Saturne τὺς ὑιὺς κατα πινέιν, *qu'il beuvoit ses enfans*, pour dire qu'il les devoroit : Muret a donc eu tort de vouloir corriger ce passage, & lire *præbeo* au lieu de *propino*. On n'a jamais vû de critique plus malheureuse ; car ce qu'il dit que la premiere syllabe de *propino* est breve, & qu'elle doit être longue, cela ne fait rien pour lui, quoy que *propino* ait naturellement la premiere bréve, Terence n'a pas laissé de la faire longue, & d'autres Auteurs l'ont fait aprés lui.

Rien n'y manque.] *Nihil prætermissum est*] Cela porte sur le Capitaine & sur Gnathon, car Phedria veut dire, *il ne manque rien au portrait que tu nous as fait de lui, nous trouvons en lui tout ce que tu nous en as dit.* Ceux qui ont lû *nihil præter promissum est*, se sont fort éloignez de ce que Terence a voulu dire.

Fin du premier Volume.

www.ingramcontent.com/pod-product-compliance
Lightning Source LLC
Chambersburg PA
CBHW070359230426
43665CB00012B/1182